广播影视事业坚持正确导向100问

GUANGBO YINGSHI SHIYE
JIANCHI ZHENGQUE DAOXIANG 100 WEN

广东省广播电影电视局本书编写组 编

暨南大學出版社
JINAN UNIVERSITY PRESS

中国·广州

本书获“十百千工程”基金支持
谨献给中国共产党建党九十周年

《广播影视事业坚持正确导向100问》编委会

主　　编　何日丹
副 主 编　陈晓建　陈小锐
执行副主编　温炳章
编写人员　张丽霞　曾庆琳　陈碧莹
　　　　　池　蕾　徐　宁

序

1940年12月30日，我国第一个广播电台——延安新华广播电台建立，距今已有70多年的历史。新中国的广播电视事业从成立伊始就具有它鲜明的政治属性和社会责任。时任中央宣传部部长的陆定一同志撰文指出：“我们的广播事业从它存在的第一天起，就为中国的独立、和平、民主事业服务，就为中国人民的解放事业服务。”

时至今日，广播电视已由最初的广播发展到广播电视、互联网全媒介时代，并向多语种、全业务、全高清、全网络、全媒体的数字化方向发展。但广播电视担负的历史、政治使命从未改变。它作为普及率最高、受众最广的主流媒体，担负着宣传党和政府的主张、弘扬社会正气、通达社情民意、引导社会热点、疏导公众情绪、开展舆论监督的重要职责。

广电新闻宣传工作，是党宣传事业的重要组成部分，新闻媒体是党和人民的喉舌。坚持正确的舆论导向，是党对新闻工作的一贯要求，也是我党的一大政治优势。舆论导向正确与否，事关国家社会全局，为党的前途命运之所系。坚持正确的舆论导向，是党的新闻工作的生命、灵魂和根本任务。在新的历史条件下，新闻工作所肩负的引导舆论的责任越来越重要。

广东作为引领风气之先的地方，承担着先行先试的重担。2001年以来，国家广电总局先后批准9个境外电视频道在广东珠三角地区落地，广东成为全国唯一允许境外电视落地有线网的省份。境外电视媒体的介入，不仅加剧了市场份额的白热化竞争，更引发了意识形态、舆论导向的全面挑战。广东广播电视肩负着更为特殊的使命，面临着更为严峻的形势，如何在复杂多变的舆论环境和境外媒体的舆论攻势下保持清醒，站稳脚跟，事关国家政治安全、文化安全、信息安全和社会稳定。在当前各种思想文化相互激荡，各类新兴媒体风起云涌，内外舆论环境错综复杂的情况下，能否有效掌控宣传导向，正确引导社会舆论，在多元中立主导，在多样中求共识，守好思想主阵地是对我省广播电视的重大考验。广东不仅要打赢市场这场战役，还必须引领舆论导向，广泛传播社会主义核心价值体系。

2010年，《广东省建设文化强省规划纲要（2011—2020年）》明确指出，今后10年是广东推动文化大发展、大繁荣的重要阶段，《纲要》中对广东媒体提出了明确的要求：进一步巩固提高党报党刊、广播电视、重点新闻网站在多元传播格局中的优势地位，提高舆论引导能力，坚持党管媒体，始终把坚持正确舆论导向放在首位，强化新闻媒体的社会责任，使之成为宣传社会主义核心价值体系的客观公正、充满正气、促进社会和谐、维护国家利益的重要力量。

为契合《纲要》，为广大宣传战线的朋友们提供政策和制度的支撑，便于其掌握宣传管理的原则，本书重点编辑了广播电视宣传管理、社会管理和节目监听监看的有关内容，既有实际内容的具体操作，又有大政方针的把握，既浓缩提炼了系列法规政策，又凝聚了广播电视专业学术研究成果，可作为广大广播电视从业人员的工作指南，也可作为广播电视专业学术研究的参考书目，尤其在把握舆论导向、提高舆论引导能力上有着较强的指导和帮助作用。

谨以此书敬贺中国共产党成立九十周年。

编　者

2011年4月

目　录

一

马克思主义新闻观与坚持正确导向

§1. 学习马克思主义新闻观应把握的内容是什么?

马克思主义新闻观是马克思主义理论宝库的重要组成部分，其内容极为丰富。随着时代的进步和马克思主义理论的发展，马克思主义新闻观也在不断丰富和发展。根据马克思主义新闻观的基本原理和当今时代的特点以及新闻工作自身的实际，当前学习马克思主义新闻观应着重掌握以下三个方面的内容:

一、新闻工作必须坚持党性原则

在这个问题上，通过学习应主要明确和把握以下一些观点:

(1) 在有阶级和阶级斗争存在的社会里，各种各样的新闻媒体，都是为一定的阶级、党派、政治集团、利益集团服务的工具，超阶级、超党派、超政治、超利益的媒体是不存在的。中国共产党以全心全意为人民服务为根本宗旨，党的新闻工作必须坚持为人民服务、为社会主义服务、为全党全国工作大局服务的方针。

(2) 真实是新闻的生命，党的新闻工作必须坚持完全真实的原则。坚持完全真实，最重要的是要坚持事物本质上的真实，坚持用事实说话，坚持以真理服人。

(3) 党的新闻工作是全党的事业，必须依靠全党来办。

(4) 马克思主义是批判的、革命的，党的新闻宣传必须有鲜明的战斗性，提倡什么、反对什么，特别是在大是大非问题上，一定要旗帜鲜明、立场坚定。

(5) 党的新闻工作必须置于党的绝对领导之下，新闻宣传必须坚定不移地贯彻党的路线、方针、政策和党中央的各项指示，在思想上、政治上与党中央保持高度一致。

(6) 坚持新闻的党性原则与按照新闻规律办事是一致的。只有坚持党性原则，才能更好地按新闻规律办事，也只有按新闻规律办事，才能更好地坚持党性原则。坚持党性原则与按新闻规律办事，二者统一于党、国家、民族和广大人民群众的根本利益。

二、新闻宣传必须坚持正确的舆论导向

这方面要明确和把握的观点主要有：

(1) 坚持正确的舆论导向是坚持新闻党性原则的必然要求，是马克思主义新闻观的核心。

(2) 舆论引导是加强党的领导的一个十分重要的方面。确保舆论导向正确，是党的新闻工作的首要问题。舆论导向事关党和国家工作的全局，事关人民群众的根本利益。舆论导向正确是党和人民之福，舆论导向错误是党和人民之祸。

(3) 舆论引导首先是政治方向的引导，坚持正确的舆论导向，最重要的是坚持正确的政治导向。舆论引导的内容也是多方面的，在坚持正确的政治导向的同时，也要注意把握好其他方面的导向，比如道德导向、消费导向、娱乐导向、生活导向等。

(4) 舆论引导不仅有方向问题，还有效果问题。为了加强舆论引导的效果，必须不断提高报道质量和引导水平。

(5) 在市场经济条件下，坚持正确的舆论导向一定要正确处理社会效益与经济效益的关系。要把社会效益放在首位，尽可能使两种效益协调一致，当二者发生矛盾时，要毫不犹豫地坚持经济效益服从社会效益。

三、新闻宣传必须把讲政治放在首位

在这个问题上，要明确把握的主要观点有：

(1) 新闻工作是一项政治性很强的业务工作，也是一项业务性很强的政治工作。新闻工作强烈的政治性决定了新闻宣传必须把讲政治放在首位，讲政治才能确保舆论导向，特别是政治导向的正确。

(2) 新闻工作讲政治绝不是抽象的，而是十分具体的。稿件内容有政治，提法口径有政治，版面设计有政治，标题字号有政治。新闻宣传无小事。

(3) 讲政治就必须顾全大局。大局就是政治，顾大局就是讲政治。一事当前，报与不报，如何报，一切都要从有利于全党全国工作大局着眼。

(4) 讲政治必须讲责任。新闻媒体是党和人民的耳目喉舌，对维护党的领

导、巩固社会主义制度和人民政权负有重要的政治责任。讲责任，首先要讲政治责任。

（5）讲政治必须遵守党的纪律。在任何时候，都要严格遵守党的政治纪律和宣传纪律。

§2. 马克思、恩格斯的党报思想有哪些内容？

1864 年至 1895 年，在马克思、恩格斯指导思想影响下，不少国家无产阶级纷纷组建了自己的政党。这些无产阶级政党都编辑出版了自己的机关报即党报。一大批党报的出现既为党报思想的形成和发展提供了实践经验，同时在客观上要求有一个成熟的党报思想作指导。需要和可能的结合，产生了马克思、恩格斯的党报思想。

马克思、恩格斯的党报思想是马克思、恩格斯新闻思想发展的最高阶段，是马克思主义新闻思想的奠基思想，马克思、恩格斯的党报思想主要包括以下几个方面的内容：

一、党的报刊是党的武器、党的阵地、党的中心

用党的武器和党的阵地来概括党报的性质，是马克思和恩格斯的一贯思想，是他们表述党报性质经常使用的词句。同时，他们还常常用“政治中心”、“组织中心”等词语表述党报的性质。恩格斯在《就〈工人报〉改为日报一事给奥地利工人的贺信》中指出：“在每一个党、特别是工人党的生活中，第一张日报的出版总是意味着大大地向前迈进了一步！这是它至少在报刊方面能够以同等的武器同自己的敌人作斗争的第一个阵地。”1882 年恩格斯在谈到第一国际时说：“每一个社会主义的报刊都是一个国际的中心。”1884 年恩格斯呼吁党内同志要“不顾一切地竭尽全力守住《社会民主党人报》这个立足的阵地”。

二、党报必须是党的政治性机关报

恩格斯在 1871 年 9 月召开的第一国际伦敦代表会上的发言中指出：“绝对放弃政治是不可能的；主张放弃政治的一切报纸也在从事政治。问题只在于怎样从事政治和从事什么样的政治。”

三、党报的使命：必须坚持正确的办报纲领，必须明确地、鲜明地高举党的旗帜前进

恩格斯指出，党的纲领“是一面公开树立起来的旗帜，而外界就根据它来判断这个党”。党的政治纲领是党报进行宣传的最高准则。无产阶级政党的机关报必须遵循党的政治纲领，阐述党的政治纲领，宣传贯彻党的政治纲领。

四、党报的使命：对党的领导机关和领导人物进行民主监督，是党的报刊的使命，也是包括党报工作者在内的每一位党员的权利

马克思、恩格斯十分强调报刊的批判功能。恩格斯提出：“要使人们不要再总是过分客气地对待党内的官吏——自己的仆人，不要再总是把他们当做完美无缺的官僚，百依百顺地服从他们，而不是进行批评。”马克思、恩格斯认为当时党已经有力量经受公开批评，群众有能力开展批评，并使这种批评收到良好的效果。

根据自己多年的党报工作经验，马克思和恩格斯对党报如何正确履行批评监督的使命，提出了下列原则：第一，党报开展监督批评，要公正和坦率；第二，党报批评不能违背党的道德、党的纲领和党的既定策略；第三，党报批评要注意不使敌人获得“窥视内幕”的机会；第四，进行党报批评还要注意把个别领导人的错误和整个党的错误区分开，分清责任。

五、党报的使命：党报必须用科学理论武装工人

普及科学理论，开展理论斗争，是马克思、恩格斯在党报实践中提出的一项重要的使命。马克思、恩格斯党报思想形成的时期，正是国际共产主义运动各种机会主义派别进行复杂斗争的时期。当时无产阶级运动的发展，愈来愈需要科学理论的指导，这就要求党报要把理论宣传放在十分重要的地位。

六、必须加强队伍建设，加强党对报刊的领导

马克思、恩格斯指出，党报工作者应有很好的素质。他们认为必须委派或任命优秀的战士占据党报这个重要岗位。他们提出，党的机关报应由经过考验的真正的社会民主党人担任编辑，而不能让那些捐资入党的资产者和野心勃勃的极“左”分子把持党的舆论机关。“1875 年 5 月德国社会主义工人党哥达党代会通过的组织章程，规定了总的原则，党的机关报作为党的财产，它的业务和人员均受党的执行委员会的领导和监督，党报在原则问题上必须遵守党的纲领，在党的策略问题上，一切应服从执行委员会。”这一章程充分体现了马克思、恩格斯关于党报组织建设的思想。

§3. 列宁新闻思想关于党性原则有哪些主要阐述？

党性原则是无产阶级新闻理论的重要支柱。马克思、恩格斯对党性原则作过不少探索，但是对党性原则阐述得最系统、最完整的是列宁。列宁提出的党的报刊的党性原则，从1905年发表《党的组织与党的出版物》到他1924年逝世，是贯彻始终的。他在《党的组织与党的出版物》一文中指出：“社会主义无产阶级应当提出党的文学的原则，发展这个原则，并且尽可能以完备和完整的形式实现这个原则。”对于“党的出版物的原则”即党的新闻事业的党性原则的含义，列宁作了这样的规定：“党的出版物的这个原则是什么呢？这不只是说，对于社会主义无产阶级，写作事业不能是个人或集团的赚钱工具，而且根本不能是与无产阶级总的事业无关的个人事业。无党性的写作者滚开！超人的写作者滚开！写作事业应当成为整个无产阶级事业的一部分，成为由整个工人阶级的整个觉悟的先锋队所开动的一部巨大的社会民主主义机器的‘齿轮和螺丝钉’。写作事业应当成为社会民主党有组织的、有计划的、统一的党的工作的一个组成部分。”

列宁还具体指出了识别党性与非党性的几个依据，那就是党纲、党的策略决议和党章、国际社会民主党的经验。列宁说：“确定党的观点和反党观点的界限的，是党纲，是党的策略决议和党章，最后是国际社会民主党、各国的无产阶级自愿联盟的全部经验，无产阶级经常把某些不十分彻底的、不完全是纯粹马克思主义的、不十分正确的分子或流派吸收到自己党内来，但也经常地定期‘清洗’自己的党。”这样，对于在实际工作中一个党组织、一个党报编辑部、一个党报工作者，如何衡量它（他）是否坚持了无产阶级政党的党性，依据（界限、标准）就十分清楚，也相当便于把握了，这就是看其是否坚持贯彻执行党的纲领和党的章程，是否服从和遵守党的策略决议，是否赞同和实行国际社会民主党和各国无产阶级自愿联盟的全部经验，这些经验的中心是坚持不懈地同党内的不彻底的、非纯粹马克思主义的、不十分正确的分子及流派作斗争，并在必要的时候把他们清除出党和联盟。

列宁阐述的无产阶级新闻事业的党性原则内容十分丰富，包括党报的指导方针、党报与党的关系、党报与党内思想斗争的关系、党性原则与创作自由、党报的宗旨等诸多方面的内容。

一、党报的指导方针

以什么理论为指导，至关重要。党报的指导方针，是无产阶级新闻事业的核心内容。列宁在《我们的纲领》一文中指出：“没有革命理论，就不会有坚强的社会主义政党，因为革命理论能使一切社会主义者团结起来，他们从革命理论中取得一切信念，他们能运用革命理论来确定斗争方法和活动方式。”革命理论如此重要，那么，我们的无产阶级报纸要用什么理论来指导呢？列宁十分肯定地回答：无产阶级报刊必须以马克思主义为指导。他指出：“我们不打算把我们的机关报变成形形色色的观点的简单堆砌。相反地，我们将本着严正的明确方针办报。一言以蔽之，这个方针就是马克思主义。”

二、党报与党的关系

这是无产阶级新闻事业党性原则的关键。列宁指出，无产阶级的新闻、文学事业“应当成为整个无产阶级事业的一部分，成为由整个工人阶级的整个觉悟的先锋队所开动的一部巨大的社会民主主义机器的‘齿轮和螺丝钉’”。在列宁看来，作为党的整个事业的有机组成部分的新闻事业，在夺取政权的斗争中，它是革命的“巨大的鼓风机”，是革命的总战线中一条必要的和重要的战线；在夺取政权以后，它是无产阶级政党的机关报，对党的工作和全体人民有极大的宣传、鼓舞和组织作用。作为党的整个事业的一个有机部分，党报党刊必须无条件地接受党的领导和监督。他在《社会主义政党和非党的革命性》中指出，党的报刊“不仅受党的‘上层’的监督和领导，而且要受党的‘下层’，受全体加入党的有组织的工人的监督和领导”。他在《〈工人论党内分裂〉一书序言》中指出：“党的一切报刊，不论是地方的或中央的，都必须服从党代表大会，服从相应的中央和地方党组织。凡是不同党保持组织关系的党的报刊一律不得存在。”列宁在《倒退的第三步》一文中对“著作家处在党外，高于党。没有任何监督，没有工作报告，也没有任何物质上的依存关系”、“党是党，著作家是著作家，互不相干”的现象提出尖锐的批判。他要求：“革命越是临近，社会民主党人在‘合法的’报刊上公开发言的机会越是临近，无产阶级政党就要越严格地遵守‘党的著作家’必须对党绝对负责，必须服从党的原则。”

列宁坚决反对创办不接受党的领导和党的监督的报刊。他批评某些人对党的纲领采取不严肃的态度，不对党内斗争问题表态，不在党的中央机关报编辑部发表声明，不想执行党的文件却主张创办不受党的纲领约束、不受中央机关领导的

“自由的”报刊。列宁严厉地指出，这是一种反党行为。列宁也反对创办不利于党的集中和统一的报刊，认为这些报刊将削弱而不是强化党的领导。列宁反对用“小组”的机关报来对抗中央的机关报，指出这实质上就是用小组习气反对党性，而小组的机关报不可能也不应当是党的机关报，他响亮地提出，党的一切出版物都是全党的财富。

三、党报与党内思想斗争

列宁对在报刊上开展党内思想斗争十分重视，早在1900年他在《给阿·亚·雅库波娃》的一封信中就曾指出：“只有在报刊上进行论战，才能准确地划清我们说的那条界限，因为个别人在这方面往往难免要走极端。当然，在报刊上进行斗争，会招致新的埋怨，引来不少打击，但我们可不是那种害怕打击的脆弱的人！希望不受打击的斗争，没有斗争的分歧，那是幼稚天真的想法；如果斗争是公开进行的话，那么，它要比国外和俄国国内的‘古巴廖夫作风’强一百倍，我再说一遍，它将一百倍地促成牢固的统一。”列宁在谈到《火星报》的工作时也曾强调，要使《火星报》成为观点不相同的全体俄国社会民主党人讨论一切问题的机关报。列宁坚决反对把党报办成党的负责人的一言堂，反对党报用模棱的话来回避现实斗争中的本质性问题。他主张要通过党报使党内各种分歧的意见进行积极的论战，并在马克思主义的指导下，最后达到思想的统一。

列宁在要求一切党的报刊和党的报刊工作者（文学家、著作家、撰稿人等）必须接受党的领导和监督的同时，又认为必须赋予党的报刊和党的报刊工作者充分的批评自由和讨论党的决议的权利，而且认为这两个方面是完全一致的。他认为，广泛的民主讨论、群众监督和批评自由，同党性所要求的“行动一致”是一致的。他说，最广泛地、自由地讨论和指责我们认为有害的措施、决定和倾向，这不是行动一致范围以内的事情。只有进行这样的讨论，通过决议和提出抗议，才能形成党的真正舆论。只有在这样的条件下才会有一个善于随时发表自己的意见，用正确的方法把已经确定的意见变成下一次代表大会的决定的真正的党。他还指出，在党纲的原则范围内，批评是完全可以自由进行的，不仅可以在党的会议上，而且可以在广泛的集会上自由进行。禁止这种批评或这种“宣传鼓动”是不可能的。但是，党的政治行动必须一致。不论是在广泛的集会上，还是在党的会议上或者在党的报刊上，发出任何破坏已经确定的行动的“号召”都是不能容许的。

在批评自由和行动一致的问题上，列宁为我们正确划清了坚持党性和违反党性的界限。

四、党性原则与创作自由的关系

列宁在强调无产阶级新闻、文学事业的党性原则的同时，也十分强调创作自由。在《党的组织和党的文学》一文中，他指出："无可争论，文学事业最不能作机械的平均、划一、少数服从多数。无可争论，在这个事业中，绝对必须保证有个人创造性和个人爱好的广阔天地，有思想和幻想、形式和内容的广阔天地。"他还指出："我们要创办而且我们一定创办自由的报刊，这个自由不仅是指摆脱了警察的压迫，而且是指摆脱了资本，摆脱了名位主义，甚至也指摆脱了资产阶级无政府主义的个人主义。"

五、党报的宗旨

为什么人服务的问题，是新闻理论的重大问题，是无产阶级新闻事业的根本问题。列宁在《党的组织和党的文学》一文中指出，无产阶级新闻文学事业将是自由的事业。"因为它不是为饱食终日的贵妇人服务，不是为百无聊赖、胖得发愁的'几万上等人'服务，而是为千千万万劳动人民，为这些国家的精华、国家的力量、国家的未来服务。"

六、建立一个战斗的编辑部

在坚持党性原则、反对非党性口号的斗争中，列宁强调，要建立一个团结的、战斗的指挥部。列宁把党报编辑部看做"领导者和组织者的参谋部"。所以，他要求党报编辑部是"一个真正钢铁般的组织"，具有"坦率、团结和进攻的魄力"。列宁指出，他并不反对争论，相反，在编辑部里，他是各种有益的论战的积极倡导者。但是他反对立场动摇、缺乏组织性和原则性的人掌握编辑权。由列宁起草的《加入共产国际的条件》（1920 年 7 月，共产国际第二次代表大会正式通过时该决议共21 条，史称"加入共产国际的21 条"）第1 条规定："日常的宣传和鼓动必须具有真正的共产主义性质。党掌握的各种机关报刊，都必须由已经证明是忠于无产阶级革命事业的可靠的共产党人来主持编辑工作。"当黑帮分子在孟什维克报纸上发表造谣中伤的文章时，列宁作为党报编辑要求撰稿人写一篇生动、尖锐、透彻和详尽的述评来剖析这班黑帮分子。他对撰稿人说，尽管这是一件惹人讨厌的工作，但我们是办报的人，对社会民主党的评论家来说，面对"丑行与毒害"不加痛斥是不容许的。

列宁还提出了其他有关的新闻思想：

1. 宣传鼓动的策略原则

列宁指出，党的报刊工作不能满足于一般地宣传党的策略，而应该仔细地全面地了解人们对这些策略的理解情况和运用情况，实事求是地反映全党的呼声。只有这样，才能使党制定出真正统一的策略，并激发群众统一的行动。中央和地方党报的宣传，政策和策略上要统一，特别重要的是统一口号，地方报纸要想方设法利用中央机关报进行地方的宣传工作，但又不应该机械地照抄照搬，要根据当地条件加以发展或者修改，在小报上不但要转载而且要转述中央机关报的思想和口号。

2. 宣传马克思主义要面向广大工人

列宁指出，报纸的重要性在于它是教育和团结真正先进阶级的工具。他在论述党报对工人进行马克思主义的政治教育的作用时，指出教育面要宽，要使更多的工人提高到觉悟工人的水平，走上争取社会主义的斗争道路。为此，他提出要对没觉悟的工人抓紧政治教育，克服他们所受的机会主义影响。他在总结《真理报》工作时强调说，要像母亲细心地照顾重病的孩子，增加他的营养那样，觉悟的工人必须更加细心地照顾感染上机会主义毛病的工人所在的那些区域和工厂；更加关心、更加通俗地解释党的历史和策略，更加详尽地说明无产阶级统一的绝对必要性，也就是说少数工人必须服从多数，俄国1/5没觉悟的工人必须服从4/5有觉悟的工人。这就是我们的一个最重要的任务。列宁强调党报要面向广大工人，抓紧做好没觉悟工人的政治教育的工作，始终坚持党报宣传要保持较高的马克思主义思想水平，要求报纸的活动应当同俄国绝大多数拥护马克思主义的先进工人的意识和意志完全一致。

3. 区分通俗和庸俗

列宁在批评《自由》杂志——号称“面向工人的通俗读物”时指出，我们要告诉作者，庸俗化和浅薄同通俗化相差很远。通俗作家应当引导读者去了解深刻的思想、深刻的学说，他们从最简单的、众所周知的材料出发，用简单易懂的推论或恰当的例子来说明从这些材料得出的主要结论，启发肯动脑筋的读者不断地去思考更深一层的问题。通俗作家的对象不是那些不动脑筋的、不愿意或者不善于动脑筋的读者，相反地，他的对象是那些确实愿意动脑筋，但还不够开阔的读者，帮助这些读者进行这件重大而困难的工作，引导他们，帮助他们开步走，教会他们独立地继续前进。列宁批评《自由》杂志的宣传，不是什么通俗，而是低级趣味的庸俗。他指出该杂志所使用的词汇没有一个是简单明了的，一切都是装腔作势，作者的每一句话都矫揉造作，都要用几个所谓“民间的”比喻和方言。而读者在这些庸俗作家的眼里，都是一些不动脑筋、也不会动脑筋的人。这些庸俗作家不是启发读者了解严整的科学的初步原理，而是通过畸形的简单化的充满庸俗玩笑的形式，把某一学说的全部结论“现成地”奉献给读者，读者连咀嚼也用不着，只要囫囵吞枣就行了。通过这样的分析，列宁提出，要通俗，不要庸俗。

4. 少报道些领导人的活动，多一些群众活动和劳动组织内部的公开报道

列宁认为，党和苏维埃报刊必须花很大力气克服资产阶级社会旧习惯和旧传统的影响，即用过多篇幅和注意力来报道政治上的一些琐事、政治领导人物的一些个人问题，各国资本家正竭力利用这些东西来转移人民群众的视线。列宁指出，为苏维埃群众服务的报刊，对于政治领导人员的问题，对于无关紧要的政治措施，应当少费一些篇幅。与此相反，报刊应当把实践中直接提出的劳动问题放在首要地位。

5. 设立“黑榜”，揭露错误

列宁认为，报刊要设立“黑榜”，公布错误和缺点，动员舆论来抨击它们。在报刊上设立“黑榜”，通过公开报道揭露劳动组织内部的缺点错误，是列宁把报刊变为社会主义建设工具的一个重要着手点，是党和苏维埃报刊的一个重大改革，列宁开创了无产阶级专政历史条件下进行舆论监督的新的传统。

6. 运用“榜样的力量”激励建设新生活的热情

列宁指出，我们的报纸很少注意工厂、农村和部队的日常生活，而这方面新鲜事物最多，最需要注意和宣扬，最需要指责坏人坏事，号召向好人好事学习。为此，他在设立黑榜的同时，要求向全国介绍各种先进典型，运用“榜样的力量”激励人民建设新生活的热情，推广实际工作的经验。他指出，我们真正缺少的东西，就是不善于广泛地利用卓越的范例，使它们成为大家学习的榜样。

§4. 毛泽东的新闻思想有哪些主要内容?

毛泽东的新闻思想中第一个也是最根本的原则，就是党性原则。无产阶级新闻工作的党性原则，是毛泽东新闻思想的核心。它体现在毛泽东新闻思想各个方面，决定着新闻事业的使命、地位和作用，涉及新闻宣传报道的许多重要理论和实践问题，关系新闻工作的路线方针，左右新闻事业的发展方向，影响新闻队伍的思想建设和理论修养。中国无产阶级新闻事业的党性原则是指“在无产阶级新闻工作中体现无产阶级政党的思想意志、政治要求和组织原则的行为准则”。它是中国共产党领导下的新闻事业的重要指导方针和根本原则，是区别于资产阶级新闻工作最显著的标志。新闻工作的党性原则是保持无产阶级性质的根本，是坚

持社会主义方向的保证。无产阶级社会主义新闻事业必须坚持党性原则。

新闻工作的党性原则是由新闻工作的阶级性决定的。新闻事业的阶级性是指“新闻机构在新闻活动中表现出来的阶级倾向，即替哪个阶级讲话，为哪个阶级服务”。新闻事业的阶级性，是人们在新闻活动中不同的经济关系、社会关系和物质关系的反映，是一定社会的不同阶级的阶级意志、兴趣、要求的体现，也是阶级社会里人们的意识形态必然具有的阶级特征。新闻事业的阶级性，是社会上的阶级斗争在新闻活动中的反映，新闻事业掌握在哪个阶级手里，反映哪个阶级的意志和利益，决定新闻事业的阶级性，在阶级社会里超阶级的新闻事业是不可能存在的。毛泽东说过：“在阶级消灭之前，不管报纸、刊物、广播、通讯社都有阶级性，都是为一定阶级服务的。”

党性是阶级性的集中表现，不同阶级的政党有不同的党性。共产党是工人运动和马克思主义相结合的产物。因此，共产党的党性来源于无产阶级的阶级性和马克思主义的科学性。社会主义新闻工作的党性原则，是共产党的党性在新闻工作中的体现，是共产党对于新闻事业的地位、性质和作用的总的看法。社会主义新闻工作的党性原则要求我们要运用马克思主义的立场、观点、方法，认识和反映客观世界，处理新闻工作中的各种问题。

坚持党性原则，在组织上必须坚持党对新闻事业的领导，坚持党的民主集中制，做到有令则行，有禁则止，绝不允许任何新闻单位、新闻工作者闹独立性，这是新闻事业坚持党性原则的关键。在政治上必须正确地无条件地宣传马列主义，宣传党的纲领路线、方针政策、工作任务和工作方法，防止政策宣传上或“左”或右的偏向，始终与党中央保持一致。在思想上要实事求是，深入实际，调查研究，坚持辩证唯物主义的思想路线，反对主观主义。

毛泽东同志1948年在对《晋绥日报》编辑人员谈话时指出：“报纸的作用和力量，就在它能使党的纲领路线、方针政策、工作任务和工作方法，最迅速最广泛地同群众见面。”就在同一次谈话中他还指出：“办好报纸，把报纸办得引人入胜，在报纸上正确地宣传党的方针政策，通过报纸加强党和群众的联系，这是党的工作中的一项不可小看的，有重大原则意义的问题。”他在《解放日报》改版座谈会上的讲话中也指出：“利用《解放日报》，应当是各机关经常的业务之一。”毛泽东同志的这些论述，从新闻传播媒体、新闻工作者、党的领导机关等不同角度论述报刊、广播、电视宣传党的方针政策的重要性。一切从实际出发，实事求是，理论联系实际，是毛泽东同志一贯倡导的马克思主义的思想路线，也是几十年来我们党领导新闻工作的基本原则。实事求是，是毛泽东思想的出发点、根本点。他在《改造我们的学习》一文中，准确科学地解释了“实事求是”的真正含义。“实事”就是客观存在着的一切事物；“是”就是客观事物的内部联系，即规律性；“求”就是我们去研究。

毛泽东的新闻思想是马克思主义新闻学与中国无产阶级和社会主义新闻实践相结合的产物，其主体是毛泽东本人关于新闻传播的观点与学说的理论体系。其主要内容有：

一、报纸是一定社会经济基础的反映

毛泽东根据人的意识是社会存在的反映的原理，认为报纸属于意识形态范围，是一种上层建筑，是一定社会的经济基础通过新闻手段的反映。他指出，在社会主义国家，报纸是社会主义经济即在公有制基础上的计划经济通过新闻手段的反映；在资本主义国家，报纸则是无政府状态的和集团竞争的经济通过新闻手段的反映。

毛泽东指出，报刊是运用新闻手段反映社会经济的产物。就社会结构和社会活动（主要是经济活动）来说，毛泽东对报刊本质属性的分析，更深刻具体地说明了现代条件下的报刊及其特征。毛泽东基于这一分析正确地指出：首先，报纸、通讯社和广播电台，要围绕着经济工作这一中心，为巩固和发展社会主义经济基础服务；其次，在社会主义国家或者在资本主义国家，通讯社、报纸和广播电台，由它们的经济基础所决定，都毫无疑问地具有阶级性，是为一定阶级的利益服务的。

二、报纸的作用：迅速广泛地宣传党的方针政策

毛泽东十分重视报纸的社会功能，他高度评价报纸在政治斗争中的作用。毛泽东视报刊为革命之手段，把报刊称作阶级斗争的工具，出于两方面考虑：其一，认为报刊可以扩大群众的视野，增长人们的见识；其二，认为可以利用报刊作为政党组织和领导工作的极为重要的工具，特别是利用报刊传达政策和政令。他指出，报纸的作用和力量，就在于它能使党的纲领路线、方针政策、工作任务和工作方法最迅速最广泛地同群众见面。因此，办好报纸，在报纸上正确地宣传党的方针政策，通过报纸加强党和群众的联系，是党的工作中的一项有重大原则意义的工作。

传达政令和宣传政策，是毛泽东一再强调指出的报刊的主要社会功能。他将省报的作用经典地概括为“组织、鼓舞、激励、批判、推动”五个方面，其核心仍然是传播党的政策，通过宣传政策来组织群众，推动斗争和工作。

三、全党办报、群众办报

毛泽东根据群众路线的精神，提出了全党办报的方针。这个方针的要旨，其一，是动员和组织各级党组织和全体党员，特别是党的干部，积极关心和参加报刊工作，切实地、有力地加强党对报刊的领导；其二，毛泽东提出的全党办报和群众办报方针旨在实行“开门办报”，面向群众，发挥群众的积极性和创造力；其三，群众办报、全党办报的方针还包括这样的旨意，即办报人员要有群众观点，实行群众路线的工作方法。毛泽东指出，一切从事宣传工作和报纸工作的人员，要常常想一想自己的文章、演说、谈话、写字是给什么人看的，给什么人听的，“射箭要看靶子，弹琴要看听众”。从事报刊工作的人，心里要想着群众，为他们的福利服务，也为教育和组织群众服务。

报纸工作本身，也要走群众路线。毛泽东举例说，报上常常有错字，如果采取群众路线的方法，报上有了错字，就把全报社的人员集合起来，不讲别的，专讲这件事，讲清楚错误的情况，发生错误的原因，消灭错误的办法，要大家认真注意。这样讲上三次五次，一定能使错误得到纠正。小事如此，大事也是如此。

四、舆论一律又不一律

毛泽东关于社会主义出版自由的观点，可以用“舆论一律”和“舆论不一律”来概括。

新中国成立前夕，毛泽东提出，必须剥夺反动派的出版自由。包括：取消一切帝国主义国家在中国开办的宣传机关，接收属于国民党反动政府及其地方系统下的各机关、各反动党派及反动军队的各组织所出版和发行的报纸，接收他们的通讯社和电台。毛泽东把只许反动分子规规矩矩、不许他们乱说乱动的这种政策形象地叫做“舆论一律”，而且指出，这种“一律”，不仅指舆论，而且包括法律。这种“一律”体现了“人民在工人阶级和共产党领导之下对于反革命的专政”，“在这里，不是用的民主的方法，而是用的专政即独裁的方法，即只许他们规规矩矩，不许他们乱说乱动”。

在人民内部，实行“舆论不一律”的方针。这个方针提出人民群众应该享有充分的出版自由权利，体现了人民民主专政包括对人民的民主和对敌人的专政两方面的思想。毛泽东指出，所谓“不一律”，就是批评的自由，发表各种不同意见的自由，宣传有神论和宣传无神论（即唯物论）的自由，就是允许先进的人们和落后的人们自由利用我们的报纸、刊物、讲坛等去竞赛，以期由先进的人们以民主和说服的方法去教育落后的人们，克服落后的思想和制度。

毛泽东把这种“舆论不一律”的方针，又称为“放”的方针。他指出，所谓“放”，就是放手让大家讲意见，使大家敢于说话，敢于批评，敢于争论，不怕错误的议论，不怕有毒的东西，开展各种意见之间的相互争论和相互批评，既容许批评的自由，也容许批评批评者的自由；所谓“放”，就是在文艺和学术领域实行“百花齐放，百家争鸣”的方针；所谓“放”，就是对于错误意见，不是压服，而是采取说服教育和以理服人的办法，不搞“一棍子打死”。

五、报刊宣传的策略和艺术

毛泽东指出，无产阶级进行报刊宣传，最尖锐、最有效的武器只有一个，那就是严肃的战斗的科学态度，就是实事求是的态度。

毛泽东要求报刊工作者“迈开两脚”，学习孔夫子“每事问”，扎扎实实地做调查研究，“没有调查就没有发言权”，就没有资格从事报刊工作。因为不了解敌友我三方的状况，就无法正确地决定我们的宣传政策，无法写出有针对性的文章。他对一切宣传工作者提出的口号是：“注重调查！反对瞎说！”

毛泽东要求向人民群众作真实的报道，不仅充分地报道我们的成就，而且“应当经常把发生的困难向他们作真实的说明”，天灾人祸，如实报道。他提出，新闻要不要新？当然要新。现在新闻太少、太严、太不自由，不好，要改。不要把党的政策保密起来，应尽可能在报纸上公开发表。同时又要注意，新闻不要守旧，也不要赶时髦。新闻有新闻、旧闻、不闻。

毛泽东强调新闻要注重事实，“力戒空谈”。要“十分之九是实际事实之叙述，只有十分之一是对反革命宣传的辩论”。革命报刊是“对于革命工作的忠实报告”。报道一定要有根据，并注意留有余地。特别是对外宣传，不要夸大，“无论什么时候，都要谦虚谨慎，把尾巴夹紧一些”。在宣传我们的成绩的时候，要冷热结合。冲天干劲是热，科学分析是冷。报刊工作者要多注意报道我们的困难和不足，做冷静的促进派。

毛泽东提倡典型报道。他要求注意收集和传播经过选择的典型性的经验，用这些典型推动实际工作。

六、生动活泼新鲜有力的文风

毛泽东十分重视文风，他身体力行，倡导生动活泼新鲜有力的马克思主义文风，他在为《中国工人》撰写的发刊词中写道，希望《中国工人》多载些生动的文字，切忌死板、老套，令人看不懂，没味道，不起劲。这是他对党领导的宣传和文艺事业的共同要求，即不但内容好，而且表现形式和文字好。毛泽东在延安文艺座谈会上讲话时提出："我们的要求则是政治和艺术的统一，内容和形式的统一，革命的政治内容和尽可能完美的艺术形式的统一。缺乏艺术性的艺术品，无论政治上怎样进步，也是没有力量的。因此，我们既反对政治观点错误的艺术品，也反对只有正确的政治观点而没有艺术力量的所谓'标语口号式'的倾向。我们应该进行文艺问题上的两条战线斗争。"

他提倡写短文，写得简明扼要。他说，我们有些同志喜欢写长文章，但是没有什么内容，正是"懒婆娘的裹脚布，又长又臭"。毛泽东提出向人民群众学习语言的要求。他说："文字必须在一定条件下加以改革，言语必须接近民众，须知民众就是革命文化的无限丰富的源泉。"他提出："洋八股必须废止，空洞抽象的调头必须少唱，教条主义必须休息，而代之以新鲜活泼的、为中国老百姓所喜闻乐见的中国作风和中国气派。"

毛泽东还要求报刊要办得尖锐、泼辣、鲜明。他说："我们必须坚持真理，而真理必须旗帜鲜明。我们共产党人从来认为隐瞒自己观点是可耻的。我们党所办的报纸，我们党所进行的一切宣传工作，都应当是生动的，鲜明的，尖锐的，毫不吞吞吐吐。这是我们革命无产阶级应有的战斗风格。"

七、政治家办报

毛泽东提出了"政治家办报"的观点，对党和人民的新闻工作者提出了严格的要求，寄托着殷切的期望。他说，办好报纸的根本问题是报社人员的思想革命化问题。为此，要学习马克思主义，刻苦改造世界观，学习社会，学习工农群众。作为教育者，新闻工作者要先当被教育者，先做群众的好学生，然后才能成为群众的好先生，为此，要懂得工人农民，热爱他们的生活、工作和学习。一面教，一面学；一面当先生，一面当学生。

在不同的传播环境下，毛泽东还规定党的传媒和记者要遵守新闻宣传纪律。除必须无条件地宣传中央的路线和政策、党和国家重大新闻由新华社统一发布、开展批评和自我批评、党报不得批评同级党委等纪律外，还规定了涉外事件的报道、不得擅自向中外记者发表意见、重要稿件送审、建立内部参考制度、请示报告、重视处理人民来信等方面的纪律。毛泽东指出，党的领导机关要同违反党的纪律的现象作斗争。

对于新闻机构领导人即所谓"记者头子"，毛泽东要求他们"多谋善断"，不能"多谋寡断"，要政治家办报，不要书生办报，更不能死人办报。这是毛泽东提出"政治家办报"的主旨。

§5. 毛泽东“政治家办报”的观点是如何提出来的？

坚持政治家办报办台是社会主义新闻事业党性原则的要求，是由社会主义新闻事业的性质决定的，是实现党对新闻事业领导的重要保证。毛泽东首次明确提出要“政治家办报”，其核心思想是，办报的人，特别是新闻单位的领导者要有政治家的胸襟和见识，要能够从政治上总揽全局，抓住事情的要害，使新闻宣传紧密配合国内外的政治形势，为全党和全国工作的大局服务。

“政治家办报”，是毛泽东在批评《人民日报》不能及时宣传贯彻1957年2月最高国务会议上他的重要讲话《关于正确处理人民内部矛盾的问题》和3月他的《在中国共产党全国宣传工作会议上的讲话》时，作为反面的“死人办报”、“书生办报”、“教授办报”等批评性话语的正面概念，于1957年最早提出，公开正式表述时间是1959年。

1957年2月最高国务会议上毛泽东的讲话和十几天后在中国共产党全国宣传工作会议上的讲话，涉及我国社会主义建设时期的重大理论问题。当时《人民日报》将最高国务会议和毛泽东讲话的报道，安排在头版二条加花边框，五栏标题，除了一张照片外，文字仅采用新华社稿约200多字。而头条却是一篇不太重要的关于经济工作的社论；对毛泽东在中国共产党全国宣传工作会议上的讲话，则完全没有报道。1957年4月10日，毛泽东召见《人民日报》总编辑邓拓等全体编委，对报纸没有及时贯彻这两次重要会议精神提出了严厉的批评。批评内容大体是：最高国务会议发了消息，只有那么两行，为什么不发社论？宣传会议有党外人士参加，不发消息也是错误的。已经发的几篇社论（指关于“双百”方针和教育问题的社论）没有联系最高国务会议，好像没有这回事。最高国务会议和宣传会议已经开过一个月了，共产党的报纸没有声音。你们按兵不动，反而让非党的报纸拿了我们的旗帜整我们。过去说你们是书生办报，不对，应当说是死人办报。你们多半是同中央的方针唱反调，是抵触、反对中央的方针，不赞成中央的方针。真是百家争鸣，唯独马（指马克思主义这一家）家不鸣。党的报纸对党的政策要及时宣传，为什么把党的政策秘密起来？这里有鬼，鬼在什么地方？你们到底是有动于衷还是无动于衷？我看是无动于衷。中央党报办成这样子怎么行？写社论不联系当前政治，这哪里像政治家办报？

1958年1月在党中央召开的南宁会议上，毛泽东再次点名批评了《人民日报》“死人办报”、“书生办报”和“教授办报”。1959年6月，在与《人民日报》新领导人吴冷西的谈话中，毛泽东谈到政治家办报。他说："新闻工作，要看是政治家办报，还是书生办报。有些人是书生，最大的缺点是多谋寡断。刘备、孙权、袁绍都有这个缺点，曹操就多谋善断。要反对多谋寡断，没有要点，言不及义。要一下子看到问题所在。搞新闻工作，要政治家办报。"

毛泽东对党报的批评和他提出的政治家办党报的思想，是在新的历史条件下对党报工作的思考，基本的思路仍然是通过党报指导工作，但是要求更高了，因为社会主义建设时期的社会矛盾更为复杂，党中央通过党报指导工作，对于党报的主持者来说，需要懂政治、懂策略、懂理论，才可能及时、准确地使宣传到位。

毛泽东批评《人民日报》领导人多谋寡断，什么都等着中央的指示，缺乏判断中央精神的政治家的头脑，这一点是有针对性的。他反复讲三国人物的目的是借史讲道理，提醒党报领导人要具有政治家多谋善断的智慧。《人民日报》领导人是有宣传党的方针政策的意识的，但是缺乏对党的精神及时、敏锐的分析判断能力，单纯在制度规定的范围内被动地等待批示。编辑部当时虽然制订了宣传计划，但是主观上也确实对这两次会议重视不够，从版面的编排上就可以看出，仍然按照老习惯把新闻登在二条位置。毛泽东提出政治家办报，意在强调新形势下通过党报指导工作，对党报领导者的要求高了，需要他们具有政治家的分析头脑。还有，就是进城后党报工作滋生了"机关化"的倾向，编报一定程度上成了一种单纯的技术，编者习惯于等待上级指示，缺乏对所报道的问题进行政治分析的素养。

§6. 邓小平的新闻思想有哪些主要内容？

作为邓小平理论重要组成部分的邓小平的新闻思想，是邓小平同志从社会主义现代化建设全局的高度，对新闻工作中一些带根本性的问题所作的重要论述，具有很强的实践性，与建设有中国特色社会主义事业紧密相依。

一、坚持党性原则，反对资产阶级自由化

新闻工作的党性是一定党派组织的政治目的、政治行为准则在新闻报道中的具体体现。无产阶级新闻事业的党性，是无产阶级政党的先进性和组织性的集中体现。党性原则是无产阶级新闻事业的最高准则，是马列新闻理论、毛泽东新闻思想的核心。邓小平同志在指导建设有中国特色社会主义新闻事业的历史进程

中，始终坚持无产阶级新闻事业的党性原则，他把坚持无产阶级新闻事业的党性原则与反对资产阶级自由化紧密结合起来，把坚持无产阶级新闻事业的党性原则与坚持一个中心、两个基本点的党的基本路线紧密结合起来，极大地丰富了马列主义、毛泽东新闻思想的党性原则。

1. 坚持党性原则，必须加强党对新闻事业的领导

加强党对新闻事业的领导，这是邓小平同志一贯的思想。邓小平同志早在1948年就指出："各级党委和政治机关应加强宣教工作的领导，使之完全符合于党的方针和政策。"这里提的宣教工作自然包括新闻宣传工作。邓小平同志在1956年提出："通讯社和报社党组，都必须建立健全的党委会议制度，一切重要问题……均须交委员会讨论，由到会委员充分发表意见，作出明确决定，然后分别执行。"邓小平同志在这里十分明确提出加强党对新闻事业的领导，不仅要体现在政治思想上，还要体现在具体的组织原则上。要加强党对新闻事业的领导，就必须使新闻工作者无条件服从党的组织原则，执行党的"少数服从多数，个人服从组织，下级服从上级，全党服从中央"的纪律。

2. 坚持党性原则，"党报党刊一定要无条件地宣传党的主张"

邓小平同志1950年在《目前的形势和任务》的报告中指出："党员对于党的决定有意见，可以通过组织发表，可以保留自己的意见，可以通过组织也可以直接向中央提出自己的意见。从中央起，各级党组织都要认真考虑这些意见。但是，中央决定了的东西，党的组织决定了的东西，在没有改变之前，必须服从，必须按照党的决定发表意见，不允许对党中央的路线、方针、政策任意散布不信任、不满和反对的意见。党报党刊一定要无条件地宣传党的主张。"邓小平同志的这一论述是针对新闻工作坚持"少数服从多数，个人服从组织，下级服从上级，全党服从中央"的党的组织纪律提出的具体要求。党的组织纪律的核心是全党服从中央，我们讲党的领导，"党报党刊一定要无条件地宣传党的主张"，首先是党中央的领导，是中央的路线、方针、政策的领导。这是新闻工作的最高纪律。社会主义新闻事业必须自觉地、坚定地宣传贯彻党的基本路线和各项方针政策，在重大问题的报道上必须与党中央保持高度一致。

邓小平指出，在当前，有很大的必要来强调宣传四项基本原则，宣传四项基本原则，要积极主动，理直气壮，同时又要有说服力；要讲清楚坚持四项基本原则的核心，是坚持党的领导，没有党的领导，就没有现代中国的一切。坚持党性最重要的是全党服从中央。中央犯过错误，这早已由中央自己纠正了，任何人都不允许以此为借口来抵制中央的领导。

3. 坚持党性原则，必须批判“在党性和人民性的问题上提出违反马克思主义的说法”

在改革开放的新形势下，一部分坚持资产阶级自由化倾向的人，借口党的领导曾出现过错误，提出人民性高于党性，以人民性代替党性。这是对我国无产阶级新闻事业性质的彻底改变，对中国共产党性质的彻底改变。提出人民性高于党性，实质就是否定和摆脱党对新闻事业的领导。邓小平同志从坚持四项基本原则、反对资产阶级自由化的高度批判了“宣传抽象民主，直至主张反革命言论也应当有发表的自由；把民主同党的领导对立起来，在党性和人民性的问题上提出违反马克思主义的说法”。

邓小平指出，在新闻界，要正确摆正党性和人民性的关系。他在《党在组织战线和思想战线上的迫切任务》一文中指出，人道主义和异化论，是目前思想界比较突出的问题。其他类似的问题也不少。比如宣传抽象民主，直至主张反革命言论也应当有发表的自由；把民主同党的领导对立起来，在党性和人民性的问题上提出违反马克思主义的说法等。新闻战线和理论战线的同志，对这些问题必须有自己的正确的看法。

4. 坚持党性原则，必须旗帜鲜明地反对资产阶级自由化

资产阶级自由化是一种否定社会主义制度的思潮，这一思潮在新闻领域中具体表现为以人民性代替党性，主张绝对的新闻自由，反对党对新闻事业的领导。

邓小平同志在领导中国人民进行改革开放和社会主义现代化建设的历史进程中，一直主张坚持四项基本原则，反对资产阶级自由化。邓小平同志 1985 年指出：“中国在粉碎‘四人帮’以后出现一种思潮，叫资产阶级自由化，崇拜西方资本主义国家的‘民主’、‘自由’，否定社会主义。这不行。中国要搞现代化，绝不能搞自由化，绝不能走西方资本主义道路。”邓小平同志指出：“所谓资产阶级自由化，就是要中国全盘西化，走资本主义道路。”他一针见血地指出了资产阶级自由化的实质。邓小平强调，自由化本身就是资产阶级的，自由化本身就是对我们现行政策和现行制度的对抗，或者叫反抗，或者叫修改。搞自由化就是要把我们引导到资本主义道路上去。所以，我们要坚定不移地反对资产阶级自由化。

二、坚持讲大局，报刊广播电视要成为全国安定团结的思想上的中心，为“安下心来搞建设”创造良好的舆论环境

党的新闻宣传工作者要坚持讲大局的原则。邓小平提出，新闻宣传工作者要坚持讲大局，经常地、自觉地以大局为重。建设四个现代化的社会主义强国，就

是我们的大局。邓小平还说，离开政治的大局，不研究政治的大局，不顾及革命斗争的实际发展，就不可能成为一名马克思主义的思想家和理论家。

邓小平指出，来自“左”的和右的各种思潮，总想用各种形式搞动乱，破坏安定团结的局面，这是违背绝大多数人利益和意愿的错误倾向。对此，我们要保持清醒的头脑，要在全社会范围内造成强大舆论，形成一种合力，引导人民提高觉悟，认识这些倾向的危害性，团结起来，抵制、谴责和反对这些错误倾向。通过我们的努力工作，维护全国人民同心同德建设社会主义现代化国家的大局。

邓小平同志高度重视经济宣传，指出新闻工作者一定要始终坚持为经济建设服务的方向不动摇，进一步加大经济宣传的力度，保持经济宣传持续的舆论节奏，深入持久地搞好经济建设宣传，为社会主义现代化建设创造良好的舆论环境。

邓小平同志指出：“社会主义阶段最根本的任务就是发展生产力。”可是，“没有一个安定团结的政治局面，就不能安下心来搞建设。”“我们搞四化，搞改革开放，关键是稳定。”“稳定压倒一切。”凡是妨碍稳定的就要反对，不能让步，不能迁就。他要求新闻传媒为维护社会稳定发挥应有的作用。

他指出：“我们希望报刊对安定团结的必要性进行更多的思想理论上的解释，这就是说，要大力宣传社会主义的优越性，宣传马克思列宁主义、毛泽东思想的正确性，宣传党的领导、党和人民群众团结一致的威力，宣传社会主义中国的巨大成就和无限前途，宣传为社会主义中国前途而奋斗是当代青年的最崇高的使命和荣誉。总之，要使我们党的报刊成为全国安定团结的思想上的中心。报刊、广播、电视都要把促进安定团结，提高青年的社会主义觉悟，作为自己的一项经常性的、基本的任务。”

邓小平同志继承发展了马克思主义“党报中心”说思想，创造性地提出党的报刊要成为全国安定团结的思想上的中心，阐述了新闻工作要坚持、围绕、服从和服务于全党全国工作大局的思想，指明了报刊广播电视在建设有中国特色社会主义事业中的地位和作用。

三、实施舆论监督，推进社会主义民主和社会主义法制建设

邓小平强调，党的组织和共产党员必须接受党的监督和群众监督，报刊监督是其中有效的实施途径。如果不接受监督，不注意扩大党和国家的民主生活，就一定会脱离群众，犯大错误。

邓小平指出，要继续发展社会主义民主，健全社会主义法制；要让群众有说话的地方，有出气的地方，有申诉的地方。

邓小平强调报纸批评应该是一种建设性的批评。在什么范围内批评，用什么

方式批评，要合乎党的原则，遵守党的决议，有利于保证党的统一和战斗力。批评是为了改进工作，而不是消极的。报纸批评，要抓典型，做到有头有尾，向积极方面诱导，有时还要做一点好坏对比，这样的批评才有力量。批评要采取民主的说理的态度，坚持实行百花齐放、百家争鸣的方针，坚持正确处理人民内部矛盾，但是绝不能把批评看成打棍子，这个问题一定要弄清楚。报纸上的批评不要把个别和局部夸大为普遍和整体。我们的宣传，要防止在群众中造成各种不符合实际的印象。

四、坚持社会效益第一的原则，反对把精神产品商品化。

党的新闻宣传工作要坚持社会效益为最高准则的原则。邓小平指出，新闻宣传等部门，要以社会效益为最高准则。他说这些部门所属的企业，也要以社会效益为最高准则。思想文化界要多出好的精神产品，要坚决制止坏产品的生产、进口和流传。资产阶级自由化的宣传，也就是走资本主义道路的宣传，一定要坚决反对。他说，对人民负责的思想政治工作者，要始终不渝地面向广大群众，在艺术上精益求精，力戒粗制滥造，认真严肃地考虑自己作品的社会效果，力求把最好的精神食粮贡献给人民。

邓小平指出，思想政治工作者不能不考虑自己作品的社会影响，不能不考虑人民的利益和国家的利益。培养社会主义新人就是政治。要反对“一切向钱看”、把精神产品商品化的倾向。邓小平批评说，精神产品商品化的倾向，在精神生产的一些部门也有表现，有些混迹于艺术界、出版界的人简直成了唯利是图的商人。对此，必须坚决反对。在对待西方文化的态度和政策上，邓小平指出，我们要学习发达国家的先进科技和经营管理方法，以及其他一切对我们有益的知识和文化，闭关自守和故步自封是愚蠢的。但是，属于文化领域的东西，一定要用马克思主义对它们的内容和表现方法进行分析、鉴别和批判。

五、坚持实事求是，端正党的新闻宣传工作的作风和文风

党的新闻宣传工作要坚持实事求是的原则。邓小平指出，解放思想，就是使思想和实际相符合，使主观和客观相符合，就是实事求是。新闻战线，要排除“左”和右的干扰，当实事求是派。他说，发言和写文章，都要实事求是，不能以势压人，强词夺理，都要进行充分的说理和实事求是的科学分析。他要求，报刊、电视和所有的新闻工作都要拿事实来说话。我们搞的是天翻地覆的事业，是伟大的实验，是一场革命，怎么会没有人怀疑呢？即使在主张和提倡改革的人当中，保留一点怀疑态度也有好处。处理的办法也一样，就是拿事实来说话，让改革的实际进展来说服他们。

邓小平强调，实事求是是马克思主义的精髓，是毛泽东思想的出发点、根本点。这是唯物主义。不然，我们开会就只能讲空话，不能解决任何问题。不要提倡本本，我们改革开放的成功，不是靠本本，而是靠实践，靠实事求是。

邓小平指出，我们要教育人民成为“四有”人民，教育干部成为“四有”干部。“四有”就是有理想、有道德、有文化、有纪律。他还说，干部不是只要年轻，有业务知识，就能解决问题，还要有好的作风。要全心全意为人民服务，深入群众倾听他们的呼声；要敢说真话，反对说假话，不务虚名，多做实事；要公私分明，不拿原则换人情；要任人唯贤，反对任人唯亲。

邓小平说，我们提倡的正确的作风，就是毛主席指出的理论与实际结合的作风、联系群众的作风、自我批评的作风。在新闻宣传工作中，要通过日常的大量的工作实践培养这些作风。我们不能否定在某一个时期要有一个具有一定规模的热闹的形式，有这样热闹的形式，才能把一个歪风打下去，才能把一件事情办好。在全国范围内有这样的问题，在一个区域、一个城市也有这样的问题。但是我们的群众路线，我们的工作作风，不能满足于那个热热闹闹，主要是要做经常的、细致的工作，做人的工作，这是一点一滴的工作，这样的工作积累起来，才有我们伟大的成绩。所以我们要搞得深入一些。我们党的历史，我们党的传统，有热闹的形式，但是归根到底，我们是实事求是地做深入的工作。

邓小平指出，追求表面文章，不讲实际效果、实际效率、实际速度、实际质量、实际成本的形式主义必须制止。说空话、说大话、说假话的恶习必须杜绝。在新闻宣传中，和在经济工作中一样，劲可鼓不可泄，但要强调一点，我们需要的是鼓实劲，不是鼓虚劲。也就是说，工作要扎实，效果要实在。所谓鼓实劲不鼓虚劲，就是按客观规律办事，不能弄虚作假，不能空喊口号。

邓小平说，宣传好典型要讲清具体条件，从当地具体条件和群众意愿出发。我们在宣传上不要只讲一种方法，要求各地都照着去做。宣传典型也不要说什么都好，什么问题都解决了，更不能要求别的地方不顾自己的条件生搬硬套。宣传成就的时候，切不可过分夸张，切不可把我们的事情反映得太美满了。说得太美满，看得太简单，好像现在什么困难也没有了，剩下的就是享清福，这不客观，也有害。

在对外宣传中，邓小平要求新闻宣传要实事求是，留有余地。过头的话不要讲，过头的事不要做，对重大的国际事变，要冷静观察，稳住阵脚，沉着应付，埋头苦干。西方的一些舆论压我们，我们要泰然处之，不受他们挑动。在世界人民面前，中国应该是一个有力的维持和平的力量，我们的宣传，应该努力塑造这种形象。

六、加强新闻宣传队伍建设

邓小平高度评价新闻宣传工作者肩负的社会使命。他说，思想战线上的战士，都应当是人类灵魂的工程师。在当前这个转变时期，在社会主义精神文明建设和整个社会主义建设事业中，他们在思想教育方面的责任尤其重大。

邓小平要求包括新闻工作者在内的思想政治工作者，要树立共产主义世界观。他说，世界观的重要表现是为谁服务。一个人，如果爱我们社会主义祖国，自觉自愿地为社会主义服务，为工农兵服务，应该说这表示他初步确立了无产阶级世界观，按政治标准来说，就不能说他是白，而应该说是红了。他还要求新闻工作者熟悉马克思主义的基本理论，加强工作的原则性、系统性、预见性和创造性。我们现在要建设有中国特色的社会主义，时代和过去不同了，任务也不同了，要学习的新知识确实很多，这就更要求我们努力针对新的实际，掌握马克思主义的基本理论、基本原则和基本方法。

邓小平还要求新闻宣传工作者要不断地增强自己在政治、业务方面的修养和实际工作的锻炼，以提高水平，充实自己。

邓小平要求新闻宣传工作者要具有虚心学习、认真探讨的态度，要求教于大众，倾听大众的意见。他说，现实生活是一天天发展的，为了更有效地开展工作，完成自己的使命，学习是绝对不能少的，而要想学到一些东西，就要虚心，不虚心的人将一无所成。

§7. 邓小平“党的报刊成为全国安定团结的思想上的中心”观点是如何提出来的?

1977 年 7 月邓小平复出后成为中国新的历史条件下党和国家的主要领导人。在他的领导下，中国重新开始经济建设，进入了改革开放的历史新阶段。他在日理万机的情况下，也关注到党报和党领导的其他大众媒体在新的历史时期的作用问题。他以政治家的眼光，十分务实地要求所有的媒体必须转变工作重心，从习惯性地以阶级斗争为纲，转变到以经济建设为中心。要求所有媒体，从报纸、广播到电视和通讯社，都要为经济建设提供一个很好的稳定的舆论环境。

1979 年，邓小平考察了《人民日报》的一种宣传性现象。9 月 17 日该报发表社论《切实解决上访问题》，文章的意图是要求各级党政部门抓紧解决历史遗留问题，但是话语中对于到哪里解决问题没有讲清楚，于是发生了大批上访人员涌向北京的现象。10月22日，该报再次发表社论《正确对待上访问题》，把话讲得很清楚，就是要求各地党政机关就地解决问题，于是到北京来的人员大大减少。历史遗留问题要解决，但是大批人员滞留首都北京给社会造成了不安定因素。正是由于问题重大，邓小平才考察《人民日报》在舆论流通中的作用。他说："《人民日报》对上访问题发表过两篇文章，时间相隔不久。第一篇是9月17日，文章一出去，上访人员呼噜呼噜地都上来了。第二篇是10月22日，文章把道理讲清楚了，上访人员很快就减少了。这说明什么呢？说明单单是报纸舆论就可以发生这样大的影响。"他要求"我们的工作一定要跟上，包括我们的舆论工具也要跟上。每个地方、每个单位遇到任何问题，都应该主动向群众宣传和解释，做好工作"。

在做了这番考察的基础上，邓小平两个月后（1980年1月）强调指出："为了实现安定团结，宣传、教育、理论、文艺部门的同志们，要从各个方面共同努力…… 要使我们党的报刊成为全国安定团结的思想上的中心。报刊、广播、电视都要把促进安定团结，提高青年的社会主义觉悟，作为自己的一项经常性的、基本的任务。"邓小平的这段话，是他在改革开放时期党报思想的核心观点，其他观点都是围绕着这个观点展开的，或为这个观点服务的。他作为政治家，在党报工作方面提出的任务是务实的，也是实事求是的。

1986年底发生学潮，邓小平再次关注党报对于稳定局势的作用。他说："处理学生闹事是一件大事，领导要旗帜鲜明，群众才能擦亮眼睛。《人民日报》三篇文章写得不错，《北京日报》社论《大字报不受法律保护》写得也不错……领导态度坚决了，就闹不起来了。"他如此强调党报要为社会稳定服务，在于他认为必须要为改革开放创造一个安定的环境，对于这个观点，邓小平从70年代末复出，一直讲到90年代初他退出领导岗位，成为贯穿邓小平理论的一个基本点。例如他在1980年说："没有安定团结，就没有一切，包括民主、双百方针等等，统统谈不上…… 我们在社会主义安定团结的基础上，就一定能够有计划、有步骤地实现可能实现的一切，最大限度地满足人民的要求。"1990年底他说："我不止一次讲过，稳定压倒一切。"

为了保证党报真正成为全国安定团结的思想上的中心，邓小平要求在组织上明确党内的宣传纪律，从制度和法律上保障人民的民主权利，思想上明确对于反倾向的基本估计。这构成了党报成为安定团结的思想上的中心的四方面保障。

§8. 江泽民的新闻思想有哪些主要内容?

江泽民的新闻思想主要有以下几点：

一、坚持党性原则，加强党对新闻事业的领导

江泽民新闻思想的精神实质和核心内容是无产阶级新闻事业的党性原则，以及由党性原则引发来的，加强党对新闻工作的领导。

江泽民同志指出：“我们的新闻工作是党的整个事业的一个重要组成部分，因此不言而喻，必须坚持党性原则。”

坚持无产阶级新闻事业的党性原则，就党的领导机关来说，必须加强党对新闻事业的领导。江泽民同志在新闻工作研讨班上的讲话中指出：“加强党对新闻工作的领导，主要是要抓好新闻宣传的政治方向，抓好新闻改革，抓好新闻工作的经验总结，抓好新闻队伍的建设、特别是领导班子的建设。领导权一定要牢牢掌握在马克思主义者手中。”要求“各级党委要经常研究讨论新闻工作”，“党委主要负责同志要亲自过问新闻宣传”。

坚持无产阶级新闻事业的党性原则，就新闻单位来说，要求新闻工作者必须在政治上、思想上、行动上与党中央保持高度一致，自觉宣传党的方针政策，反映人民群众的呼声。江泽民同志在新闻工作研讨班上的讲话中指出：“坚持党性原则，就要求新闻宣传在政治上必须同党中央保持一致。”“坚持党性原则，要求新闻工作者必须同人民群众保持最广泛、最深刻的联系，从群众的实践中汲取智慧和力量。”坚持党性原则，要求新闻工作者自觉区分无产阶级新闻自由与资产阶级新闻自由，在新闻宣传中旗帜鲜明地、坚持不懈地反对资产阶级自由化。江泽民指出，意识形态领域，社会主义思想不去占领，资本主义思想就必然去占领。这是一个真理，应该成为我们所有新闻工作者和宣传工作者的座右铭。我们的报刊、广播、电视，今后绝不允许再为资产阶级自由化提供阵地。

江泽民同志指出：“我们党是工人阶级的先锋队，代表工人阶级和最广大人民群众的根本利益，除了工人阶级和人民群众的根本利益以外，没有自己的任何私利。坚持党性原则，也就是坚持工人阶级和人民群众的根本利益的原则，两者是完全一致的。”坚持党性原则，要用马克思主义观点正确对待党性与人民性的关系问题，不允许用“人民性”否定党对新闻事业的领导，必须反对“人民性”高于党性的说法。

在社会主义市场经济条件下，新闻事业仍要坚持党性原则。认为现在发展市场经济，可以不讲党性，这是一种误解。

二、重申“搞新闻工作，要政治家办报”

江泽民同志1996年1月在接见解放军报社师以上干部时的讲话中，重申毛泽东同志关于“政治家办报”的思想，并对“政治家办报”思想作了精辟的论述。他指出：“最近，中央多次强调高级干部一定要讲政治，在政治问题上必须头脑清醒。毫无疑问，在党的新闻工作中同样要强调这个问题，这是新的形势和任务提出的必然要求。毛主席过去讲过：‘搞新闻工作，要政治家办报。’这一指示精神至今仍然具有重要的指导意义。”

“政治家办报”在不同历史时期有不同的含义和作用。江泽民同志在《关于讲政治》一文中指出：“社会主义现代化是我们当前最大的政治，因为它代表着人民的最大的利益、最根本的利益。”

“搞新闻工作，要政治家办报”，这是由新闻工作的极端重要性决定的。江泽民同志指出：“我们的报纸办得好，可以对党的路线、方针、政策和任务起到有力的宣传贯彻作用，对群众起到极大的动员、鼓舞作用，对先进的东西起到积极的倡导、弘扬作用，对错误的东西起到及时的制止、纠正作用，还可以对科学知识起到广泛的传播、普及作用。如果办得不好，尤其是政治上出了偏差，那就会像古人所说的‘谬误出于口，则乱及万里之外’，不仅容易把人们的思想搞乱，有的还可能在国内外造成不良影响。因此，报社的同志，必须讲政治，必须具有良好的政治素质，具有很强的政治鉴别力和政治敏锐性，必须树立高度的政治责任感。每个同志都要自觉地在思想上、政治上与中央保持一致，在任何复杂多变的形势面前，都要保持清醒的头脑。这是坚持正确的办报方向，始终坚持正确的舆论导向的关键所在。”

“搞新闻工作，要政治家办报”，必须正确处理政治家办报与尊重新闻规律的关系。搞新闻工作就是做思想政治工作。江泽民同志指出：“政治包括政治方向、政治立场、政治观点、政治纪律、政治鉴别力、政治敏锐性。”而搞新闻工作也离不开新闻工作的舆论导向、党性原则、新闻报道灵魂、新闻宣传纪律、新闻价值取向、新闻敏感性。搞新闻工作在强调“政治家办报”的同时，要充分尊重新闻规律，讲究新闻宣传艺术。江泽民同志指出：“当然，强调讲政治，并不意味着简单地重复一些政治口号，搞一些空洞的东西。要讲究宣传艺术，增强吸引力、感召力和说服力，把报纸办得生动活泼，喜闻乐见。”

三、坚持正确的舆论导向，以正确的舆论引导人

江泽民同志历来十分重视舆论导向问题。1989 年 11 月，他在新闻工作研讨班上的讲话中指出："特别是中央一级的一些主要新闻单位和上海的《世界经济导报》，一段时间以来，散布了不少资产阶级自由化观点，在动乱期间更是愈走愈远，不但不宣传中央正确的声音，反而违背中央的正确方针和决策，公开唱反调；不但不去揭露和批判资产阶级自由化，制止动乱，反而为暴乱的策划者和支持者提供舆论阵地，对动乱的形成和发展起了煽风点火、推波助澜的作用，在群众中造成极大的思想混乱，影响很坏，教训深刻。这也从反面说明了新闻工作的极端重要性，说明新闻宣传一旦出了大问题，舆论工具不掌握在真正的马克思主义者手中，不按照党和人民的意志、利益进行舆论导向，会带来多么严重的危害和巨大的损失。"

江泽民同志对舆论导向的重要性以及错误导向给社会、给我们的事业带来极大的危害有着深刻的认识。1996 年 9 月他在视察人民日报社时进一步强调指出："历史经验反复证明，舆论导向正确与否，对于我们党的成长、壮大，对于人民政权的建立、巩固，对于人民的团结和国家的繁荣富强，具有重要作用。舆论导向正确，是党和人民之福；舆论导向错误，是党和人民之祸。"

江泽民着重指出：我们国家的报纸、广播、电视等是党、政府和人民的喉舌，必须按照党和人民的意愿、利益正确地引导舆论，要用正确的舆论引导人。

江泽民指出了坚持正确舆论导向的标准，这就是"五个有利于"："坚持正确的舆论导向，就是要造成有利于进一步改革开放、建立社会主义市场经济体制，发展社会生产力的舆论；有利于加强社会主义精神文明建设和民主法制建设的舆论；有利于鼓励和激励人们为国家富强、人民幸福和社会进步而艰苦创业、开拓创新的舆论；有利于人们分清是非，坚持真善美、抵制假恶丑的舆论；有利于国家统一、民族团结、人民心情舒畅、社会政治稳定的舆论。"

坚持正确的舆论导向从总体上要把握住两个最重要的目标：一个是社会目标，一个是树人目标。社会目标，就是党的基本路线确定的把我国建设成为一个富强、民主、文明的社会主义现代化国家。树人目标，就是邓小平同志提出的培养有理想、有道德、有文化、有纪律的社会主义"四有"新人。

坚持正确舆论导向的关键是坚定不移地宣传贯彻党的基本理论、基本路线、基本方针和政策，增强政治意识、大局意识与责任意识，坚持鲜明的党性原则，在政治上、思想上与党中央保持高度一致。

四、新闻工作必须遵循“为社会主义服务，为人民服务”的基本方针

江泽民说：“社会主义的新闻事业同社会主义的文学、艺术、出版等事业一样，虽然各有自己的特点和具体发展规律，但是它们作为意识形态领域的组成部分，都要为社会主义服务，为人民服务。尽管服务的具体形式、内容、方法不尽相同，但都必须遵循这个基本方针。我们党指导新闻工作，还有许多其他的方针、政策、原则。这些方针、政策、原则，都是体现和服从党的路线和这个基本方针的。”

五、坚持真实性原则，坚持实事求是的思想路线

江泽民同志在新闻工作研讨班的讲话中指出：“新闻的真实性，就是要在新闻工作中坚持党的一切从实际出发、实事求是的思想路线。我们坦率地指出新闻工作的阶级性和党性原则，因为我们新闻工作的阶级性和党性同新闻的真实性是一致的。”

坚持真实性原则，坚持实事求是的思想路线，要求新闻工作者要用事实说话，正确处理好宏观真实与微观真实的关系，要把握大局，抓住事物的本质。江泽民同志指出：“现实生活是复杂的，要抓几个事例来证明某个观点并不难。一叶障目，不见泰山，抓住一点，不及其余，尽管这一叶、这一点确实存在，但从总体上来看却背离了真实性。所以我们的新闻工作者要做到真实地反映生活，就要深入进行调查研究，不仅要做到所报道的单个事情的真实、准确，尤其要注意和善于从总体上、本质上以及发展趋势上把握事物的真实性。”

坚持真实性原则，坚持实事求是的思想路线，要求新闻工作者坚持正面宣传为主的方针，弘扬时代的主旋律。在我们社会主义中国，坚持正面宣传为主的方针，就是坚持宣传社会的本质、主流。江泽民指出：“社会主义作为人类历史上新生的社会制度，它在前进的道路上难免会遇到困难，遭受挫折，但是它能够克服任何困难，战胜任何曲折，不断向前发展，显示出不可战胜的生命力。通过建设和改革，我们的社会主义物质文明和精神文明会越来越发展，我们的社会主义制度会越来越完善，越来越显示出优越性。我们党和国家事业是蒸蒸日上的。这就要求新闻宣传从各个方面努力揭示这样一个基本事实。正如瑞环同志在讲话中所强调的，要以正面宣传为主。”坚持正面宣传为主的方针，目的在于弘扬时代主旋律。江泽民指出：“弘扬主旋律，就是要在建设有中国特色社会主义的理论和党的基本路线指导下，大力倡导一切有利于发扬爱国主义、集体主义、社会主义的思想和精神，大力倡导一切有利于改革开放和现代化建设的思想和精神，大

力倡导一切有利于民族团结、社会进步、人民幸福的思想和精神，大力倡导一切用诚实劳动争取美好生活的思想和精神。”

坚持真实性原则，坚持实事求是的思想路线，要求新闻工作者在坚持正面宣传为主的同时，对社会的阴暗面进行曝光，加强舆论监督。江泽民指出：“对于企图颠覆我们社会主义共和国、推翻共产党领导的带有阶级斗争性质的问题，必须旗帜鲜明地予以揭露，目的是打击敌对势力；对于人民内部的缺点错误，也应进行揭露和批评，但这种揭露和批评是‘恨铁不成钢’，目的是以同志式的态度帮助克服缺点、纠正错误。对于党和政府工作中的缺点、错误的批评，只要是善意的、有益改进工作的，我们都应该热忱欢迎。”

六、批判资产阶级新闻自由，坚持无产阶级新闻自由

江泽民说，这些年来，“新闻自由”成了极少数顽固坚持资产阶级自由化立场的人同党和人民进行斗争的一个重要口号。他们深知，如果他们有了这种“自由”，就可以不受限制地攻击党、攻击社会主义，放肆地宣传他们的政治主张，搞乱人们的思想，搞乱我们的国家，达到他们的政治目的。任何自由从来都不是抽象的而是具体的，不是绝对的而是相对的。在任何一个国家中，都不存在绝对的毫无限制的“新闻自由”。在国际上还存在着社会主义和资本主义的对立，在国内阶级斗争还在一定范围内存在的情况下，自由就不能不带有阶级性。西方国家标榜的“新闻自由”，实质就是资产阶级的新闻自由，是为维护资产阶级利益和资本主义制度服务的。西方国家的法律对新闻活动也有许多限制。对劳动群众来说，即使法律条文上有办新闻事业的自由的规定，事实上也是不可能实现的。在那里，说到底，是有钱就有自由，没有钱就没有自由，有多少钱就有多少自由。有时报刊上也登载一些资产阶级内部互相争吵的东西，给人以新闻自由的假象。其实这种自由也不是无限度的，仍然是以不损害资产阶级的整体利益为前提的。对于试图改变资本主义制度的新闻活动，法律从来没有放弃过惩罚。

七、建设一支政治强、业务精、纪律严、作风正的新闻队伍

江泽民强调要抓好新闻队伍的建设，特别是领导班子的建设。新闻事业能不能办好，关键在于有没有一支高素质的新闻队伍。抓新闻事业领导班子建设，要把新闻舆论的领导权牢牢掌握在忠于马克思主义、忠于党、忠于人民的人的手里。

为适应新时期新闻舆论工作，需要有一支政治强、业务精、纪律严、作风正的新闻队伍。为此，新闻工作者要学习、学习、再学习，深入、深入、再深入；

要打好五个根底，即理论路线根底、政策法律纪律根底、群众观点根底、知识根底、新闻业务根底。

要坚持和发扬党的新闻工作的“六个作风”。一是敬业的作风，热爱党的新闻事业，献身党的新闻事业。二是实事求是的作风，报实情，讲真话。三是艰苦奋斗的作风，不怕苦、不怕累，有时还要不怕危险、不怕牺牲。四是清正廉洁的作风，自觉抵制拜金主义、享乐主义、个人主义思想的侵蚀，恪守职业道德，坚决反对搞有偿新闻。五是严谨细致的作风，一丝不苟，精益求精，严防差错。六是勇于创新的作风，新闻事业是常干常新的事业，是有着广阔的驰骋空间的事业，在坚持党的新闻工作的基本方针和原则的前提下，新闻工作者应当不断开拓新的报道领域，不断探索新的报道形式，不断采用新的报道方法，不断写出富有新意的优秀作品。

§9. 如何理解江泽民在全国宣传部长会议上提出的宣传思想战线的四大任务?

1996 年 1 月 24 日，江泽民在全国宣传部长会议上就宣传思想战线的任务发表讲话。在这个讲话中，他对早在 1994 年全国宣传思想工作会议上提出的“以科学的理论武装人，以正确的舆论引导人，以高尚的精神塑造人，以优秀的作品鼓舞人”四项任务，作了明确而具体的诠释。

江泽民首先强调新时期宣传思想工作的意义。他说，我们要充分看到在新的历史时期宣传思想工作的重要性、艰巨性、复杂性，要把党的基本理论、基本路线和方针政策贯彻到各项工作中去，任务还很繁重。在对外开放和发展社会主义市场经济的条件下，宣传思想工作将长期面临十分复杂的局面。实行改革开放政策，国门打开了，就会出现一些新的情况。如何积极吸收世界优秀文明成果，同时有效地抵御国际敌对势力对我国进行西化、分化的政治图谋，帮助人们满怀信心地建设有中国特色的社会主义；如何充分发挥市场机制的积极作用，同时有效地防止拜金主义、享乐主义、极端个人主义的滋长蔓延，帮助人们树立社会主义的理想、信念和道德风尚，这是一个重大的历史课题。全党都要认真对待、认真研究、认真解决，而宣传思想战线负有特别重要的责任。

江泽民明确指出，只有理论上坚定了，政治上才会坚定。他说，以科学的理论武装人，就是全党同志必须坚持不懈地学习马克思列宁主义、毛泽东思想特别是邓小平建设有中国特色社会主义理论。要通过学习，努力掌握解放思想、实事求是这个精髓，提高运用马克思主义这个基本原理解决改革开放和现代化建设中各种实际问题的能力。以科学的理论武装人，还要引导人们树立正确的世界观、人生观、价值观。谈到以正确的舆论引导人，江泽民指出，坚持正确的舆论导向，首先要把握好报刊、通讯社、广播电台、电视台、出版社的宣传方向，把这些阵地牢牢地掌握在我们党手里，掌握在马克思主义者手里。为此要抓好三项工作：一是要激励人民；二是要服务大局；三是要加强管理。江泽民认为，以高尚的精神塑造人，首先要充分认识一点：人是要有一点精神的。他说，要在我们这样一个经济文化比较落后的国家实现社会主义现代化，如果没有一批又一批、一代又一代用高尚精神武装起来的先进分子，如果没有这些先进分子团结和带领广大群众共同奋斗，是不可能成功的。我们说的高尚精神，就是指我们党的崇高理想和信念、优良传统和作风，包括中华民族几千年形成、发展起来的文化传统和美德。谈到以优秀的作品鼓舞人，江泽民指出，宣传文化工作能不能团结人民、鼓舞人民，很大程度上要看有没有一大批好的精神产品。没有优秀作品，就没有正确导向。优秀作品是一个国家、一个时代精神文化水平的集中反映，对精神产品生产具有重要的影响和示范作用。他强调，树立正确的创作思想，是出好作品的关键。宣传文化部门要切实加强对创作思想的引导，首先要解决好为谁服务的问题。他还说，在发展社会主义市场经济的条件下，处理好社会效益和经济效益的关系，是精神产品生产的一个很重要的问题。要进一步研究宣传文化领域的有关政策特别是文化经济政策；要善于运用市场机制增强文化企事业单位的活力，同时要形成有利于把社会效益放在首位的环境和条件。

§10. 胡锦涛的新闻思想有哪些主要内容?

胡锦涛主持党中央工作以来，不仅坚持正面说理，着力理论创新，在新形势下推进马克思主义新闻学发展，而且通过一个又一个法律文件和制度规定，把经过创新的新闻学新观点、新闻传播新机制制度化、法律化，使新的理论同新的实践紧密结合起来；他还借助党内监督条例、纪律处分条例等新的规范中的相关条文，保障这些新观点的传播和新机制的贯彻。分析、梳理胡锦涛的新闻经典论述和在他主持下出台的文献的相关内容，可以对胡锦涛新闻思想的主要内容，试作如下归纳和总结。

一、以人为本的新闻舆论宗旨

以人为本，立党为公，执政为民，是胡锦涛主政党中央工作的核心理念，也是他规范和指导新闻舆论工作的最高宗旨。

胡锦涛认为，思想政治工作、新闻舆论工作，说到底是做人的工作，必须坚持以人为本。既要坚持教育人、引导人、鼓舞人、鞭策人，又要做到尊重人、理解人、关心人、帮助人。新闻传媒要大力宣传立党为公、执政为民的要求，着力营造权为民所用、情为民所系、利为民所谋的良好氛围，深刻阐述群众利益无小事的道理，多办得人心、暖人心、稳人心的好事实事，把党和政府的温暖送到群众心坎上。

提高党的执政能力，重要的是确保人民当家做主。人民当家做主是社会主义民主政治的本质和核心，要健全民主制度，丰富民主形式，拓宽民主渠道，依法实行民主选举、民主决策、民主管理、民主监督，保障人民的知情权、参与权、表达权、监督权。为确保权力正确行使，必须让权力在阳光下运作，也就是在人民的公开监督下运作。

胡锦涛认为，新闻舆论工作坚持以人为本的宗旨，就必须把实现好、维护好、发展好最广大人民的根本利益作为新闻宣传工作的出发点和落脚点，尊重人民主体地位，发挥人民首创精神。同时，要努力增强新闻报道的亲和力、吸引力和感染力。必须注重在报道新闻事实中体现正确导向，在同群众交流互动中形成社会共识，在加强信息服务中开展思想教育，用事实说话，用典型说话，用数字说话，化解矛盾，理顺情绪，引导各方面群众共同前进。

新闻舆论工作必须有利于人的全面成长、全面发展。党和政府要使广大人民群众不仅在物质生活上有充分保障，在精神文化生活上也要有充裕的资源。新闻传媒应努力满足广大人民群众不断增长的精神文化生活上的需求。党和政府领导文化工作时，必须把发展文化的着力点放在满足人民群众精神文化需求和促进人的全面发展上。

二、“三贴近”：新闻传播的价值取向

胡锦涛始终强调，一切新闻报道必须贴近实际、贴近生活、贴近群众，要把“三贴近”方针作为新闻传播工作乃至整个文化工作的价值取向。

新闻工作者要牢固树立党的群众观点，努力把马克思主义理论和社会主义思想道德教育的一致性与社会不同群体的特点和要求的多样性统一起来，努力把理想信念和道德观念宣传教育的理论性与人民群众日常工作和生活的实践性统一起

来，使宣传教育工作做到形式多样、生动活泼，为群众所乐于接受，能够回答群众中存在的思想认识问题。思想政治工作必须结合经济工作和其他实际工作一道去做，把解决思想问题同解决实际问题紧密结合起来。新闻传媒要坚持正确的舆论导向，大力宣传党的路线方针政策，多报道对工作有指导意义、群众关心的内容，力求准确、鲜明、生动，努力使新闻报道贴近实际、贴近生活、贴近群众，努力地为人民服务、为社会主义服务。

新闻报道要坚持“三贴近”方针，新闻工作者就必须坚持“三深入”。他要求包括新闻工作者在内的精神文化工作者深入实际、深入生活、深入群众，为人民奉献更多无愧于时代的精神文化产品。他要求全面宣传中央精神，及时反映社情民意，真正使我们的新闻报道贴近群众，打动人心，赢得人心。要善于用事实说话，用实践的结果说服人、教育人，使广大群众通过经济发展和社会进步的巨大变化来认识路线方针政策的正确性，进一步增强对我们国家未来发展的信心。

胡锦涛强调，要坚持“三贴近”方针，当前就要进一步改进会议报道和领导同志活动的报道。大致内容有：中央领导同志出席部门召开的会议，一般不作报道。中央领导同志题词、作序、写贺信、发贺电、参观展览、观看演出、给部门或地方的指示或批示，出席地方和部门举办的颁奖、剪彩、奠基、首发、首映等仪式和接见、照相、联欢、探望、纪念会、联谊会、研讨会等活动，一般不作公开报道。除了具有全局性的重大会议外，会议报道不应把中央领导同志是否出席作为报道与否和报道规格的唯一标准，不应完全依照职务安排报纸版面和电视时段。这些规定，对于保障把更多的版面和广播、电视节目时段让给群众，坚持“三贴近”新闻报道的价值取向，是有积极作用的。

三、按新闻规律充分发挥新闻传媒的社会功能

胡锦涛高度强调新形势下新闻舆论工作的重要性，要重视新闻舆论和新闻传媒，按客观规律用好管好新闻传媒和舆论导向。新闻舆论处于意识形态领域前沿，对社会精神生活和人们思想意识有着重大影响。当今社会，随着经济社会快速发展和科技不断进步，信息传递和获取越来越快捷，新闻舆论作用越来越突出。做好新闻宣传工作，关系党和国家工作全局，关系改革和经济社会发展大局，关系国家长治久安。

胡锦涛指出，党的执政地位不是与生俱来的，也不是一劳永逸的。要深刻汲取世界上一些执政党兴衰成败的经验教训，更加自觉地加强执政能力建设。他认为，执政党的执政能力具体表现为驾驭社会主义市场经济、发展社会主义民主政治、建设社会主义先进文化、构建社会主义和谐社会和应对国际局势、处理国际事务等五种能力。经验表明，这五种能力都离不开对新闻传媒的有效使用和灵活

驾驭，而有实力和有效率的新闻传媒，本身就是社会主义先进文化的一部分，是一个国家综合国力的一部分。

胡锦涛指出，我们必须运用马克思主义的立场、观点、方法，通过摆事实、讲道理，开展积极的思想斗争和批评，教育引导干部群众不断克服和抵制各种错误的东西，保持正确的思想舆论在我们社会政治生活中的主导地位。但是怎样才能巩固和发展这个全国人民团结奋斗的思想基础呢？怎样才能唱响主旋律，打好主动仗？重要的是要尊重舆论宣传的规律，讲究舆论宣传的艺术，不断提高舆论引导的水平和效果。除了前面提到的要坚持“三贴近”方针搞好日常的新闻报道外，还要重视对社会热点问题和敏感问题的引导，自觉从大局出发考虑问题，掌握好政策，把握好尺度，做好理顺情绪、平衡心理、化解矛盾的工作。

按规律办事，首先要对党提出的各种目标、各种理论，有一种正确的定位，要摆正各项目标和各种理论之间的位置。胡锦涛说，中国特色社会主义伟大旗帜是当代中国发展进步的旗帜，是全党和全国各族人民团结奋斗的旗帜。解放思想是发展中国特色社会主义的强大动力。科学发展和社会和谐是发展中国特色社会主义的基本要求。全面建设小康社会是党和国家到2020年的奋斗目标，是全国各族人民的根本利益所在。对于科学发展观的各个要素如何理解和把握？胡锦涛说，科学发展观的第一要义是发展，核心是以人为本，基本要求是全面协调可持续，根本方法是统筹兼顾。对于“以人为本”的理解和把握，胡锦涛认为它包括这样几层意思：全心全意为人民服务是党的根本宗旨，党的一切奋斗和工作都是为了造福人民，要始终把实现好、维护好、发展好最广大人民的根本利益作为党和国家一切工作的出发点和落脚点；尊重人民主体地位，发挥人民首创精神，保障人民各项权益，走共同富裕的道路；促进人的全面发展，做到发展为了人民，发展依靠人民，发展成果由人民共享。按照这样的理解和掌握去报道和宣传党的理论、方针、政策、战略、策略，就可以不互相替代，不纲目不分，度也可以把握得比较准确。这就叫按新闻宣传的规律办事。

胡锦涛指出，按新闻传播规律办事，就要用时代要求审视新闻宣传工作。时代变了，对象变了，新闻宣传就应该有相应的变化。当前，必须创新观念、创新内容、创新形式、创新方法、创新手段，努力使新闻宣传工作体现时代性、把握规律性、富于创造性，不断提高舆论引导的权威性、公信力、影响力。

他要求认真研究新闻传播的现状和趋势，深入研究各类受众群体的心理特点和接受习惯，加强舆情分析，主动设置议程，善于因势利导。他还要求从社会舆论多层次的实际出发，把握媒体分众化、对象化的新趋势，以党报党刊、电台电视台为主，整合都市类媒体、网络媒体等多种宣传资源，努力构建定位明确、特色鲜明、功能互补、覆盖广泛的舆论引导新格局。

胡锦涛坚持党管媒体的原则和传统。他强调，新闻宣传是一项政治性、政策性很强的工作，必须讲大局、讲原则、讲纪律。任何面向社会大众的媒体，都必须自觉地、积极地宣传党的主张，宣传先进的思想文化。新闻媒体的主管部门要认真负责，严格把关，坚决按规矩办，牢牢掌握舆论宣传的主动权。但是这种领导和管理，既要尊重传统，又要敢于创新；既要坚持党性，又要关注民生。他说，不继承就没有前进的基础，不创新就没有发展的动力。要坚持解放思想、实事求是、与时俱进，科学地认识和把握新形势下宣传思想工作的特点和规律，形成新思路，探索新办法，开辟新途径，取得新成效。要把体现党的主张和反映人民心声统一起来，把坚持正解导向和通达社情民意统一起来，多报道人民群众的工作生活，多反映人民群众的利益要求，多宣传人民群众中涌现出来的先进典型，激励全体人民信心百倍地创造美好生活。

四、求真务实，争取舆论引导新成效

胡锦涛高度重视舆论引导工作。他说，舆论引导正确，利党利国利民；舆论引导错误，误党误国误民。要牢固树立政治意识、大局意识、责任意识、阵地意识，把坚持正确导向放在新闻宣传工作的首位。他多次强调，要把提高舆论引导能力放在突出位置，进行深入研究，拿出切实措施，取得新的成效。

求真务实，要紧紧围绕落实党和国家的各项工作来进行，最重要的是见诸实践、见诸行动、取得成效。要在全党大力弘扬求真务实精神、大兴求真务实之风，关键是要引导全党同志不断求我国社会主义初级阶段基本国情之真，务坚持长期艰苦奋斗之实；求社会主义建设规律和人类社会发展规律之真，务抓好发展这个执政兴国的第一要务之实；求人民群众的历史地位和作用之真，务发展最广大人民根本利益之实；求共产党执政规律之真，务全面加强和改进党的建设之实。

胡锦涛要求舆论引导有新成就，关键之一就是引导社会舆论过程中要发扬求真务实的精神，也就是要坚持讲真话，报实情，实事求是地反映情况，坚决反对弄虚作假。要切实改进文风，写文章、报道都要言之有物、生动鲜活、言简意赅，切忌八股习气。同时，新闻工作者要密切关注国内外大事，善于捕捉信息，进一步增强宣传报道的敏锐性和时效性。

胡锦涛强调，要增强宣传舆论工作的时效性和针对性，提高吸引力和感召力。他视察解放军报社时要求，提高新闻宣传的吸引力、感召力、战斗力。视察人民日报社时要求，增强新闻报道的亲和力、吸引力、感染力。为群众排忧解难，多办实事好事，就是最直接、最生动、最有说服力的思想政治工作，也是最有实效的新闻宣传和舆论引导。

胡锦涛十分重视对新闻传播的调查和研究工作。他提出要把提高舆论引导能力放在突出位置，进行深入研究，拿出切实措施，取得新的成效。要坚持以改革发展稳定中的实际问题、以我们正在做的事情为中心，着眼于马克思主义理论的应用，着眼于对实际问题的理论思考，着眼于新的实践和新的发展，加强和改进理论研究。

五、重视和改进突发事件的新闻报道

胡锦涛高度重视突发事件的公开报道，重视建立和健全突发事件新闻报道应急机制。他对突发事件的基本态度是：完善新闻发布制度，健全国内外重大突发事件快速反应和应急机制，及时传播信息，正确引导舆论。党的关于加强执政能力建设的决定规定：建立社会舆情汇集和分析机制，畅通社情民意反映渠道。建立健全社会预警体系，形成统一指挥、功能齐全、反应灵敏、运转高效的应急机制，提高保障公共安全和处理突发事件的能力。十六届中央委员会先后通过了《突发公共事件应急条例》和《国家突发公共事件总体应急预案》两个文件，并使政府信息发布制度不断得到加强和改进。

坚持以人为本是坚持立党为公、执政为民的必然要求。我们党在全部执政活动中，都要把维护和实现最广大人民的根本利益作为一切工作的出发点和落脚点。坚持以人为本，要从人民群众最现实、最关心、最直接的问题抓起。像突发事件这样关系千万人的大事，执政党和新闻传媒自然要当做头等大事给予关注，给予最大限度的公开报道。

公开报道突发事件，是坚持贯彻“三贴近”方针的具体表现，也是在最尖锐、最敏感的问题上坚持了党中央要求的“讲真话、报实情”和“求真务实”的要求，是新闻改革的起码要求，也是媒体公信力的最好体现。公开报道突发事件，又是保障公民知情权的重要体现。

以胡锦涛为首的中央和相关政府部门对突发事件新闻报道与紧急处置预案作了十分严格、具体和可操作的规定，有力保障了中央关于上述突发事件新闻报道的基本立场在实际工作中得以贯彻。比如规定突发事件的信息发布必须及时、准确、客观和全面，要求事件发生的第一时间要向社会公布简要信息，随后发布初步核实情况、政府应对措施和公众防范措施，对信息发布的形式也作了相当仔细的规定。对迟报、谎报、瞒报、漏报和其他失职渎职情况的处分也有详尽说明。

六、重视新媒体作用，努力形成网上正面舆论强势

胡锦涛对新媒体发展后的传播格局变化有充分的估计，对由此而带来的经济

发展和人们思想的变化也有深刻的揭示。他指出，随着改革的不断深化、对外开放的不断扩大，随着社会经济成分、组织方式、就业方式、利益关系和分配方式的日益多样化，随着各种媒体特别是信息网络化的迅速发展，人们思想活动的独立性、选择性、多变性、差异性明显增强，影响干部群众的因素和渠道也越来越复杂多样，统一思想的工作比过去要艰巨得多。

面对这种新形势，胡锦涛说，互联网已成为当代思想文化信息的集散地和社会舆论的放大器，我们要充分认识以互联网为代表的新兴媒体的社会影响力，高度重视互联网的建设、运用、管理，努力使互联网成为传播社会主义先进文化的前沿阵地、提供公共文化服务的有效平台、促使人们精神生活健康发展的广阔空间。

胡锦涛提出要构建舆论引导新格局。他说，必须加强主流媒体建设和新兴媒体建设，形成舆论引导新格局。要从社会舆论多层次的实际出发，把握媒体分众化、对象化的新趋势，以党报党刊、电台电视台为主，整合都市类媒体、网络媒体等多种宣传资源，努力构建定位明确、特色鲜明、功能互补、覆盖广泛的舆论引导新格局。他还指出，要把发展主流媒体作为战略重点，加大支持力度，扩大覆盖面和影响力。同时又要切实加强互联网的舆论宣传，进一步办好新闻网站，不断增强网上宣传的影响力和战斗力。

胡锦涛把抓互联网建设提到加强党的执政能力的高度，强调要重视互联网等新型媒体对社会舆论的影响，加快建立法律规范、行政监管、行业自律、技术保障相结合的管理体制，加强互联网宣传队伍建设，形成网上正面舆论的强势。中央要求把建设先进网络文化作为我国信息化发展战略的一个重点，加强社会主义先进文化的网上传播，使科学的理论、正确的舆论、高尚的精神、优秀的作品成为网上文化传播的主流。

七、加强和改进新闻舆论监督

发展社会主义民主政治，建设社会主义政治文明，是全面建设小康社会的重要目标。为了实现这一目标，要让权力在阳光下运作，要加强对权力的制约和监督。

胡锦涛强调要把宣传党的主张和反映人民心声结合起来，而新闻舆论监督正是人民心声表达的重要渠道。他强调要站在民主政治建设的高度，站在提高党的执政能力的高度，开展和改进舆论监督工作。胡锦涛在推进政务公开制度的时候，强调要建立完善人大、政协、司法机关、人民群众、舆论五个系统依法进行监督的机制。党内监督条例十分重视舆论监督。要求新闻传媒通过内部反映或公开报道，发挥舆论监督的作用。要求各级党组织和党员领导干部重视和支持舆论监督，听取意见，推动和改进工作。

胡锦涛强调，只有开展积极思想斗争，才能实施正确的监督，才能保持正确的思想舆论在我国社会政治生活中的主导地位。他说，积极的与消极的、正确的与错误的思想常常相互交织，真理总是在同谬误的斗争中确立、发展和深入人心的。如果对错误的思想言论听之任之、对腐朽没落的思想文化任其泛滥，发展下去就会搞乱党性民心，危害大局。因此，我们必须用马克思主义的立场、观点、方法，通过摆事实、讲道理，开展积极的思想斗争和批评，教育引导干部群众不断克服和抑制各种错误的东西，保持正确思想舆论在我国社会政治生活中的主导地位。

胡锦涛指出，要正确开展舆论监督，应该注意区分社会生活中的主流和支流，既大胆揭露和批评各种社会不良现象，又防止人为炒作带来的消极影响，使舆论监督真正起到扶正祛邪、激浊扬清的作用。

胡锦涛高度重视制度建设。他要求建立健全社会利益协调机制，引导群众以理性合法的形式表达利益要求，解决利益矛盾，自觉维护安定团结。他要求建立社会舆情汇集与分析机制，通达社情民意反映渠道。这些，对于健康有效地推进舆论监督，是十分重要的。

八、改进对外新闻宣传工作，改变“西强我弱”的国际舆论格局

当前，世界范围内各种思想文化交流、交融、交锋更加频繁，“西强我弱”的国际舆论格局没有根本改变，新闻舆论领域的斗争更趋激烈、更趋复杂，新闻宣传工作任务更为艰巨，责任更加重大。为此，胡锦涛提出，要坚持把加强和改进对外宣传作为宣传思想战线的一项战略性任务。要紧紧围绕党和国家的工作大局，认真贯彻中央的对外工作方针，全面客观地向世界介绍我国社会主义物质文明、政治文明和精神文明不断发展的情况，及时准确地宣传我国对国际事务的主张，着力维护国家利益和形象，不断增进我国人民同各国人民的相互了解和友谊，逐步形成同我国国际地位相适应的对外宣传舆论力量，为全面建设小康社会营造良好的国际舆论环境。他还强调，对外宣传一定要打好主动仗，掌握主动权，增强对外宣传的针对性、有效性和亲和力、说服力。

中央宣传主管部门提出建立和完善三种对外宣传工作机制：一是对外宣传统筹协调机制。各对外宣传部门要相互支持配合，及时沟通，统一对外宣传步调，努力形成对外宣传合力。二是对外宣传新闻发布机制。新闻发布要做到经常化、规范化。要做好对外新闻发布的统一协调和组织工作，提高新闻发布的质量和权威性。三是应对突发事件高效新闻宣传报道机制。保障突发事件的对外报道及时和主动。

胡锦涛指出，应对国际局势和处理国际事务的能力，是执政能力的重要组成部分。他要求我们全面认识和把握国际因素对我国的影响，不断提高同国际社会交往的本领。要加强和改进对外宣传工作，积极开展对外文化交流，进一步推动形成有利于我国发展的国际舆论环境。既要把中国的优秀文化作品推向世界，又要吸收各国有益文化为我所用。

为加强互联网对外宣传和文化交流，要整合互联网对外宣传资源，完善互联网对外宣传体系建设，不断提高互联网对外宣传工作的整体水平，持续提升对外宣传效果，扩大中华民族优秀文化的国际影响力。

九、加大改革力度，积极推进新闻传媒的科学管理

胡锦涛指出，新闻宣传工作必须坚持解放思想、实事求是、与时俱进，适应国内外形势的新变化，顺应人民群众的新期待，以改革创新精神做好工作。要用时代的要求来审视宣传思想工作，用发展的眼光来研究宣传思想工作，用改革的精神来推动宣传思想工作，努力使宣传思想工作更好地体现时代性，把握规律性，富于创造性。对于新闻传媒的管理与改革，胡锦涛始终以辩证法的思维与要求给予正确的定位。在传媒的性质与功能上，他一方面要求我们坚持新闻媒体是党和人民的喉舌，一定要遵循新闻工作的党性原则，坚持团结稳定鼓劲、正面宣传为主的方针，牢牢把握正确的舆论导向，努力营造昂扬向上、团结奋进、开拓创新的良好氛围；另一方面又要求我们坚持解放思想，改革前进，尊重舆论宣传的规律，讲究舆论宣传的艺术，不断提高舆论引导的水平和效果。

在新闻传媒的内容规范上，要把坚持马克思主义基本原理同推进马克思主义中国化结合起来，把坚持四项基本原则同坚持改革开放结合起来，把尊重人民首创精神同加强和改善党的领导结合起来，把坚持社会主义基本制度同发展市场经济结合起来，把推动经济基础变革同推动上层建筑改革结合起来，把发展社会生产力同提高全民族文明素质结合起来，把提高效率同促进社会公平结合起来，把坚持独立自主同经济全球化结合起来，把促进改革发展同保持社会稳定结合起来，把推进中国特色社会主义伟大事业同推进党的建设新的伟大工程结合起来。在内容上坚持两点论，不搞一点论，确保新闻宣传不片面，也便于对传媒依法管理。

对于新闻传媒的效益目标设定，要把社会效益放在首位，做到经济效益与社会效益相统一。要深化文化体制改革，完善扶持公益性文化事业、发展文化产业、鼓励文化创新的政策，营造有利于出精品、出人才、出效益的文化环境。要在时代的高起点上推动文化内容形式、体制机制、传播手段的创新，解放和发展文化生产力。他强调，要革除制约文化发展的体制性障碍，坚持把文化发展的着

力点放在满足人民群众精神文化需求和促进人的全面发展上。要以体制机制创新为重点，增强微观活力，健全文化市场体系，依法加强管理，促进文化事业全面繁荣和文化产业快速发展，增强我国文化的总体实力。完善文化产业政策，形成以公有制为主体、多种所有制共同发展的文化产业格局和以民族文化为主体、吸收外来有益文化的文化市场格局。加强文化市场管理，营造扶持健康文化、抑制腐朽文化的社会环境。

十、切实抓好新闻宣传队伍建设

胡锦涛强调，必须切实抓好队伍建设，增强凝聚力和战斗力。他说，做好新闻宣传工作，关键在班子、在队伍、在人才。要大力加强新闻宣传战线领导班子建设，把思想政治坚定、组织能力突出、熟悉新闻宣传工作、富有改革创新精神的优秀干部选拔到领导岗位上来，确保新闻宣传工作的领导权牢牢掌握在忠于马克思主义、忠于党、忠于人民的人手里。要坚持马克思主义新闻观，深化“三个代表”重要思想、马克思主义新闻观、职业精神职业道德“三项学习教育”活动，引导广大新闻宣传工作者不断提高思想政治水平、增强业务本领，努力建设一支政治强、业务精、作风正、纪律严的新闻宣传队伍。要加强对中青年骨干的培养锻炼，采取多种措施培养造就更多人民群众喜爱的名记者、名编辑、名评论员、名主持人。广大新闻宣传工作者要加强自身思想道德修养，带头实践社会公德，恪守职业道德，做积极实践社会主义荣辱观的表率。

胡锦涛要求新闻宣传工作者和主管部门领导人不断地关心和研究新闻宣传面临的新情况、新问题，要在这种坚持不懈的学习和研究中扩大视野、增长才干。新闻宣传工作者必须讲大局、讲原则、讲纪律。他强调，任何面向社会大众的媒体，都必须自觉地积极地宣传党的主张，宣传先进的思想文化，不允许同党的路线方针政策唱反调，不允许发表违反四项基本原则和中央精神的言论，不允许传播混淆视听的政治谣言。

§11. 胡锦涛2008年考察人民日报社重要讲话的主要内容是什么?

2008年6月20日，胡锦涛到人民日报社考察，发表了重要讲话。通篇讲话充满着思维创新、视角创新、理论创新和机制创新，是他主政全党工作以来对新闻宣传工作最全面、最深刻、最醒人耳目和最富有指导力量的一篇马克思主义新闻经典文献。

胡锦涛开篇就强调新的历史条件下新闻宣传工作的极端重要性。他说，新闻舆论处在意识形态领域的前沿，对社会精神生活和人们思想意识有着重大影响。当今社会，随着经济社会快速发展和科技不断进步，信息传递和获取越来越快捷，新闻舆论的作用越来越突出。做好新闻宣传工作，关系党和国家工作全局，关系改革和经济社会发展大局，关系国家长治久安。他又说，在前进道路上，我们面临着难得的机遇，也面临着严峻的挑战。我们既要抓住机遇、乘势而上，不断推动经济社会又好又快发展，又要迎接挑战、居安思危，时刻准备应对各方面的困难和风险。特别值得注意的是，当前，世界范围内各种思想文化交流、交融、交锋更加频繁，“西强我弱”的国际舆论格局还没有根本改变，新闻舆论领域的斗争更趋激烈、更趋复杂。在这样的情况下，新闻宣传工作的任务更为艰巨、责任更加重大。

胡锦涛特别强调，要把提高舆论引导能力放在突出位置。他要求，新形势下，新闻宣传工作要高举旗帜、围绕大局、服务人民、改革创新，坚持正确舆论导向，提高舆论引导能力，营造良好舆论环境，更好地发挥宣传党的主张、弘扬社会正气、通达社情民意、引导社会热点、疏导公众情绪、搞好舆论监督的重要作用。为了把提高舆论引导能力放在突出位置，进行深入研究，拿出切实措施，取得新的成效，胡锦涛提出要着力做好下面五项工作：

第一，必须坚持党性原则，牢牢把握正确舆论导向。

第二，必须坚持以人为本，增强新闻报道的亲和力、吸引力、感染力。

第三，必须不断改革创新，增强舆论引导的针对性和实效性。

第四，必须加强主流媒体建设和新兴媒体建设，形成舆论引导新格局。

第五，必须切实抓好队伍建设，增强凝聚力和战斗力。

胡锦涛在对以上五方面工作的论述中，有重点地展示了新的思维、视角，提出了新的观点、机制、要求。

胡锦涛对舆论引导重要性提出了新的看法：舆论引导正确，利党利国利民；舆论引导错误，误党误国误民。他要求在重大问题、敏感问题、热点问题上把好关、把好度。

在坚持以人为本，增强新闻报道的亲和力、吸引力、感染力方面，胡锦涛提出，要坚持把实现好、维护好、发展好最广大人民的根本利益作为新闻宣传工作的出发点和落脚点，坚持贴近实际、贴近生活、贴近群众，把体现党的主张和反映人民心声统一起来，把坚持正确导向和通达社情民意统一起来，尊重人民主体地位，发挥人民首创精神，保证人民的知情权、参与权、表达权、监督权。要注重在报道新闻事实中体现正确导向，在同群众交流互动中形成社会共识，在加强信息服务中开展思想教育，用事实说话、用典型说话、用数字说话，化解矛盾，理顺情绪，引导各方面群众共同前进。

胡锦涛提出，新闻宣传工作必须不断发展创新，增强舆论引导的针对性和实效性。要坚持用时代要求审视新闻宣传工作，按照新闻传播规律办事，创新观念、创新内容、创新形式、创新方法、创新手段，努力使新闻宣传工作体现时代性、把握规律性、富于创造性，不断提高舆论引导的权威性、公信力、影响力。要认真研究新闻传播的现状和趋势，深入研究各类受众群体的心理特点和接受习惯，加强舆情分析，主动设置议题，善于因势利导。要完善新闻发布制度，健全突发公共事件新闻报道机制，第一时间发布权威信息，提高时效性，增加透明度，牢牢掌握新闻宣传工作的主动权。

如何形成舆论引导新格局？胡锦涛提出，要从社会舆论多层次的实际出发，把握媒体分众化、对象化的新趋势，以党报党刊、电台电视台为主，整合都市类媒体、网络媒体等多种宣传资源，努力构建定位明确、特色鲜明、功能互补、覆盖广泛的舆论引导新格局。他主张，要把发展主流媒体作为战略重点，加大支持力度，扩大覆盖面和影响力。但同时要重视新兴媒体，充分发挥互联网的作用。他说，互联网已成为思想文化信息的集散地和社会舆论的放大器，我们要充分认识以互联网为代表的新兴媒体的社会影响力，高度重视互联网的建设、运用、管理，努力使互联网成为传播社会主义先进文化的前沿阵地、提供公共文化服务的有效平台、促进人们精神生活健康发展的广阔空间。

谈到队伍建设，胡锦涛特别提到要加强对中青年骨干的培养锻炼，采取多种措施，造就人民群众喜爱的名记者、名编辑、名评论员、名主持人。他要求广大新闻工作者要加强自身思想道德修养，带头实践社会公德，恪守职业道德，做积极实践社会主义荣辱观的表率。

§12. 十七大报告对文化如何论述？

中国共产党第十七次全国代表大会于2007年10月15日上午9时在人民大会堂开幕。胡锦涛代表中国共产党第十六届中央委员会向大会作题为《高举中国特色社会主义伟大旗帜　为夺取全面建设小康社会新胜利而奋斗》的报告。报告第七部分《推动社会主义文化大发展大繁荣》指出：

当今时代，文化越来越成为民族凝聚力和创造力的重要源泉，越来越成为综合国力竞争的重要因素，丰富精神文化生活越来越成为我国人民的热切愿望。要坚持社会主义先进文化前进方向，兴起社会主义文化建设新高潮，激发全民族文化创造活力，提高国家文化软实力，使人民基本文化权益得到更好保障，使社会文化生活更加丰富多彩，使人民精神风貌更加昂扬向上。

一、建设社会主义核心价值体系，增强社会主义意识形态的吸引力和凝聚力

社会主义核心价值体系是社会主义意识形态的本质体现。要巩固马克思主义指导地位，坚持不懈地用马克思主义中国化最新成果武装全党、教育人民，用中国特色社会主义共同理想凝聚力量，用以爱国主义为核心的民族精神和以改革创新为核心的时代精神鼓舞斗志，用社会主义荣辱观引领风尚，巩固全党全国各族人民团结奋斗的共同思想基础。大力推进理论创新，不断赋予当代中国马克思主义鲜明的实践特色、民族特色、时代特色。开展中国特色社会主义理论体系宣传普及活动，推动当代中国马克思主义大众化。推进马克思主义理论研究和建设工程，深入回答重大理论和实际问题，培养造就一批马克思主义理论家特别是中青年理论家。切实把社会主义核心价值体系融入国民教育和精神文明建设全过程，转化为人民的自觉追求。积极探索用社会主义核心价值体系引领社会思潮的有效途径，主动做好意识形态工作，既尊重差异、包容多样，又有力抵制各种错误和腐朽思想的影响。繁荣发展哲学社会科学，推进学科体系、学术观点、科研方法创新，鼓励哲学社会科学界为党和人民事业发挥思想库作用，推动我国哲学社会科学优秀成果和优秀人才走向世界。

二、建设和谐文化，培育文明风尚

和谐文化是全体人民团结进步的重要精神支撑。要积极发展新闻出版、广播影视、文学艺术事业，坚持正确导向，弘扬社会正气。重视城乡、区域文化协调发展，着力丰富农村、偏远地区、进城务工人员的精神文化生活。加强网络文化建设和管理，营造良好网络环境。大力弘扬爱国主义、集体主义、社会主义思想，以增强诚信意识为重点，加强社会公德、职业道德、家庭美德、个人品德建设，发挥道德模范榜样作用，引导人们自觉履行法定义务、社会责任、家庭责任。加强和改进思想政治工作，注重人文关怀和心理疏导，用正确方式处理人际关系。动员社会各方面共同做好青少年思想道德教育工作，为青少年健康成长创造良好社会环境。深入开展群众性精神文明创建活动，完善社会志愿服务体系，形成男女平等、尊老爱幼、互爱互助、见义勇为的社会风尚。弘扬科学精神，普及科学知识。广泛开展全民健身运动。办好2008年奥运会、残奥会和2010年世博会。

三、弘扬中华文化，建设中华民族共有精神家园

中华文化是中华民族生生不息、团结奋进的不竭动力。要全面认识祖国传统文化，取其精华，去其糟粕，使之与当代社会相适应、与现代文明相协调，保持民族性，体现时代性。加强中华优秀文化传统教育，运用现代科技手段开发利用民族文化丰厚资源。加强对各民族文化的挖掘和保护，重视文物和非物质文化遗产保护，做好文化典籍整理工作。加强对外文化交流，吸收各国优秀文明成果，增强中华文化国际影响力。

四、推进文化创新，增强文化发展活力

在时代的高起点上推动文化内容形式、体制机制、传播手段创新，解放和发展文化生产力，是繁荣文化的必由之路。要坚持为人民服务、为社会主义服务的方向和百花齐放、百家争鸣的方针，贴近实际、贴近生活、贴近群众，始终把社会效益放在首位，做到经济效益与社会效益相统一。创作更多反映人民主体地位和现实生活、群众喜闻乐见的优秀精神文化产品。深化文化体制改革，完善扶持公益性文化事业、发展文化产业、鼓励文化创新的政策，营造有利于出精品、出人才、出效益的环境。坚持把发展公益性文化事业作为保障人民基本文化权益的主要途径，加大投入力度，加强社区和乡村文化设施建设。大力发展文化产业，实施重大文化产业项目带动战略，加快文化产业基地和区域性特色文化产业群建设，培育文化产业骨干企业和战略投资者，繁荣文化市场，增强国际竞争力。运用高新技术创新文化生产方式，培育新的文化业态，加快构建传输快捷、覆盖广泛的文化传播体系。设立国家荣誉制度，表彰有杰出贡献的文化工作者。

中华民族伟大复兴必然伴随着中华文化繁荣兴盛。要充分发挥人民在文化建设中的主体作用，调动广大文化工作者的积极性，更加自觉、更加主动地推动文化大发展、大繁荣，在中国特色社会主义的伟大实践中进行文化创造，让人民共享文化发展成果。

§13. 胡锦涛在政治局第二十二次集体学习时的讲话的主要内容是什么?

2010年7月24日，中共中央政治局就深化我国文化体制改革研究问题进行第二十二次集体学习。中共中央总书记胡锦涛在主持学习时强调，深入推进文化体制改革，促进文化事业全面繁荣和文化产业快速发展，关系全面建设小康社会奋斗目标的实现，关系中国特色社会主义事业总体布局，关系中华民族伟大复兴。我们一定要从战略高度深刻认识文化的重要地位和作用，以高度的责任感和紧迫感，顺应时代发展要求，深入推进文化体制改革，推动社会主义文化大发展、大繁荣。

他指出，文化是民族凝聚力和创造力的重要源泉，是综合国力竞争的重要因素，是经济社会发展的重要支撑。深化文化体制改革，是党中央作出的关系我国经济社会发展全局的重大决策。改革开放以来，我国文化建设加快发展、文化日益繁荣，开创了中国特色社会主义文化建设新局面。综合观察当前国际国内形势，我国文化建设既面临许多有利条件也面临严峻挑战。深入推进文化体制改革，推动文化建设和经济建设、政治建设、社会建设协调发展，已成为实现科学发展的必然要求。

深入推进文化体制改革，必须以邓小平理论和“三个代表”重要思想为指导，深入贯彻落实科学发展观，坚持社会主义先进文化前进方向，坚持文化事业和文化产业协调发展，遵循社会主义精神文明建设的特点和规律，适应社会主义市场经济发展的要求，以发展为主题，以体制机制创新为重点，以满足人民群众精神文化需求为出发点和落脚点，着力构建充满活力、富有效率、更加开放、有利于文化科学发展的体制机制，繁荣发展社会主义文化，不断增强我国文化软实力和国际竞争力。

当前和今后一个时期，要重点抓好以下几项工作：一是要加快文化体制机制改革创新，按照创新体制、转换机制、面向市场、增强活力的要求，加快经营性文化单位转企改制，稳步推进公益性文化事业单位改革，构建统一开放竞争有序的现代文化市场体系，加快推进文化管理体制改革。二是要加快构建公共文化服务体系，按照体现公益性、基本性、均等性、便利性的要求，坚持政府主导，加大投入力度，推进重点文化惠民工程，加强公共文化基础设施建设，促进基本公共文化服务均等化。三是要加快发展文化产业，认真落实文化产业振兴规划，精心实施重大文化产业项目带动战略，推进文化产业结构调整，培育新的文化业态，提高文化产业规模化、集约化、专业化水平。要精心打造中华民族文化品牌，提高我国文化产业国际竞争力，推动中华文化走向世界。四是要加强对文化产品创作生产的引导，真正从群众需要出发，继承和发扬中华文化优良传统，吸收借鉴世界有益文化成果，推出更多深受群众喜爱、思想性艺术性观赏性相统一的精品力作。要引导广大文化工作者和文化单位自觉践行社会主义核心价值体系，坚持社会主义先进文化前进方向，坚决抵制庸俗、低俗、媚俗之风。

各级党委和政府要把文化体制改革和文化建设摆在全局工作的重要位置，纳入经济社会发展总体规划，建立健全领导体制和工作机制，坚持一手抓繁荣、一手抓管理，牢牢把握文化发展主动权。要深入研究人民群众对文化建设的新要求、新期待，深入研究文化发展的特点和规律，努力提高推动文化科学发展能力。要加强文化战线领导班子建设，加强文化事业和文化产业人才培养，为深化文化体制改革和文化建设提供有力组织保证和人才保障。要充分调动广大文化工作者和各方面的积极性、主动性、创造性，确保文化体制改革和文化建设各项工作扎实推进、取得成效。

§14. 发展文化事业和文化产业需要正确认识和处理哪十个方面的重要关系?

全国宣传部长座谈会2010年4月9日在北京召开，中共中央政治局常委李长春出席会议并发表《正确认识和处理文化建设发展中的若干重大关系　努力探索中国特色社会主义文化发展道路》的讲话。他指出，文化建设的春天已经到来。我们一定要高举中国特色社会主义伟大旗帜，以邓小平理论和“三个代表”重要思想为指导，深入贯彻落实科学发展观，认真贯彻中央关于文化建设和文化体制改革的一系列重要方针政策，解放思想、转变观念，牢固树立忧患意识、机遇意识、改革意识、发展意识，正确认识和处理文化建设和发展中的若干重大关系，坚持社会主义先进文化前进方向，坚持贴近实际、贴近生活、贴近群众，以推动社会主义文化大发展大繁荣为主题，以满足人民群众日益增长的精神文化需求为根本任务，以改革创新和科技进步为强大动力，以构建有利于文化科学发展的体制机制为主攻方向，以全面提高人才队伍素质为重要保障，进一步深化文化体制改革，破解文化发展难题，转变文化发展方式，不断解放和发展文化生产力，加快发展文化事业和文化产业，努力探索中国特色社会主义文化发展道路。

李长春在讲话中系统阐述了发展文化事业和文化产业需要正确认识和处理的

十个方面重要关系，主要有：

第一，正确认识和处理人民群众基本文化需求与多样化、多层次、多方面文化需求的关系，坚持一手抓公益性文化事业，一手抓经营性文化产业，做到两手抓、两加强，最大限度地满足人民群众日益增长的精神文化需求。满足人民群众日益增长的精神文化需求，是文化建设的根本任务。随着我国经济社会持续快速发展和人民生活水平不断提高，城乡居民文化需求越来越旺盛，文化消费进入了快速增长期。从总体上看，人民群众的文化需求可以分为两部分，一部分是体现人民群众文化权益的基本文化需求，主要包括读书看报、听广播看电视、进行公共文化鉴赏、参加公共文化活动等。另一部分是多样化、多层次、多方面的文化需求。正确区分这两种文化需求并处理好二者关系，有助于我们对文化建设中政府职责和市场功能进行科学定位，明确文化建设的基本思路，即一手抓公益性文化事业，一手抓经营性文化产业，做到两手抓、两加强，两轮驱动，两翼齐飞，推动社会主义文化大发展大繁荣，最大限度地满足人民群众日益增长的精神文化需求。

人民群众的基本文化需求，是社会主义制度下人民群众必须得到保障的基本文化权益。基本文化权益具有公益性、均等性、基本性、便民性等属性。要以政府为主导，以公共财政为支撑，以公益性文化事业单位为骨干，以全民为服务对象，以基层特别是农村为重点，构建覆盖城乡的公共文化服务体系。当前，要优先安排涉及农村和基层群众切身利益的文化建设项目，积极推进广播电视村村通、文化信息资源共享、社区和乡镇综合文化站（室）、农家书屋、农村电影放映等重点文化惠民工程建设。要大力提高公益性文化单位服务群众的能力和水平。要推动政府通过购买文化产品的方式在特定时段、以特定内容、向特定群体提供公共文化服务，同时要继续开展各种文化惠民活动并不断规范，丰富基层群众的文化生活。

对于人民群众多样化、多层次、多方面的文化需求，主要靠市场来满足。我们必须大力发展经营性文化产业，进一步繁荣文化市场。要大力发展文化创意、影视制作、出版发行、印刷复制、广告、演艺、娱乐、文化会展、数字内容和动漫等九大文化产业，不断壮大我国文化产业的总体实力。要培育各类自主经营、自我发展的合格市场主体，这是文化产业的基础。要加快构建和培育统一开放竞争有序的现代文化市场体系，建立门类齐全的文化产品市场和文化要素市场，繁荣城乡文化市场，培育大众性文化消费市场，更好地满足人民群众精神文化需求。要积极鼓励广大文化工作者创作更多群众喜闻乐见的精品力作，鼓励国有或国有控股文化企业积极开发市场、占有市场，发挥骨干作用，鼓励非公有制文化企业积极提供多样化的文化产品和服务，提高供给能力，努力满足不同地域、不同层次、不同群体、不同年龄群众丰富多彩、健康有益的文化需求。

第二，正确认识“两种属性”、“两个效益”的关系，始终把社会效益放在首位，努力做到社会效益与经济效益有机统一。在社会主义市场经济条件下，文化产品既有教育人民、引导社会的意识形态属性，也有通过市场交换获取经济利益、实现再生产的商品属性、产业属性、经济属性。在“两种属性”中，意识形态属性是文化产品的特殊性，商品、产业、经济属性是文化产品的普遍性。不能因为文化产品具有商品的一般属性，就忽视其意识形态的特殊属性；也不能因为文化产品具有意识形态的特殊属性，就排斥其商品的一般属性，而是要把两者统一起来。正确把握“两种属性”的关系，要求我们必须正确认识和处理“两个效益”即社会效益与经济效益的关系。不论是公益性文化事业，还是经营性文化产业，都要突出以文化人的功能。每个国家、每个民族、每个人都要有精神支撑，因此要充分发挥文化陶冶情操、凝聚力量、提振信心、鼓舞士气的重要功能。文化建设必须坚持社会主义先进文化前进方向，把社会效益摆在首位。发展公益性文化事业，就是要追求社会效益的最大化，不搞产业化，但也要在内部引入激励机制，改善服务。发展经营性文化产业，就是要在把社会效益放在首位的前提下，努力实现社会效益与经济效益的有机统一，当经济效益同社会效益发生冲突时，经济效益要服从社会效益。在社会主义市场经济条件下，检验经营性文化产业产品和服务“两个效益”相统一的一个重要标准，就是人民群众喜欢不喜欢、是否愿意花钱购买和消费。购买优秀文化产品的人越多，受教育的面就越大，经济效益越好，社会效益也就越广泛。从这个意义上说，没有经济效益，社会效益也是空的。但如果文化产品不讲社会效益，不符合人民群众健康有益的文化需求，在某些方面管理疏漏的情况下，即使暂时会谋些蝇头小利，但终会被边缘化直至被逐出市场，经济效益也无从谈起。因此，实现社会效益与经济效益相辅相成、相互促进、有机统一，是经营性文化产业可持续发展的重要条件。要鼓励经营性文化单位创新体制机制，把面向群众、面向基层、面向农村与面向市场统一起来，认真做好市场调研，准确把握群众需要，在占领市场的过程中更好地服务群众，在服务群众的过程中更多地赢得市场，努力实现社会效益与经济效益的最大化。与此相适应，各级各类评奖机制也要进一步改革，改变一些地方和部门评奖过多过滥和文化产品只面向评委而不面向群众的弊端，把群众喜欢不喜欢、满意不满意、接受不接受、认可不认可作为评价作品的最终标准，在导向正确的前提下，将发行量、演出场次、票房收入和销售额等作为衡量文化产品社会影响的客观指标，使评奖真正成为推动文化产品更好地面向市场、面向群众的重要宏观调控手段，催生更多“既叫好又叫座”的精神文化产品，而不能使评奖成为反向调控的指挥棒。

第三，正确认识弘扬主旋律与提倡多样化的关系，坚持社会主义先进文化前进方向，坚持贴近实际、贴近生活、贴近群众，推动社会主义文化全面繁荣。弘扬主旋律、提倡多样化，是坚持社会主义先进文化前进方向的内在要求。弘扬主旋律、提倡多样化，与坚持为人民服务、为社会主义服务的“二为”方向和贯彻百花齐放、百家争鸣的“双百”方针，从根本上讲是一致的，都是社会主义文化建设规律的客观反映。弘扬主旋律，必须始终坚持为人民服务、为社会主义服务的方向；提倡多样化，必须全面贯彻百花齐放、百家争鸣的方针。坚持“二为”方向，弘扬主旋律，是社会主义制度对文化建设提出的本质要求，是社会主义精神文明的具体体现，是社会主义文化必须担负的社会责任；贯彻“双百”方针，提倡多样化，是社会主义初级阶段的基本国情对文化建设提出的客观要求，是由人民群众日益增长的多样化、多层次、多方面的精神文化需求决定的，是社会主义文化繁荣发展的活力所在。这两个方面相辅相成、不可或缺，都统一于贴近实际、贴近生活、贴近群众的具体实践中。文化必须有深刻的精神内涵，才能以文化人，中华文化就是要体现民族精神和时代精神。在当代中国，主旋律从精神层面上来讲，最根本的就是社会主义核心价值体系；从实践层面上来讲，最根本的就是全国各族人民在中国共产党领导下走中国特色社会主义道路、全面建设小康社会、实现中华民族伟大复兴的宏伟事业。在文化建设中，要全面贯穿这一鲜明的时代主旋律，热情歌颂改革开放和社会主义现代化建设取得的伟大成就，大力唱响共产党好、社会主义好、改革开放好、伟大祖国好、各族人民好的时代最强音，鼓舞和激励全党全国各族人民为夺取全面建设小康社会新胜利、开创中国特色社会主义事业新局面而不懈奋斗。同时，也要适应社会生活日趋丰富多彩、人民群众精神文化需求日趋多样多变的客观现实，在坚持“二为”方向、弘扬主旋律的前提下，认真贯彻“双百”方针，尊重差异、包容多样，充分发扬艺术民主和学术民主，在艺术创作上提倡不同形式和风格的自由发展，在艺术理论上提倡不同观点和学派的充分讨论，在艺术发展上提倡不同品种和业态的积极创新，使社会主义文化百花园更加绚丽多彩。弘扬主旋律要坚持思想性、艺术性、观赏性的有机统一，增强吸引力、感染力，不能脱离现实生活，不能空洞说教；提倡多样化要处理好高雅与通俗、普及与提高的关系，兼顾大众和小众的需求，高雅艺术形态也要努力贴近实际、贴近生活、贴近群众，不断扩大受众面，努力做到雅俗共赏；通俗艺术形态也要强调思想内涵，追求格调品味，寓教于乐，不降低艺术标准，不低俗、媚俗、庸俗。

第四，正确认识和处理改革创新与加快发展的关系，坚持以改革创新为强大动力，增强文化发展活力，不断解放和发展文化生产力。推动文化大发展、大繁荣是社会主义文化建设的鲜明主题，改革创新是加快文化发展的强大动力。进一步推进文化体制改革，积极推进文化创新，大力发展文化事业和文化产业，是深入贯彻落实科学发展观、加快经济发展方式转变的迫切需要，是加快文化自身发展、增强自身活力、满足人民群众日益增长的精神文化需求的迫切需要，是适应我国深化各领域改革、完善社会主义市场经济体制的迫切需要，是顺应现代信息科技迅猛发展和广泛应用新趋势、抢占文化发展制高点的迫切需要，是适应对外开放不断扩大新形势、提高中华文化国际影响力和竞争力的迫切需要。我们一定要从党和国家事业发展的全局和战略高度，不断增强改革创新的自觉性和坚定性，深化文化体制改革，推进观念创新、体制创新、机制创新、内容创新、形式创新、传播手段创新、业态创新、科技创新，进一步增强文化发展的生机和活力。

坚持以改革创新为强大动力，推动文化科学发展，最根本的是要进一步解放思想、转变观念。解放思想是发展中国特色社会主义的一大法宝。思想观念是个总开关。观念决定思路，思路决定出路。在文化建设和发展的实践中要全面贯彻党的思想路线，始终坚持解放思想、实事求是、与时俱进，自觉地把思想认识从不符合文化科学发展的思想观念和思维定式的桎梏中解放出来，从不符合文化科学发展的做法和规定的限制中解放出来，从不符合文化科学发展的传统体制的束缚中解放出来，敢于突破陈规陋习，勇于用改革的办法破解难题，不断增强改革创新的意识和本领，努力用符合科学发展观要求的新的文化发展理念指导文化建设和发展的实践。

坚持以改革创新为强大动力，推动文化科学发展，要以体制机制创新为重点，大力推进文化体制改革。要根据区别对待、分类指导、循序渐进、逐步推开的指导方针，对公益性文化事业和经营性文化产业采取不同的改革路径，从实际出发，分阶段、有区别地加以实施。对公益性文化单位，改革的方针是“增加投入、转换机制、增强活力、改善服务”，对国有经营性文化单位，改革的方针是“创新体制、转换机制、面向市场、壮大实力”，对处于公益性文化单位和经营性文化单位之间少数文化单位的改革，改革方针是“政府扶持、转换机制、面向市场、增强活力”。在改革过程中，要严格界定、严格审查、严格控制，最大限度地减少事业性质企业化管理的文化单位。条件成熟的，鼓励进行转企改制的探索，推动越来越多的经营性文化单位转企改制。

坚持以改革创新为强大动力，推动文化科学发展，要善于把继承与创新有机统一起来。推进文化发展，基础在继承，关键在创新。不善于继承，创新就没有根基；不善于创新，继承就缺乏活力。要继承和弘扬中华民族的优秀文化传统，加强中华优秀文化传统教育，加强对文物和非物质文化遗产的保护，深入挖掘蕴藏其中的丰厚文化资源，并赋予新的时代内涵，使其与当代社会相适应、与现代文明相协调，在新的历史条件下继续发扬光大。对具有产业和市场潜力、具备经营条件的传统文化资源，要鼓励在国家政策支持下，运用市场和产业的手段进行保护、传承和发展，特别是和发展旅游业紧密结合，开发文化产品，拓展服务项目，在与产业和市场的结合中增强生机、焕发活力，实现可持续发展。要适应人民群众文化需求的新特点和审美情趣的新变化，推动不同传统艺术门类之间相互融合，推动传统艺术与现代艺术相互借鉴，积极运用声、光、电等手段提高传统文化表现力，实现题材体裁、风格流派和表现手法的创新发展。

第五，正确认识和处理文化与经济的关系，不断提高文化产业对加快经济发展方式转变的贡献。当今时代，文化与经济日益交融，在为经济发展提供强大精神动力的同时，文化的经济功能明显增强，经济的文化含量不断提高，文化在综合国力竞争中的地位和作用越来越突出，文化产业对促进经济增长和经济发展方式转变的贡献越来越大。从实践中看，在加快经济发展方式转变过程中，文化产业具有优结构、扩消费、增就业、促跨越、可持续的独特优势和突出特点。

优结构，就是无论从总供给还是从总需求的角度讲，发展文化产业都有利于优化经济结构、产业结构、需求结构。抓住了文化产业，就抓住了调整供给结构的突破口，就从总供给方面进一步优化了经济结构和产业结构。扩消费，就是从总需求的角度讲，发展文化产业有利于扩大居民消费，拉动居民消费结构升级。人均国内生产总值达到3 000美元之后，人民群众精神文化需求呈“井喷”之势，而我们提供的优秀文化产品和服务相比之下还太少。因此，无论是文化事业还是文化产业，都是人民群众生活基本实现小康之后增加消费的重要途径。增就业，就是发展文化产业有利于增加就业、带动创业。促跨越，就是发展文化产业有利于实现跨越式发展，对欠发达地区就更有意义。可持续，就是发展文化产业有利于实现可持续发展。综合以上这些优势和特点，完全可以说文化产业是战略性、先导性产业，不仅能够提供精神动力、思想保证、文化条件，而且能够开辟经济发展的新途径、新空间，是转变经济发展方式的重要途径和突破口。因此，要从加快经济发展方式转变的全局和战略高度，大力发展文化产业，将其纳入经济社会发展总体规划，作为发展战略性新兴产业的重要组成部分，摆上更加重要的日程，采取更加有力的举措，积极推动文化产业与旅游、休闲、制造、电信、交通、房地产等产业相融合，使文化产业成为国民经济新的增长点和现代服务业的支柱产业。

第六，正确认识和处理发挥政府作用与调动全社会力量参与文化建设的关系，努力形成文化建设的强大合力。兴起社会主义文化建设新高潮，推动社会主义文化大发展大繁荣，是全党全社会的共同事业。无论是发展公益性文化事业还是发展经营性文化产业，都要既充分发挥政府的主导作用，又充分调动社会各方面的积极性、主动性、创造性，努力形成多元投入、协力发展的新格局。

政府在文化建设中的作用，主要体现在提供公共文化服务和为各类文化主体发展创造良好的政策环境、法制环境和市场环境等方面。具体来讲，就是要履行好“公共服务、政策调节、社会管理、市场监管”的职能。公共服务，即政府必须切实承担起提供公共文化服务、保障人民基本文化权益的职责，把建设公共文化服务体系纳入经济社会发展总体规划，依靠公共财政投入为主建设公共文化服务体系，扶持公益性文化单位，建设文化基础设施，购买文化产品用于公共文化服务，建立健全公共文化设施免费开放的财政保障机制，不断提高公共文化产品和服务的供给能力。政策调节，即政府要在深入调查研究的基础上，科学制定文化发展规划，制定引导和推动文化事业和文化产业发展的政策措施。社会管理，即要建立健全党委领导、政府管理、行业自律、企事业单位依法运营的文化管理体制和富有活力的文化产品生产经营体制机制，推进政企分开、政资分开、政事分开、政府与市场中介组织分开，推动形成行为规范、运转协调、公正透明、廉洁高效的管理体制，为各类文化主体创造良好的发展环境。市场监管，即政府主管部门必须切实担负起文化市场监管的职责，提高文化市场监管能力和水平，确保文化市场繁荣有序。

要制定和实施更加完善的政策措施，坚持公有制为主体、多种所有制经济共同发展的基本经济制度，毫不动摇地加快壮大国有或国有控股经营性文化企业，毫不动摇地鼓励和引导各种非公有制文化企业的发展，努力形成以公有制为主体、多种所有制共同发展的文化产业格局。要在法律和政策许可的范围内，适当降低非公资本进入文化产业的门槛，吸收社会资本参与到振兴文化产业的进程中来，鼓励民营文化企业参与国有经营性文化单位的转企改制。要进一步完善和落实社会力量捐赠公益性文化事业的政策措施，引导和鼓励社会各方面通过捐助、捐赠、自办等方式，投资兴办公共文化服务实体，建设公共文化设施，开展公益性文化活动。总之，要努力形成政府力量与民间力量一起上、公有制文化单位和非公有制文化单位一起上，汇聚强大合力，共同推动社会主义文化大发展、大繁荣的生动局面。

第七，正确认识和处理民族文化与外来文化的关系，坚持对外开放，努力形成以民族文化为主体、积极吸收外来有益文化的文化市场格局，推动中华文化“走出去”，不断扩大中华文化的国际影响力和竞争力。随着世界多极化、经济全球化加快发展和我国对外开放不断扩大，中外思想文化交流交融交锋更加频繁，这既为我们学习借鉴世界有益文化、推动中华文化“走出去”、扩大中华文化在国际上的影响力和竞争力提供了极好机遇，同时也使我们面临更加直接、更加激烈的国际文化竞争。这就要求我们必须统筹国内国际两个市场、利用两种资源，既大力弘扬民族优秀文化，又坚持对外开放，积极借鉴吸收各国优秀文明成果，加快发展文化产业，把丰富的民族文化资源转化为文化产业优势，提高我国文化产品的市场竞争力，努力形成以民族文化为主体、积极吸收外来有益文化的文化市场格局，同时大力推动文化“走出去”，不断扩大中华文化的国际影响力和竞争力。要不断创新文化“走出去”的渠道、途径和方式方法，坚持“两条腿”走路，在继续推动政府主导的文化交流的同时，积极探索市场化、商业化、产业化的运作方式，着力打造一批具有国际竞争力的外向型文化企业，打造具有重要影响力的国际文化交易平台，以企业为主体、以市场化运作为主要方式推动我国文化产品和服务出口，扩大我国文化产品在国际市场上的份额。要着力打造具有自主知识产权和核心竞争力的知名文化品牌，提高我国文化产品的附加值。要鼓励文化企业通过投资、合资、参股等多种方式，在境外兴办文化实体，使我国文化产品更直接地参与国际文化市场竞争。要加强国际传播能力建设，加快建设语种多、受众广、信息量大、影响力强、覆盖全球的国际一流媒体，使我们的图像、声音、文字、信息、影视节目更广泛地传播到世界各地，不断扩大中华文化的国际影响力。

第八，正确认识和处理促进繁荣与加强管理的关系，通过不断提高管理的科学化水平确保文化健康有序发展。繁荣是目的，管理是保障。推动社会主义文化大发展大繁荣，必须始终坚持“两手抓”，一手抓发展繁荣、一手抓加强管理，在促进繁荣的过程中不断改进和创新管理，通过科学有效的管理促进文化发展繁荣，努力建立和完善中国特色社会主义文化管理体制。要在恰当运用思想教育手段的同时，更加注重依法管理为主，综合运用法律、经济、行政、科技等手段，推进管理工作的法制化、规范化、制度化、科学化，有效解决在管理上存在的突出问题。要进一步创新管理理念，强化服务意识，寓管理于服务之中。要坚持用改革的办法解决管理中出现的问题，向体制要秩序。要通过制定和完善法人、岗位、职业、产品等市场准入和退出机制，通过健全登记备案、年检制度、加强岗位培训等多种行业监管手段，强化行业自律，推动文化企业形成自我约束、自我监督、自我管理的良性发展机制，切实履行社会责任。要进一步转变政府职能，按照建设法治政府和服务型政府的要求，推动文化行政管理部门逐步实现由办文化为主向管文化为主转变，由管微观向管宏观转变，由主要面向直属单位转为面向全社会，进一步把工作的重心转移到文化市场的管理和服务上来，按照谁主管谁负责和属地管理原则，真正把管理职责落到实处。要结合地方机构改革，加快推进城市综合文化行政主体改革和文化市场综合执法改革，切实理顺文化执法体制，解决多头执法、力量分散、执法水平不高的问题，不断提高文化市场管理水平。要进一步加强网络文化建设和管理，推动相关行政管理部门的职责向互联网、手机等新兴媒体延伸，坚决清除淫秽色情和低俗内容，净化网络文化环境。要推进网吧连锁化、品牌化经营，加强学校电子阅览室和公共图书馆、社区活动中心、青少年宫等公益性上网场所建设。要加大执法力度，依法保护知识产权，坚持不懈地开展“扫黄打非”，不断建立和完善文化市场执法的长效机制。

第九，正确认识文化与科技的关系，把运用高新技术作为推动文化建设、提高文化创新能力和传播能力的新引擎。要充分认识科技进步对文化发展的重要作用，敏锐把握世界文化发展的新趋势，紧紧抓住信息化深入发展的历史机遇，加快文化与科技的融合，努力掌握文化发展和文化传播的主动权。要积极利用高新技术改造传统文化产业，大力发展文化创意、手机电视、网络电视、数字出版、动漫游戏等战略性新兴文化产业，催生新的文化业态，拓展文化发展的新领域。要建立健全以企业为主体、市场为导向、产学研相结合的文化创新体系，努力掌握一批具有自主知识产权的核心技术和关键共性技术，为我国文化产业的发展提供有力的技术支撑和创新动力。要充分运用高新技术特别是数字技术、网络技术发展的最新成果，加快构建覆盖广泛、技术先进的文化传播体系和创新体系，切实增强文化传播力和文化感染力。要适应现代信息技术发展的趋势，加快媒体资源特别是音视频媒体资源的整合和融合，积极推动地方广播电台电视台合并。传统媒体要积极创办新兴媒体，实现传统媒体与新兴媒体相互促进、共同发展。要积极推进“三网融合”，在确保内容服务有效管理和文化安全的基础上，有序推动广电和电信业务双向进入，促进文化产业、信息产业和相关服务业健康发展。

第十，正确处理充分调动广大文化工作者积极性与培养造就大批文化领域创新型、复合型、外向型、科技型等新型人才的关系，为推动文化大发展大繁荣提供有力人才保障。推动文化大发展大繁荣，关键在人才。在深化文化体制改革、兴起社会主义文化建设新高潮中，要充分发挥广大文化工作者的积极性、主动性、创造性。要牢固树立“人才资源是第一资源”的观念，适应形势发展要求，进一步创新人才培养方式，拓展人才培养领域，提高人才培养质量，努力造就一大批文学创作、影视剧创作与编导、戏曲创作与编导、动漫制作等方面的领军人物，一大批勇于改革、敢于创新、善于开拓的创新型人才，一大批精通文化工作、懂经营善管理、具有现代科学素养的复合型人才，一大批精通外语、熟悉国际文化市场规则、善于开拓国际文化市场的外向型人才，一大批掌握现代科技知识、具有研发能力、能够占据文化科技制高点的科技型人才，构建一支门类齐全、结构合理、梯次分明、素质优良的文化工作者队伍。要尊重劳动、尊重知识、尊重人才、尊重创造，鼓励创新，宽容失败，建立和完善有利于优秀人才健康成长和脱颖而出的体制机制，最大限度地调动广大文化工作者的积极性、主动性、创造性，形成人尽其才、各展所长的良好局面。广大文化工作者要无愧于人类灵魂工程师的光荣称号，自觉担负起传播先进文化的历史职责，努力成为德艺双馨、深受人民群众喜爱的文化工作者。

李长春强调，各级党委政府一定要从中国特色社会主义事业“四位一体”总体布局的战略高度，充分认识文化建设在经济社会发展中的重要地位和作用，把文化建设纳入党委政府重要议事日程，纳入经济社会发展总体规划，纳入科学发展考核评价体系，加强组织领导，加强统筹协调，加强政策扶持，加强资金投入，加强督促检查，确保文化建设各项任务落到实处。要把文化产业作为加快经济发展方式转变的重要突破口，纳入产业振兴规划，积极推动文化产业与国民经济各领域各行业的融合，不断壮大文化产业的整体实力。宣传思想文化战线要进一步增强责任感紧迫感，以改革创新精神推进文化建设，加快文化体制改革步伐，加快构建覆盖城乡的公共文化服务体系，加快发展文化产业特别是新兴文化产业，进一步提高文化建设对经济社会发展的贡献。

§15. 我国新闻工作的基本方针是什么？

为社会主义服务、为人民服务是我国社会主义新闻事业的基本方针。

我国社会主义新闻事业以建设有中国特色社会主义理论为根本指针，宣传中国共产党和中华人民共和国政府的方针和政策，以社会效益为最高准则，坚持以科学的理论武装人，以正确的舆论引导人，以高尚的精神塑造人，以优秀的作品鼓舞人。

§16. 我国新闻工作的基本原则是什么？

我国新闻工作的基本原则是依据新闻事业的客观规律和我国新闻事业社会主义性质提出来的。主要有：新闻的真实性，新闻事业的群众性、战斗性和党性。这四个方面是有机地联系在一起的。

一、新闻的真实性

新闻的真实性的含义有狭义和广义两种。从狭义来说，要求每一篇新闻中的每一个具体事实都符合客观事物的本来面貌，包括构成事实的时间（When）、地点（Where）、人物（Who）、事情（What）、原因（Why）都准确无误（以上五方面俗称五要素或称“5W”）。从广义来说，新闻的真实性要求通过连续不断的新闻报道，向人们呈现一幅现实世界的真实图画，使得人们通过读报、听广播、看电视能全面地了解现实世界。

新闻真实性的这两种含义既有联系又有区别。对于单篇新闻来说，真实性仅仅要求新闻中反映的具体事例确实无误。它不能像总结报告、个人鉴定那样面面俱到。对于每一种报纸、广播、电视来说，为了真实地反映现实社会，首先要保证每篇新闻的真实，但每篇真实新闻的总和并不等于真实地反映了整个社会现实。因为无论是全国、一省一市、一条战线，总是既有进步又有困难，既有成绩又有缺点，这要求新闻工作者对现实情况有全面的估计，既报喜又报忧，才能使人民群众对实际情况有全面的客观的了解。因此，对于单篇新闻来说，面面俱到的要求是不切实际的。但对每一种大众新闻传播工具来说，反映都必须全面。只有全面的反映才是真实的反映。这要求新闻工作者了解全局，从全局的高度去认识每一个具体事实，即从事物的相互联系中，从事实的全部总和中抽取典型事实来写新闻。

二、新闻事业的群众性

新闻事业的群众性应该包括三层意义：一是新闻事业应该尽量满足群众的需要；二是新闻工作应该走群众路线，坚持全党办报、群众办报（办广播、电视）；三是新闻、评论的表现形式和语言应该为群众所喜闻乐见。

从整个新闻史来看，新闻事业是依赖群众的需要而产生，依赖群众的需要而存在和发展的。群众的需要是制约新闻事业发展的决定性因素之一。从各个新闻单位对群众调查来看，群众的需要主要有以下几个方面：①全面地、及时地了解国内外和本地的重大事件；②对令人迷惑不解的、引起群众关心的事情作出合理的正确的分析和解释；③反映人民群众在工作、生活中的实际困难、要求、意见、建议，并希望运用新闻事业的力量促进问题的解决；④了解新的知识；⑤获得健康的娱乐。

这里产生了一个问题：我国的新闻事业承担着向群众宣传党的方针政策的任务，要教育群众、指导群众。那么，满足群众的需要和宣传有什么关系？和教育、指导有什么关系呢？对于资产阶级的新闻事业来说，在许多方面确实有不可调和的矛盾。而对我国的新闻事业来说，教育、指导群众和满足群众的需要是一致的。

全党办报、群众办报是我党在20世纪40年代提出的。毛泽东在《对晋绥日报编辑人员的谈话》中指出：“我们的报纸也要靠大家来办，靠全体人民群众来办，靠全党来办，而不能只靠少数人关起门来办。”这个论述是自马克思、恩格斯所创办的《新莱茵报》以来，对无产阶级新闻事业工作路线的高度概括，成为我党领导下新闻事业的优良传统。

全党办报、群众办报生动地反映出无产阶级新闻事业的性质，反映了它和人民群众的新型关系。资产阶级新闻事业是被极少数资本家所把持，新闻事业和人民群众的关系就是你编我读，你卖我买。无产阶级新闻事业是人民的事业，它和人民群众的关系是相互支持、相互帮助的关系，是新闻事业全心全意为人民群众服务的关系。因此，唯有无产阶级新闻事业才能实行全党办报、群众办报的工作路线。

三、新闻事业的战斗性

一家报纸、电台能否受到群众的欢迎，能否对社会有巨大的影响，这和新闻事业的战斗性强弱有直接的关系。

新闻事业的战斗性包括两个方面的内容：

（1）鲜明地、及时地提出社会大众所关心的问题、社会主义建设事业中急需解决的要害问题，从而催人猛醒，令人深思，或使人豁然开朗，引起社会的高度重视。

（2）尖锐地指陈时弊，揭露、批评妨碍“四化”建设、违背党的方针政策、损害党和人民的利益的各种不正之风和不法行为，从而扫除“四化”建设的障碍，顺利地开创社会主义建设事业的新局面。我国的新闻工作者根据中央有关文件的规定，在开展批评和自我批评、揭露社会阴暗面中，积累了不少好的经验。主要有：

①分清两类性质不同的矛盾。凡属人民内部矛盾的问题，坚持从团结的愿望出发，采取与人为善的态度，采用“团结—批评—团结”的方式，绝不能感情用事，只图痛快一时；也不能以幸灾乐祸、挖苦嘲笑的态度，来对待犯错误的同志；更不允许用新闻工具来泄私愤、报私仇。

②实事求是。在揭露、批评中，不但主要事实、关键情节要核对清楚，细节也必须查实，绝不能为了情节的生动有趣而添油加醋。实事求是还包括对发生错误的原因所作出的分析采取全面、客观的态度，绝不能无限上纲，乱扣帽子。

③适量、适时、适宜。揭露、批评的数量、时机、分寸要适当控制，不能一拥而上，使版面呈现一片火药味，给观众、听众造成一片黑暗的错觉。

④保护批评者的合法权利。为不愿公开自己姓名的投书者代为保密；批评者如受到打击迫害，新闻单位应给予支持并为之伸张正义。同时，保留被批评者的申诉权利。凡被批评者认为批评稿中的内容与事实不符，定性不准，要求更正

的，报纸、电台就要加以核实，给予答复。如果基本内容失实，报纸、电台应该公开赔礼道歉，做好善后工作，清除后遗症。

⑤自觉接受党委领导，积极争取各级党组织的支持和帮助。多年来的实践反复证明，没有党委的领导，没有各级党组织的支持、帮助，单靠新闻单位单枪匹马地去揭露、批评，不但不能收到良好的效果，反而会捅出乱子来。

⑥报纸、广播、电视要作批评和自我批评的模范。新闻工作面对复杂的现实社会，不可能不犯错误。新闻机构在大胆地批评社会上的不良现象的同时，对自身工作中的错误更应从严要求。

四、新闻事业的党性

1. 党的新闻事业必须服从党中央和上级党委的领导

自觉地遵守党的纲领，宣传党的路线、方针、政策和中央、上级党组织决议，不得刊登违背党纲、党章以及中央、上级党组织决议的文章，与任何违背中央制定的路线、方针和政策的现象作斗争。这是新闻事业党性中最核心的问题。从中国共产党成立起到现在，中共中央在党章、决议中，反复重申这一点。

2. 坚持政治倾向性和新闻真实性的统一

从一张党报来说，必须自觉地宣传党的政治主张，捍卫党的原则，对一些重大事件的报道，在每一个重大的是非问题上，一般都应该鲜明地表示党的立场、观点、态度，从而来引导群众。列宁曾经把党报上那些超党派的自由主义论调斥之为“没有党性的宣传”。党报必须强调其明确的政治倾向，强调思想性。一张党报如果没有明确的观点，没有思想，不能给群众以积极的鼓舞和指导，不能以其光辉的思想赢得人心，那就失去了存在的意义，它就不是党的宣传工具，就没有党性。

对于无产阶级来说，无产阶级的新闻事业越是客观地反映世界的本来面貌，越是深刻地揭示事物的客观规律，越符合无产阶级的利益，越能显示出无产阶级的立场。我们的新闻事业绝不允许用弄虚作假来表现自己“进步”的政治倾向。列宁说：“用善良的词句来掩饰不愉快的现实，对无产阶级的事业来说，对劳动群众的事业来说，是最有害最危险的事情。不管现实如何令人痛心，必须正视现实，不符合这一条件的政策是自取灭亡的政策。”我们可以说：凡违背新闻真实性的政治倾向，都不是无产阶级的政治倾向。我们无产阶级新闻事业的党性是政治性和新闻真实性的统一。

3. 坚持维护党的利益和人民利益的统一

无产阶级政党的事业既是党的宣传工具，又是人民的喉舌。对于无产阶级政党的新闻事业来说，宣传党的理论、纲领、方针、政策和反映人民的意愿、要求，维护党的利益和人民的利益、对党负责和对人民群众负责是一致的。而其他阶级政党的新闻事业尽管口头上可以说，但实际上无法做到。这一点又是无产阶级政党的新闻事业和其他阶级政党的新闻事业的重大区别之一。这是由政党的性质决定的。共产党人没有任何同整个无产阶级不同的利益，除了为民族、为人民谋利益，共产党本身无私利可图。党的新闻事业宣传党的理论、路线、方针、政策，正是维护了人民的利益，因为党的方针、政策集中体现了人民的利益。党的新闻事业反映人民的愿望、要求，同样坚持了党的立场，因为这一切正是正确地制定政策的出发点和执行政策的归宿点。正如 1947 年 1 月 11 日重庆《新华日报》的编辑部文章《检讨和勉励——读者意见总结》中所说："新华日报的最高度的党性，就是它应该最大限度地反映人民的生活和斗争，最大限度地反映人民的呼吸和感情，思想和行动。"这不仅是《新华日报》，对我们党的任何新闻事业都适用。无所畏惧地反映人民的愿望和要求，反映人民的生活和斗争，全心全意地为人民服务，正是我们党的新闻事业党性的具体体现。

§17. 中共中央关于新闻工作者必须坚持党性原则有哪些重要决定？

中共中央一贯认为，新闻工作者必须坚持党性原则。

1980 年 2 月 29 日，中国共产党十一届五中全会通过了《关于党内政治生活的若干准则》，其中规定："绝对不允许在报刊、广播的公开宣传中发表同中央的决定相反的言论；也不得在群众中散布与党的路线、方针、政策和决议相反的意见。"

1981 年 1 月 29 日，中共中央在《关于当前报刊新闻广播宣传方针的决定》中规定："报刊、新闻、广播、电视要认真进行关于坚持四项基本原则的宣传。对怀疑、诋毁四项基本原则的思想和言论，不能放任、容忍；更不允许利用党的宣传工具加以散布，而必须进行有力的批驳。要认真宣传坚持党的领导和改善党的领导。阐明解放思想、发扬民主同加强党的领导的关系。报刊、新闻、电视工作者必须坚持党性，增强党性。"《决定》还指出："报刊、新闻、广播、电视是党的舆论机关，要加强组织纪律性。必须无条件地同中央保持政治上的一致，不允许发表与中央路线、方针、政策相违背的言论。在报刊、新闻、广播、电视等党的舆论机关内部，同样要加强集中统一，不能各自为政。"

1987 年 1 月 28 日，中共中央在《关于当前反对资产阶级自由化若干问题的通知》中规定："党的新闻报刊、国家的广播电视和有关出版物，是党和人民的喉舌，必须在党的领导之下，无条件地宣传党和政府的路线、方针、政策。"

§18. 社会主义新闻工作党性原则的基本内容是什么？

党性，是阶级性的集中体现。新闻事业属于社会上层建筑意识形态范畴，在存在阶级的社会里，无论哪种新闻媒介，莫不具有阶级性，也莫不遵循某种党性原则。居于统治地位的阶级总是把新闻事业作为宣传本阶级的政治思想、路线、方针和政策的工具，直接为维护和巩固一定社会的经济基础和政治制度服务。资产阶级新闻事业为资产阶级的经济利益和政治统治服务，这就是它的党性原则，就是资产阶级阶级意志的集中表现。社会主义新闻事业的党性是无产阶级阶级性的集中表现，它要求在新闻工作中体现无产阶级的思想意志、政治要求、组织原则和行为准则，表现了与资产阶级新闻事业截然不同的本质属性。

江泽民同志指出："我们的新闻工作是党的整个事业的一个重要组成部分。因此不言而喻，必须坚持党性原则。"无产阶级党性原则是社会主义新闻事业的灵魂。只有牢牢抓住党性原则不放松，社会主义新闻事业才能保持正确的发展方向，不断从胜利走向新的胜利。

社会主义新闻工作的党性原则，指无产阶级政党和社会主义国家对新闻工作的地位、性质、任务、作用等总的看法和纲领性的意见。社会主义新闻工作的党性原则认为，新闻工作是党领导的整个社会主义革命和建设工作的重要组成部分，它在党的领导下，围绕为人民服务、为社会主义服务这一根本宗旨，报道新闻、传播信息、反映舆论、进行社会教育、提供文化娱乐，发挥着宣传工具和舆论机关的作用，是党和人民的耳目喉舌。具体地说，社会主义新闻工作的党性原则包含以下三个方面的基本内容：

第一，在思想上坚持马列主义、毛泽东思想、邓小平理论和"三个代表"重要思想，坚持辩证唯物主义和历史唯物主义的世界观和方法论，坚持实事求是。

马列主义、毛泽东思想作为我国革命和建设指导思想的理论基础，不仅写进了党章，而且载入了宪法序言。以马克思主义的思想体系作为社会主义新闻事业的指导思想，运用马列主义、毛泽东思想、邓小平理论和"三个代表"的立场、观点、方法来认识和反映客观世界，处理新闻工作中的各种关系，包括新闻事业同客观实际的关系、新闻事业同人民群众的关系、新闻事业同党和政府的关系，是社会主义新闻党性最核心的要求，是社会主义新闻工作最根本的原则。

辩证唯物主义和历史唯物主义是科学的世界观和方法论。新闻实践贯彻这一科学的世界观和方法论，新闻工作就能实事求是，讲真话，传播真理。邓小平同志指出，实事求是作为毛泽东思想的出发点和根本点，“是无产阶级世界观的基础，是马克思主义的思想基础。过去我们搞革命所取得的一切胜利，是靠实事求是；现在我们要实现四个现代化，同样要靠实事求是”。实事求是的思想原则，理应成为社会主义新闻工作党性原则的有机组成部分。

第二，在政治上同中央保持一致，坚持四项基本原则，全心全意为人民服务。

“新闻作为宣传、教育、动员人民群众的一种舆论形式，总是直接或间接地反映我们党和国家的政治立场、政治主张和政治观点，这种地位和作用是其他形式所无法取代的。”中国共产党作为我国社会主义事业的核心领导力量，它要带领全体人民实现自己的奋斗目标，就必然将社会主义新闻事业置于自己的领导之下，必然要求新闻工作同党中央保持高度一致。中国共产党的全部历史证明，保证思想上、政治上的高度一致，是夺取革命和建设胜利的根本条件。所以，江泽民同志在视察人民日报社时强调指出：“旗帜鲜明地坚持党性原则，坚持以邓小平建设有中国特色的社会主义理论和党的基本路线为指导，不管在什么时候、什么情况下，都要在思想上政策上同党中央保持高度一致。”新闻工作只有在政治上同中央保持一致，才能充分发挥它的作用，准确地宣传体现人民根本利益的党的路线、方针、政策和主张，全心全意为人民服务。四项基本原则是党在新的历史时期的重要政治原则，是立国之本。社会主义新闻工作的建设和发展当然必须坚持四项基本原则，这是社会主义新闻工作党性原则的内在要求。如果违背四项基本原则，它就会改变自己的本来面目，就会丧失无产阶级的党性，就不能旗帜鲜明地反对包括资产阶级自由化在内的错误的社会思潮。

第三，在组织上坚持和服从党的领导，贯彻民主集中制，遵守党的纪律。

社会主义新闻工作，是党领导的社会主义事业的重要组成部分，它通过报道新闻来为人民服务，为社会主义服务。作为党、政府和人民的耳目喉舌，它既要宣传党的路线、方针、政策和决议，教育和引导群众认识真理，团结起来，推动社会主义前进，又要反映群众意见，发扬社会主义民主，监督和帮助党和政府的工作。这两项基本任务，都只有在党的领导下才能落到实处，才能有效实现。

1981 年《中共中央关于当前报刊新闻广播宣传方针的决定》明确指出：“必须接受和服从党的领导。凡是涉及党的路线、方针、政策以及重大政治性的理论问题，对外必须统一于党中央的决定和口径，与党的步调一致，不得各行其是。对党的路线、方针、政策和党委的决定如有不同意见，可以向上级党委直至中央提出，有的也可以在党内刊物上探讨。但是在上级没有改变有关决定前不得公开发表，更不能另搞一套，宣传同党的基本主张相反的意见。”这个决定充分体现了党的民主集中制的组织原则，是党的宣传纪律。新闻机构和新闻工作者要克服组织涣散、纪律松弛、有令不行、有禁不止的现象，就必须贯彻执行民主集中制原则，遵守党的组织纪律和宣传纪律。

§19. 社会主义新闻工作党性原则对新闻实践的要求是什么？

社会主义新闻事业不但包括属于党和国家的报刊、广播电台、电视台和通讯社，还包括属于各民主党派、人民团体和企业事业单位的报纸杂志。所有这些新闻工具都必须接受党的领导，在工作实践中坚持和贯彻社会主义新闻工作的党性原则。社会主义新闻工作党性原则对新闻实践的要求是：

一、以马克思主义作为新闻宣传的根本指针

马克思主义是党的指导思想，也是党领导的新闻事业的指导思想。在我们的新闻宣传实践中，能否真正坚持以马克思主义为指针，是衡量我们的新闻工作党性强弱的重要标准。坚持马克思主义的指导方针，具体到新闻工作的实践中，就要从以下几方面着手：

（1）密切结合实际，完整地、准确地、生动地宣传马列主义、毛泽东思想、邓小平理论和“三个代表”重要思想的基本观点，力求理论联系实际，深入浅出，明白晓畅。

（2）用马克思主义的立场、观点和方法对现实生活中新近发生的各种新闻事实进行正确的分析、解释、报道和评论，使人们受到辩证唯物主义世界观的教育和社会主义、共产主义思想的教育。

（3）坚持真理，敢于并且勇于同各种错误的思想行为进行斗争。马克思主义要求社会主义新闻工作具有高度的政治坚定性和鲜明的战斗风格，在原则问题上明确是非，“对于那些攻击马列主义、毛泽东思想基本观点的谬论，要进行有充分论据、确实能够说服群众的批判”。社会主义新闻事业把马克思主义作为自己的指导思想，就应该坚定地捍卫和宣传马克思主义，坚定地贯彻和执行马克思主义。没有坚定的捍卫和宣传，就没有坚定的贯彻和执行；而没有坚定的贯彻和

执行，捍卫和宣传马克思主义也只是一句空话。

二、积极、正确、全面、生动地宣传党的纲领路线和方针政策

政策和策略是党的生命，党的领导的重要方式之一是正确制定和宣传贯彻自己的纲领路线和方针政策。作为党的喉舌，新闻工作要积极、正确、全面、生动地宣传党的纲领路线和方针政策，统一全党和全国人民的思想，使党的政策化为亿万群众的自觉行动。这是社会主义新闻工作党性原则对新闻工作的要求，在新闻工作实践中贯彻这一要求就要做到：

（1）立场坚定，旗帜鲜明。新闻单位在宣传党的方针政策时必须同中央的口径完全一致。宣传的内容应当正确地体现中央方针政策的精神和原则。同时对那些怀疑、曲解党的路线和政策的言论，要耐心细致地解释说理，进行引导和教育；对那些公开抵制和反对党的路线与政策的言行，要进行揭露和批判。这样就能积极地而不是消极地、主动地而不是被动地宣传党的政策。

（2）明确由来，把握实质。政策是马克思主义理论与具体实践的结合，是党在一定时期内指导群众的实际行动的指南。新闻工作正确宣传党的政策，就要从理论和实践的结合上解释清楚党制定政策的由来和依据，把握党的路线和政策的精神实质，做到深知深解而不是一知半解，准确无误而不是歪曲走样，符合实际而不是主观臆断。这样才能让纲领路线、方针政策深入人心，转化为人民群众的自觉行动。

（3）坚持辩证法，防止片面性。党的政策生动地、具体地体现了唯物辩证法。要求新闻工作对它的宣传也必须体现辩证法的精神。这就是用全面的观点、联系的观点和发展的观点去看问题，避免观察认识事物的主观性、片面性、表面性和绝对化。这样就能使新闻报道符合客观实际，做到全面地宣传党的政策。

（4）内容生动，形式灵活。党的政策是代表人民利益的，但是要使党的政策真正为群众所接受，成为群众自觉的行动，就必须在宣传中做到生动活泼。新闻工作主要是通过对事实的报道和评论来体现一定的政策思想的，不能设想把报纸办成单纯公布政策法令的公告牌，政策宣传也不能看做是对其条文的简单重复、注释和引申。新闻工作者必须深入到群众中去，用大量的、反映群众实践的生动事实，根据读者、听众、观众的不同情况，采取合适的形式，多层次、多侧面地把党的政策贯彻到群众中去。

三、接受党的领导，遵守党的组织原则和宣传工作纪律

在思想上、政治上、组织上全面接受党的领导，是新闻工作任何时候都不能

动摇的一项基本原则。社会主义新闻事业是党领导的事业的一部分，必须服从党的统一领导，不允许同党闹独立。为了保证实现党对新闻工作的领导，新闻工作者必须遵守宣传工作的组织纪律和工作制度。

（1）全党服从中央。党的领导首先是党中央的领导，是中央的路线、方针和政策的领导。报纸、广播、电视要首先宣传中央的决定、决议和指示，确保政令畅通；要以中央制定的路线、方针和政策作为宣传报道的准则，不得发表与中央政策相抵触的报道和言论；在全国和国际性问题及有关场合中，除中央授权外，不得抢先在中央之前发表意见；无论在什么情况下绝对不允许散布损害党和中央威信的思想和言论。这些都是党的新闻工作的纪律，无论是新闻单位还是新闻工作者个人，都不得违反。

（2）严格执行请示报告制度。这是党的新闻工作的优良传统。在革命战争年代，党建立了请示报告制度，并把这一制度实施于党务、政务和军务中，对于协调上下级关系、增强组织纪律性起到了重要作用。历史证明它是一项行之有效的制度。在改革开放和社会主义现代化建设的新的历史时期，特别是在社会主义市场经济体制逐步建立中，客观实际发展、变化快，情况又很复杂，更要坚持请示报告制度，经常、及时地向党委汇报宣传情况和存在的问题，取得党委的指导和监督。这是新闻事业保持正确政治方向的重要组织保证。

（3）坚持重要稿件的送审制度。报社、电台、电视台一个时期的宣传报道计划，阐述涉及全局性的重要问题的稿件如社论和重要的新闻评论、重大的典型报道和揭露性批评报道。凡是有可能造成很大影响而自己把握不准的，应按规定送党委或政府有关部门审查或征询意见。

（4）坚持向党政机关反映情况的制度。新闻工作是党和政府的耳目喉舌，是党和政府掌握新情况、发现新问题的重要渠道。新闻工作者同人民有着经常的、广泛的联系，对党的政策在群众中贯彻执行的情况最了解，有责任也有条件经常向上级党委和政府反映群众对党和政府工作的意见，反映社会主义现代化建设进程中的新事物、新经验，反映人民的意志、意愿和要求。这样才能充分发挥密切党、政府与群众联系的桥梁作用，以及作为党和政府及时洞悉舆情、把握社会脉搏的“耳目”作用。

§ 20. 我国新闻工作怎样坚持正确的舆论导向？

坚持和实现正确的舆论导向，不仅仅是单纯的业务技巧问题，而且是一项带有根本性的政治任务。新闻界应始终把坚持正确的舆论导向放在新闻工作头等重要的位置。

怎样坚持正确的舆论导向？江泽民同志在他一系列有关新闻工作的讲话中作过精辟论述。其要点有：①“必须讲政治，必须具有良好的政治素质，具有很强的政治鉴别力和政治敏锐性，必须树立高度的政治责任感，每个同志都要自觉地在思想上、政治上与党中央保持一致，在任何复杂多变的形势面前，都要保持清醒的头脑”。“这是坚持正确的办报方向，始终保持正确的舆论导向的关键所在”。②“积极宣传党的理论路线、方针政策。”各级各类新闻媒体都要自觉地以马列主义、毛泽东思想、邓小平理论作为自己的指导思想，并结合实际满腔热情地进行宣传。要坚持党的基本路线，坚持四项基本原则，坚持以经济建设为中心，坚持改革开放。在《人民日报》欢庆五十华诞时，江泽民同志作了这样的题词：“坚持正确舆论导向，积极宣传党的理论路线、方针政策，发挥全国报纸排头兵作用。”③“高标准地搞好新闻队伍建设。”江泽民同志说：“为了更好地担负起以正确的舆论引导人的任务，新闻工作者，特别是共产党员和领导干部，必须努力提高自己的思想政治素质和业务素质。”④“要讲求宣传艺术。”江泽民同志多次强调，坚持党性原则，以正确的舆论引导人，“绝不是机械地简单地重复一些政治口号”，“要讲求宣传艺术，提高引导水平，努力使自己的宣传报道更加贴近生活、贴近读者，使广大读者喜闻乐见”。这对于发挥广大新闻工作者的积极性、主动性和创造性，有效地增强“以正确的舆论引导人”的效果，是很有实际指导意义的。

按照江泽民同志讲话精神，新闻界在当前我国新闻实践中，坚持和实现正确的舆论导向，就要从以下几个方面去努力：

（1）高举邓小平理论和“三个代表”重要思想的光辉旗帜，牢牢把握党的基本路线、方针和政策。理论坚定是政治坚定的基础。邓小平理论和“三个代表”重要思想是马克思列宁主义基本原理与当代中国实际和时代特征相结合的产物，是毛泽东思想的继承和发展，是当代中国的马克思主义，是中国共产党的指导思想，是中华民族的精神支柱，也是我们做好新闻工作、经受各种考验的主心骨。有了这个主心骨，我们就能正确认识和处理各种复杂问题，牢牢把握正确的舆论导向。新闻宣传工作要紧紧围绕经济建设这个中心，坚持两个基本点，服从和服务于全党全国工作的大局，这是我们要牢牢把握、严格遵循的重要指导思想和基本原则。坚持这个基本原则，遵循这个指导思想，新闻宣传工作才能保持正确方向，发挥应有的作用。

（2）紧密团结在以胡锦涛同志为总书记的党中央周围，在思想上、政治上、行动上与党中央保持高度一致。自觉遵守这条政治纪律，新闻宣传工作就有坚强正确的领导，就能确保正确的舆论导向。

（3）充分认识自己肩负的崇高使命和社会责任，增强政治意识、大局意识、责任意识，以高度的责任感和使命感，做好新闻宣传工作。要按照江泽民同志提出的要求，全面提高自身素质。新闻工作者只有具有良好的政治素质，具有很强的业务能力和过硬的思想作风，才能在任何复杂多变的形势面前，坚持正确的方向，肩负起党和人民交给的光荣使命。这是坚持正确舆论导向的关键所在。

（4）全面理解舆论导向的多层次性，确保每一层次的导向都正确。舆论导向的第一个层次是政治导向。这个层次要求我们准确地宣传党的路线、方针、政策，正确处理一些敏感的问题或者热点、难点、疑点问题。正确区分法律和政治所反对、允许和提倡三者之间的界限。第二个层次是理论导向。从理论研究的角度讲，我们主张百家争鸣，可以提出不同的看法、意见，这叫做“理论研究无禁区”。但是，“宣传报道有纪律”，新闻工作不能与中央的决策唱反调，也不能违背党的基本理论、基本路线和基本纲领。舆论导向的第三个层次是人生观、世界观、价值观的导向，包括在思想、消费、生活等方面。第四个层次是风尚、习俗的导向。第五个层次是知识、行为的导向。这五个层次在某种情况下会发生相互转化。比如理论导向问题就很容易转化为政治导向问题。因此，坚持和实现正确的舆论导向，需要认真对待每一个层次的导向。

（5）认真研究舆论导向错误的原因，对容易出现失误的地方给予特别关注。我们新闻媒体出现舆论导向上的错误，除去极个别的别有用心者有意错误地引导舆论外，大多是囿于政治、思想认识上或理论素养上的不足。所以，新闻界在坚持和实现正确舆论导向的过程中，对以下八种情况应给予特别关注：第一，对基本理论、基本路线、基本方针似懂非懂的时候；第二，对全局情况了解若明若暗、看不太清、吃不太准的时候；第三，当国际国内形势出现错综复杂局面的时候；第四，对某些新闻的背景不清楚、不甚了了的时候；第五，在记者、编辑感情冲动、以感情代替思考的时候；第六，在流言飞语、众说纷纭，特别是小道消息盛行的时候；第七，自以为是、不遵守宣传纪律的时候；第八，对中央关于某件事的决策、态度不太了解的时候。

除以上八种情况外，新闻媒体在采访、编辑、审稿、编排时还需要注意“十个慎重”：第一，对与党的重大方针政策不相一致的新提法要慎重；第二，对政治、经济、历史问题上涉外的报道要慎重；第三，对国内特别是本地区重大突发事件的报道要慎重；第四，对有争议的热点人物和未结案的官司报道要慎重；第五，对少数民族地区的热点人物、热点事件的报道要慎重；第六，对地震、洪水、旱灾等灾害性的报道要慎重；第七，对宗教界的人和事的报道要慎重；第八，对科技发明，尤其是所谓的“世界第一”、“世界领先”的报道要慎重；第九，对“文革”中某些人物和1989年春夏之交政治风波中所谓“精英”等的报道要慎重；第十，对涉及国与国、领土纠纷、民族矛盾、宗教冲突的报道要慎重。

（6）提高舆论引导水平。提高新闻工作的舆论引导水平，可以从以下八个方面入手：第一，运用新闻手段，以雄辩的事实为正确舆论提供强有力的依据；第二，总揽全局，针对舆情，及时发表评论，为社会舆论树旗定向；第三，弘扬主旋律，大力宣传先进典型，为社会舆论导向；第四，积极开展新闻批评，扶持正气，鞭笞邪恶，形成社会舆论的健康主流；第五，把握好新闻宣传的度，防止“刮风”和大起大落，保持舆论的常态；第六，善于处理热点问题，主动化解社会矛盾；第七，贴近实际，贴近生活，贴近群众，出精品，创名牌，增强宣传报道的吸引力；第八，各级各类传媒相互配合，协同作战，形成新闻舆论的整体优势。

§21. 什么是新闻宣传必须掌握的“一二三四五六七八九十”？

“一”，包括一个根本指针：建设有中国特色社会主义理论；一个中心工作：经济建设为全党的中心工作；一个重要思想：在新闻工作中，要贯彻政治家办报的思想。

“二”，包括两个基本点：坚持改革开放，坚持四项基本原则；两手抓的方针：一手抓物质文明建设，一手抓精神文明建设；两个满意的要求：中央满意，群众满意；两个重点工作：坚持正确导向，提高引导水平。

“三”，包括三个服务的方向：为人民服务，为社会主义服务，为全党全国工作的大局服务；坚持三个“基本”：坚持基本理论、基本路线、基本方针；坚持三个讲：讲学习，讲政治，讲正气。

“四”，即四项主要任务：以科学的理论武装人，以正确的舆论引导人，以高尚的精神塑造人，以优秀的作品鼓舞人。

“五”，即五个“有利于”的标准：新闻舆论要有利于改革开放，建设社会主义市场经济体制，发展社会生产力；有利于加强社会主义精神文明建设和民主法制建设；有利于鼓舞和激励人们为国家富强、人民幸福和社会进步而艰苦创业、开拓创新；有利于人们分清是非，坚持真善美、抵制假恶丑；有利于国家统一、民族团结、人民心情舒畅、社会政治稳定。

“六”，即双六字方针：团结、稳定、鼓劲，正面宣传为主。

“七”，即双七字号召：学习、学习、再学习，深入、深入、再深入。

“八”，即八种意识：政治意识、大局意识、责任意识、把关意识、精品意识、服务意识、时效意识、改革意识。

“九”，即九条要求：把握导向，提高质量，多出精品，加强管理，建设队伍；政治强、业务精、作风正、纪律严。前五条是对新闻单位提出的要求，后四条是对新闻工作者的要求。

“十”，即“十要十不要”：要坚持党性原则，自觉遵守党和国家的政策、制度、法律、法规，不要有令不行，有禁不止；要清正廉洁，勤政为民，不要滥用权力，以权谋私；要坚持唯物辩证法，把握好度，不要搞形而上学、片面性、绝对化；要认真学习，勤于思考，善于总结经验，不要埋头事务，忙于应酬，日计有余，岁计不足；要唱响主旋律，不要搞噪音；要讲真话，不要弄虚作假；要注重社会效益，不要见利忘义；要内外有别，不要随心所欲；要帮忙，不要添乱；要务求实效，不要搞形式主义。

§22. “喉舌论”在我国新闻传播事业中的地位和作用是什么？

1989年开始，新闻界进行了长达三年的反思，坚持新闻事业的党性，把握正确的舆论导向成为新闻界的共识。新闻的改革暂时让位于思想政治工作的加强。宣传四项基本原则、反对资产阶级自由化成为新闻媒介的主旋律。但“左”倾思想有所抬头，在一定程度上禁锢了人们的思想，减缓了改革的步伐。1992年邓小平同志发表南方谈话，强调中国要警惕右，但主要是要防止“左”。邓小平南方谈话给新闻界带来了活力，使其在坚持党性和正确舆论导向的同时出现了生动活泼的局面。

在1995年的全国宣传部长会议上，江泽民同志提出了要“以科学的理论武装人、以正确的舆论引导人、以高尚的精神塑造人，以优秀的作品鼓舞人”，这成为新闻界宣传报道的方向，成为衡量新闻宣传好坏的重要标准。1996年1月2日，江泽民视察解放军报社，在接见师以上领导干部时发表重要讲话，要求新闻工作者要充分认识肩负的重大责任，发扬好传统、好作风，完成好党和人民赋予的光荣使命。同年9月26日，江泽民视察人民日报社，发表重要讲话，强调“舆论导向正确，是党和人民之福；舆论导向错误，是党和人民之祸。党的新闻

一名人民记者的资格。

2. 服务群众

要“服务群众”，就要树立明确的群众意识和群众观点，坚持一切为了群众，真诚服务群众，自觉地维护人民群众的利益。

新闻媒体要及时向人民群众提供全方位的新闻与信息服务，满足人民群众各方面的信息需要。另外，要充分表达人民群众的愿望和要求，关心与体谅人民群众的困难和疾苦，当好人民群众的耳目喉舌。当人民群众的利益受到损害的时候，新闻工作者要敢于挺身而出，为人民群众撑腰、鼓劲，伸张正义。同时，要全面反映人民群众的劳动生活，讴歌人民群众的创造业绩，报道他们在党的领导下创造生机勃勃的有中国特色的社会主义历史的实践活动。要将人民群众作为新闻报道的主体，把镜头对准群众，把版面和荧屏留给群众，要将人民群众在生产劳动和工作实践中的新发明、新创造、新成绩、新经验、新思想、新风尚及时反映出来，将他们在日常生活中的喜、怒、哀、乐真实表达出来，让他们的形象和声音充满报刊、广播和电视，使他们真正成为新闻的主角。

3. 依靠群众

要“依靠群众”，就是要坚持新闻工作的群众路线，坚持依靠群众的支持和帮助做好新闻工作，同时在争取群众支持的过程中进一步密切同群众的联系。新闻媒体要做好群众来信来访、发表读者（听众、观众）来信来稿、建立健全通讯员队伍和群众监督机制等方面的工作。

§24. 新闻与宣传的区别在哪里？

新闻是新近发生的事实的报道，它的基本职能是告知人们所需要的信息。宣传是运用各种有意义的符号传播一定的观念，以影响人们的思想，引导人们的行动的一种社会行为，它的基本职能是传播一种观念（理论、方针、政策、伦理道德、立场态度）。新闻传播信息，宣传传播观念，这是两者最基本的区别，由此引起其他一系列区别。

一、出发点不同

宣传的出发点是出于宣传者自身的需要。他们把一定的观念传播出去，让受众了解、理解、接受，从而争取受众的信任和支持。而新闻的出发点是出于受众的需要。因为信息是消除人们认知上的不确定性，是人们一切行动决策的前提。

充分的信息是人类社会有理智地生活的必备条件。人们为了求得生存、求得发展，必须千方百计地追逐信息，甚至不惜花费巨大的人力、物力、财力去获取信息。因此，宣传活动是宣传者出于自身的生存、发展的需要去追逐受众；新闻活动却是受众出于自身的生存、发展需要而追逐信息。宣传追逐受众，受众追逐信息。这就是为什么宣传者自己花钱、花精力从事宣传，而受众自己花钱、花精力、花时间打听新闻的原因。

二、归宿点不同

宣传者传播一定的观念，其最终目的是要人们理解它、接受它、支持它。宣传者在宣传之前，有自己的主观意图，通过宣传，力图影响人们的思想，让受众自觉自愿地按照宣传的意图去行动。“美国之音”一年投资几亿美金，绝非一无所获，那是为了让全世界对美国产生好感。而新闻发布者（如果他们没有宣传意图的话）发布新闻，除了以新闻谋利外，对新闻本身没有自己的主观意图，任凭新闻接受者自己去分析、判断，作出决策。

三、传播的方式不同

信息是消除人们随机不确定性的东西。对受众来说，信息总包含着原先人们不知道的东西：新的事实、新的问题、新的情况、新的思想、新的知识等。因此，一条信息的传播从来是一次性的，第二次、第三次都成了“明日黄花”，它们可以证实第一次传播的可靠性，但已不是信息。在一张报纸上，绝不可能重复刊登内容一样的一条消息。但宣传却常常需要重复，无论是意识形态还是商品广告，为了加深人们的印象，利于人们了解和理解，往往用同一形式或不同形式向人们重复地宣传一种观念。

四、传播的要求不同

信息沟通要求定量的准确，具体要求是：

（1）真实。不允许有任何夸大或缩减，当然更不允许凭空捏造。虚伪的信息必然导致错误的决策。

（2）全面。构成一个信息的各种要素必须齐备，一个决策所需要的信息必须周全。片面的信息使人们或者无法决策，或者得出片面的结论，从而导致错误的决策。

（3）客观。信息的传播者在传播信息时不能以个人的好恶来取舍信息，只能尽可能地按事物的本来面貌来叙述。

（4）公正。不管是多数人的意见还是少数人的意见，是赞成还是反对，是令人喜悦还是令人沮丧，都要如实传播。

（5）及时。信息以时间为生命，同样内容的信息，如果迅速及时，可能一字千金，一旦延误，人们来不及采取对策，那只能成为一堆垃圾。

（6）准确。一是一，二是二，“可能”、“大概”等是信息沟通忌讳的字眼，“基本上”、“多数”、“少数”也要尽可能少用。最准确的语言是数学语言，在信息沟通中，一切凡是可以用数学语言来表达的都要用数学语言，而不是模糊的语言。

而宣传要求定性的准确，即观点和材料的统一。观点要求正确、鲜明，材料要求真实、典型，能够恰到好处地说明观点的正确。在宣传上，凡是能够证实观点的所有材料，只要是真实的、典型的都可以用，不管是新近的还是历史的，是新鲜的还是人们所熟知的，是国内的还是国外的。

尽管新闻与宣传从定义、特点和职能出发均有着原则性的区别，但在实际生活中，特别是在实际的新闻工作中，两者之间的关系又错综复杂，出现一定的特殊的复合现象。即媒介的所有者（包括私人、集团、阶级、政党）或新闻工作者自身出于某种目的，自觉或不自觉地利用新闻报道宣传一定的思想、观念，表达自己对新闻事实的理解和评价。必须强调的是：当人们把新闻与宣传结合在一起或者利用新闻做宣传时，一定要尊重新闻传播信息的基本要求，不能把新闻当做宣传品——只有宣传味，没有新闻味。

§25. 新闻事业的社会控制有哪些方面？

新闻事业的社会控制，是指社会上的利益集团、思想观点、文化传统等对新闻事业所施加的影响，目的在于约束和限制新闻传播活动，最终使传播内容更符合施控者的利益。控制了新闻事业也就控制了新闻自由。任何社会制度，只要存在着新闻自由，对新闻事业的社会控制就是必然的。新闻事业的社会控制作为一种社会现象，自有新闻事业以来就开始存在。

在现代社会，统治阶级及其政党对新闻事业的控制采取的是宏观控制方式，它并不直接参与新闻媒介的具体传播活动，而是通过立法和制定法规的方式决定新闻事业的所有制形式、数量规模和权利义务等，通过政策、纪律决定编辑部的工作方针、宣传口径，以期最终体现自己的意志。

为新闻自由划定一个统治阶级认可的范围，在此范围内新闻媒介享有应得的自由，这就是统治阶级对新闻自由的宏观控制。新闻媒介能否存在，是以能否服从统治阶级的宏观控制为前提的，是以承担某种义务和责任作为条件的。统治阶级对新闻事业的宏观控制是绝对的、无所不在的。美国学者在《大众传播学绪论》一书中承认，大众传播媒介实际上是一个在政府、财政支持人和宣传者之间寻求某种平衡的角色。为了保证自己的生存与发展，新闻媒介不能得罪任何一方。在这种三角形的压力圈中，连号称拥有至高无上“自由权”的美国新闻媒介也只能充当一个小媳妇的角色。

统治阶级对新闻事业的宏观控制一般采取以下手段：

一、法律的控制

以国家权力作后盾，采取立法的方式对各种新闻传播活动进行保护或限制，最直接的法规有《新闻法》、《出版法》、《著作权法》等，以及其他法律中的适用条款。在我国的相关法律中，对新闻传播活动的限制主要集中在下列问题上：

（1）维护国家安全，维护社会主义制度，维护国家统一，维护民族团结。这是安邦定国之本，也是全国各族人民的共同心愿，新闻工作者应当自觉地遵守和维护国家的利益、人民的利益。

（2）报道内容要真实，严禁利用新闻媒介诽谤他人。我国宪法规定：中华人民共和国公民的人格尊严不受侵犯。禁止用任何方法对公民进行侮辱、诽谤、诬告、陷害。新闻媒介和新闻工作者都应率先垂范，自觉地维护公民的尊严。

（3）不得侵犯他人的隐私权。凡是与个人生活有关而又不愿公开的东西一般均属于个人隐私，新闻媒介和新闻工作者应当尊重公民的隐私权。

（4）严禁传播淫秽下流、污染精神的内容。新闻事业的一切报道都是面向社会、面向大众的，媒介对受众的影响力是很大的，因此，要特别反对为了追求经济效益而有意识地传播淫秽内容的行为。我国政府多年来致力于“扫黄打非”，成绩显著，这是全世界公认的。在改革开放的新形势下，新闻媒介要努力保证传播环境的净化，把社会主义精神文明建设落到实处。

二、政策和纪律的控制

政府或政党通过制定新闻政策和宣传纪律控制新闻传播，重点放在法律力量无法达到的方面。政策和纪律不像法律那样要经过严格的法定程序、较长的立法时间，针对新闻实践的情况，政策可以较灵活地、及时地制定、修改或废除，发挥其相应的控制作用。

由于我国还没有制定新闻法，因此，新闻政策和新闻纪律是对新闻事业实施控制的主要方式。有些政策经过实践检验成熟以后，已纳入法律的范围，并对新闻工作的正常运行发挥了积极作用。

三、新闻来源的控制

新闻事业的专业化分工形成以后，新闻传播者和新闻信息的提供者之间有了明确的界限，于是出现了专为各种新闻媒介提供信息的通讯社、专稿社等专门机构。这样无形中使新闻来源趋于单一，而这些通讯社又大多处于特定阶级、政党和利益集团的控制之下，从而使宣传基调和宣传口径得以统一。

§26. 中国新闻事业的基本性质和特点是什么？

中国的新闻媒介除少数由各民主党派所办的报纸外，绝大多数是由共产党领导的。这样，中国新闻事业的基本性质是：新闻事业既是党和政府的喉舌，也是人民的耳目喉舌。

这一基本特性决定了我国新闻事业的宗旨、格局、宏观管理模式和运行模式，形成了具有中国特色的社会主义新闻体系。

（1）中国新闻事业的最高宗旨是：在党的基本路线指导下，始终把社会效益放在第一位，全心全意服务于人民群众，促进现代化建设。

（2）自觉地接受共产党领导，无条件地宣传党的方针政策、国家的法律法令。

（3）新闻事业实行“全党办报、群众办报”的工作路线。新闻媒介要努力宣传党、国家的方针政策、法律法令，满足群众的需要；同时，党组织和人民群众支持新闻媒介。

（4）新闻事业是以党报为核心的多品种、多层次媒介并存的格局。党报对宣传党的方针政策、国家法律法令以及传播信息具有举足轻重的影响。

（5）新闻事业属于国有资产，是全民所有。至少到目前为止，中国还没有私营的新闻媒介和集体股份制的新闻媒介。

（6）新闻事业基本上实行“事业性质，企业管理”的运行方式。在宣传报道上严格按党性原则进行，而在经营上，各新闻媒介是独立法人，自主经营，自负盈亏，依法纳税。

党的新闻事业基本性质早在党的第一份机关报《向导》周刊正式出版时就

确定下来了；在1942年延安整风期间则形成目前新闻体制的理论基础和雏形；经过新中国成立以后的实践，尤其是1978年党的十一届三中全会以后的改革开放，才基本确立了具有中国特色的社会主义的新闻体制。

§27. 近年来中央领导在影视创作座谈会上有什么主要讲话精神？

2010年11月26日，中宣部、广电总局在京召开影视创作座谈会，中共中央政治局委员、中央书记处书记、中宣部部长刘云山出席会议并发表《坚持思想性艺术性观赏性有机统一　创作更多深受群众喜爱的影视精品》的讲话。他指出，影视事业面临着难得的发展机遇，承载着重大的历史责任。要认真学习领会胡锦涛总书记在中央政治局第二十二次集体学习时的讲话精神，充分认识影视艺术的重要作用，以邓小平理论和“三个代表”重要思想为指导，深入贯彻落实科学发展观，坚持“二为”方向和“双百”方针，树立正确的价值观、历史观、艺术观，以满足群众需求为目标，以提高艺术质量为重点，以改革创新为动力，创作生产更多富有时代气息、充满艺术魅力的影视精品，谱写中国影视艺术事业的新篇章。

一、用正确的价值观展现思想力量

艺术只有贯注了思想、蕴涵了精神，才具有真正的价值和意义。一部影视作品，如果没有思想、散失了精神，再华丽的场面、再新颖的形式、再娴熟的技巧，也很难给人留下长久的回味和深刻的印记。如果只是沉溺于表层的视觉感受，不但不能带来思想的营养，反而会造成精神的贫瘠。我们的影视创作一定要坚守价值追求，提升思想高度，自觉传播先进文化，使作品真正成为民族精神的火炬，成为人民奋进的号角。

价值立场从根本上决定着作品的思想穿透力和影响力，决定着作品的品格和境界。社会主义核心价值体系是社会主义意识形态的本质体现，汲取了人类思想精华，适应了时代发展要求，集中反映着当代中国人民的价值理想和精神向往。生动体现、积极弘扬这一价值体系，是我国影视创作的必然要求，理应成为艺术家的自觉追求。面对各种思想文化的相互激荡，面对活跃多变的社会现象，我们的影视工作者一定要确立正确的价值坐标，以社会主义核心价值体系引领创作，把正确的理论指导同崇高的艺术追求有机统一起来，用高质量高品位的优秀作品生动形象地表现和传播核心价值体系，高扬爱国主义旗帜，弘扬共同理想，礼赞高尚情操，展现民族精神和时代精神，自觉做社会主义核心价值体系的传播者、弘扬者、实践者。

真、善、美是艺术的永恒主题，是影视作品展现社会主义核心价值体系的基本着力点。优秀的影视作品应当充满对人类的博大关爱、对美好情感的热情赞颂、对幸福生活的执著追求，发挥塑造美好心灵、培养道德情操、引领社会风尚的重要作用。我们的影视创作，一定要严肃认真地考虑作品的价值导向和社会效果，始终把社会效益放在首位，提倡文以载道、以文化人，强调寓教于乐、寓美于乐，讲品位、讲格调，弃粗鄙、弃恶搞，抵制低俗。要以培育高尚道德、倡导文明风尚为己任，着力展现大情大义、传递温暖温馨，让最美好的道德与情感成为人们的精神营养，给社会以正义、给人们以力量、给生活以希望。

二、用科学的历史观反映社会本质

影视创作是以艺术、审美的方式反映历史进程、描绘社会变迁。唯物史观深刻揭示了人类社会发展规律，是马克思主义文艺观的理论基石，是对历史和现实进行审美反映的思想武器。要保持影视创作的正确方向、促进影视事业的繁荣发展，必须用这一科学的历史观指导我们的创作。

历史现象纷繁复杂，正确反映历史、艺术再现历史关键是要从整体上、从联系中把握本质、表现主流。任何社会都是在矛盾运动中发展的，我们的影视创作需要揭示社会矛盾、需要进行艺术虚构，但这种揭示和虚构应当建立在忠于基本事实和历史本质的基础上，引导人们认清历史发展的主流和方向。应当清醒地认识到，如何看待近代中国革命史，如何看待党领导人民的奋斗史、创业史、改革开放史，涉及党和国家的根本，涉及当代中国人民的信仰信念，涉及民族发展的未来。我们的影视创作有责任维护历史的尊严，真实艺术地再现近代以来一代又一代仁人志士为探寻救国救民之路的不懈奋斗，真实艺术地再现中国共产党为实现民族独立、人民解放而浴血牺牲的艰辛历程，真实艺术地再现党领导各族人民进行社会主义革命、建设和改革开放创立的丰功伟绩，更好地激发人们的爱党爱国热情，坚定走中国特色社会主义道路的信心。

人民群众是历史的创造者，正确反映历史、艺术再现历史必须充分体现人民群众创造历史的根本作用。影视艺术是大众的艺术、人民的艺术，影视作品源自人民、属于人民。我们一定要把人民群众作为表现主体和服务主体，用人民创造历史的奋发精神来哺育自己，怀百姓情感、写百姓生活，反映普通群众的喜怒哀乐，展示普通群众的精神风貌，为人民放歌、为人民抒情、为人民呼吁，努力成为人民欢迎的艺术家。

中华文化是中华民族共有的精神家园，正确反映历史、艺术再现历史必须坚守我们的民族文化立场。我们的电影电视剧如果不传达优秀民族文化，就是一种失职。要清醒认识我国优秀传统文化的历史意义和现实价值，高扬我们的文化理想，倍加珍视我们的历史文化遗产、珍视独特的中华人文精神，始终保持对前辈先贤的崇敬、对灿烂文化的虔诚，以优秀民族文化滋养民族的生命力、激发民族的创造力、铸造民族的凝聚力。

三、用多彩的乐章奏响时代主旋律

弘扬主旋律与提倡多样化相统一，是社会主义文艺创作的重要原则。主旋律是人们思想观念和价值取向的主流，时代前进需要昂扬向上的主旋律来引领，社会发展需要强大的精神力量来推动。我们的影视艺术一定要在丰富多彩的题材、形象、个性中贯穿主旋律，在大众化、通俗化的艺术呈现中反映主旋律，大力弘扬一切有利于国家统一、民族团结、社会进步的思想和精神，一切有利于改革开放和现代化建设的思想和精神，一切用诚实劳动争取美好生活的思想和精神，使之成为时代最强音。

以丰富多样的题材来表现主旋律。主旋律代表着一种精神，不仅革命历史题材、英模人物题材可以体现，其他各类题材都可以体现。如果题材类型单一、结构失衡，主旋律很难有多彩的音符。现实生活每时每刻都在发生着令人欣喜的变化，为影视创作提供了新的题材、新的人物、新的主题，值得全力书写、精彩呈现。要善于通过各种各样的主题反映多彩的生活，透过各类题材演绎伟大的时代。

以鲜明生动的形象来体现主旋律。影视创作最基本的任务就是塑造形象，人生感悟需要人物故事来承载，思想价值需要艺术形象来表达。弘扬主旋律，一定要在塑造性格鲜明、真实感人的艺术形象上下工夫，善于挖掘人性中的美好，彰显人的善良、宽宏和爱心，充分展现中国人民勤劳勇敢的传统美德和奋发向上的时代风貌。

以个性化的艺术创新来展示主旋律。当今文化，内容为王、创意制胜。要把主旋律唱得更响亮、更有感染力，需要大胆创新，需要彰显艺术个性，形成多样的风格。艺术的创造从来都应当是千姿百态的，艺术百花园从来都应当是奇葩竞放的。我们影视工作者应当把独到的艺术创造作为自觉追求，不断激发创新活力，以对生活的深刻体验表现时代的主流思想和精神，以个性鲜明的艺术风格展现人间的美好。

四、用现实主义精神和浪漫主义情怀观照现实生活

在影视创作实践中，我们既要弘扬现实主义精神，也要张扬浪漫主义情怀；既要按照生活的本来面貌真实反映生活，又要赋予生活以美好的希冀与理想，在更高层次上开拓艺术的新境界。

现实生活是影视创作的源头活水。我们今天所处的时代是一个走向民族复兴的伟大时代，中国特色社会主义事业蓬勃发展，改革开放和现代化建设深入推进，人民群众的生产生活丰富多彩。置身伟大时代，我们没有任何理由无动于衷，没有任何理由不去发掘、不去表现。要贴近实际、贴近生活、贴近群众，从火热的现实生活中选取素材、提炼主题，更好地为国家写史、为民族塑像、为人民立传。要积极投身建设中国特色社会主义的伟大事业，在社会实践的浪潮中汲取创作灵感，以充沛的激情、生动的笔触和多彩的画面，反映时代的进步、人民的创造，描绘当代中国波澜壮阔的历史画卷。

艺术对现实生活的反映，不是机械的复写，不是自然主义的拷贝，而应当高于现实、贯注理想。我们的影视创作，不能原始地展示丑恶，而应当用正义驱逐丑恶；不能消极地表现黑暗，而应当用光明去照耀黑暗，让人们看到美好、感到温暖，勇敢快乐地面对现实、面对生活。我们的艺术家要有驾驭和把握生活的高超能力，把创作变为生活的深加工、思想的再提炼，以艺术的方式反映社会变迁中的得与失、喜与忧，既保持生活的鲜活又不拘泥于生活，由生活的真实达到艺术的真实，给人以积极向上的力量，给人以对美好未来的憧憬和向往。

艺术创造离不开现实生活的深厚积淀，也需要有丰富的想象。我们的艺术家既要脚踏实地，又要富有浪漫主义情怀。中华民族向来极富想象力，中国文艺有着深厚的浪漫主义传统，许多古典文艺作品彰显了奇幻的想象和瑰丽的创意，这是很值得珍视的。我们的影视创作，应当立足现实、面向未来，张扬理想主义、乐观主义、英雄主义精神，保持浪漫主义激情，以充分的自信进行艺术的创造，在构思创意、形式手法上大胆突破，努力开拓具有中国特色、中国风格、中国气派，又面向世界、面向未来的广阔艺术空间。

五、用精益求精的态度打造精品力作

文艺精品反映着一个国家、一个民族的文化创新能力和创造水平。必须把提高质量水平摆在突出位置，下更大的工夫、花更大的气力，以“十年磨一剑”的精神，辛勤耕耘、用心创造，打造出更多无愧于时代、无愧于人民，经得起历史检验的影视精品。

剧本是打造影视精品的基础。创作高质量的影视剧本最重要的是提高原创能力，克服跟风、克隆、模仿的现象。这就需要我们深入生活，善于发现生活的美，创造艺术的美。包括剧作家在内的所有影视工作者都要把深入实际、深入生活、深入群众作为必修课，到改革开放第一线，到经济建设最前沿，到社会生活最基层，下得去、蹲得住，更好地了解生活、体验生活、感悟生活，努力提高创意水平、提升艺术境界，使我们的影视作品呈现出新的气象、新的品格。

打造影视精品，必须充分运用高新技术强化艺术感染力。我们应当密切跟踪现代科技的最新发展，用一切先进的技术手段武装自己、提升自己，在影视制作的各个环节上注重科技运用、增强科技含量，善于用科技手段强化艺术表现、提升艺术魅力。必须把技术和艺术有机融合起来，防止技术淹没思想、形式大于内容。

要高度重视影视评论工作，尊重扶持评论，加强改进评论，着力增强针对性和说服力。努力形成评论与创作良性互动的局面，共同营造有利于优秀影视作品脱颖而出的良好影视生态。

影视创作是一项艰苦的创造性劳动，各级宣传文化、广播影视部门要高度重视、加强领导、把握方向、提供保障。要尊重劳动、尊重知识、尊重人才、尊重创造，牢固树立人才资源是第一资源的观念，努力培养一支适应时代要求、富有开拓精神、善于创新创造的影视创作队伍。要真诚关心爱护影视工作者，创作上热情支持、生活上悉心关怀，努力为他们潜心创作营造健康和谐的社会环境。要深化文化体制改革，继续推进国有经营性影视单位转企改制，加快影视产业结构调整，进一步调动影视工作者的积极性主动性，不断解放发展文化生产力，增强我国影视业的实力竞争力。

§28. 近年来广电总局对抵制低俗之风有什么要求？

2009年4月，为贯彻中办、国办下发的《关于进一步净化社会文化环境 促进未成年人健康成长的若干意见》文件精神，中央召开了全国净化社会文化环境工作会议，在会议上，国家广电总局主要领导作讲话指出：

一、广播影视抵制低俗之风做了大量扎实而富有成效的工作，探索取得了有益经验

1. 必须从服务党和国家工作大局的高度认识抵制低俗之风工作

抵制低俗之风，是广播影视围绕中心、服务大局的必然要求和重要举措。从

党和国家工作大局出发，我们才能更加自觉地坚持喉舌性质，才能把坚持正确导向作为最大政治、最硬道理、最根本任务，切实增强抵制低俗之风的政治坚定性和工作自觉性。从党和国家工作大局出发，各地区、各部门、各单位才能服从全局利益、克服局部利益，着眼长远利益、放弃眼前利益，齐心协力、齐抓共管，形成抵制低俗之风的强大合力。从党和国家工作大局出发，广播影视工作者才能自觉遵守宣传纪律，切实增强社会责任感，抵制低俗之风才能由“他律”转化为“自律”，成为广播影视工作者的自我要求、自觉行动。总之，从全局高度认识抵制低俗之风工作，我们就会自觉将之作为事关党和国家生死存亡、事业成败和民族兴衰的重大政治任务，作为广播影视的重中之重，主动抓紧抓好、抓出成效。

2. 抵制低俗之风必须始终坚持社会效益第一的原则

低俗之风存在的一个主要原因，就是受利益驱动，不能正确处理社会效益和经济效益的关系，不能自觉坚持社会效益第一的原则，当社会效益和经济效益发生矛盾的时候，不能毅然决然服从社会效益，而是片面追求经济效益，在工作中突出表现为片面追求收听收视率。我们始终强调，必须科学、正确地看待收听收视率，要讲收听收视率，但不能将之作为第一标准，更不能作为唯一标准；靠低俗节目吸引眼球，不仅违背了党和人民对广播影视的根本要求，而且势必削弱广播影视的权威性、公信力、影响力，也影响了广播影视的长远经济效益。把社会效益放在首位，努力实现社会效益和经济效益相统一，这是广播影视必须始终坚持的重大原则，也是治理低俗之风的必然要求。

3. 抵制低俗之风必须常抓不懈

低俗之风有着复杂的社会根源，易反复、难根除，必然是一项长期任务、系统工程。我们始终强调，要充分认识抵制低俗之风的长期性、艰巨性、复杂性，牢固树立长期作战的思想。抵制低俗之风是一项长期的、不可能毕其功于一役的工作，必须坚持长期抓、反复抓，不能有丝毫厌倦思想，不能有丝毫松懈情绪。

4. 抵制低俗之风必须坚持改革创新

抵制低俗之风，是广播影视面临的全新课题，不可能沿袭传统宣传管理办法。由于我国广播影视的特殊属性，也不可能完全照抄外国做法。抵制低俗之风已经取得的成绩靠改革创新，要取得新的进展、新的成效，还得靠改革创新。

5. 抵制低俗之风必须狠抓落实

抵制低俗之风既是艰巨的长期任务，又是实实在在的紧迫工作，必须狠抓落实。确定抓手、狠抓落实，抵制低俗之风工作才能更加具体深入、有的放矢，才能在重点突破中整体推进、在巩固成果中取得新的实效。

6. 抵制低俗之风必须注意制度建设

制度建设带有根本性、稳定性、长期性和连续性，是做好抵制低俗之风工作的有力保障。制度建设是预防和治理低俗之风的关键，也是今后我们工作的着力点和用力方向。

二、清醒认识广播影视低俗之风存在的问题，并深入分析其产生的原因，以增强工作的主动性、针对性

在肯定成绩的同时，也要清醒地认识广播影视存在的低俗问题。从广播电视节目看，有的新闻、访谈、教育类节目娱乐化、弱化甚至丧失宣传教育功能；有的少儿节目成人化，忽视甚至损害未成年人合法权益；有的法制节目故事化，过细描述犯罪细节；虚假广告屡禁不止，涉性广告特别是广播涉性广告问题突出；竞猜类节目诱导受众、高额收费的现象还时有发生，等等。从广播影视新传媒看，互联网视听节目、手机电视节目低俗之风尤为严重，有的色情泛滥，不堪入目；有的充斥暴力，善恶不分；还有的甚至散布政治谣言。这些都充分说明，抵制低俗之风的任务依然艰巨，形势不容乐观，工作十分紧迫，我们必须保持清醒头脑和高度警觉。归纳起来讲，低俗之风存在的主要原因包括：

1. 对抵制低俗之风工作的认识不足

低俗之风之所以出现并屡禁不止，首先是因为我们有的同志在思想上存在偏差，在认识上不够到位。有的同志对低俗之风的性质认识不足，不能充分认识到其实质上反映的是落后腐朽文化，与社会主义先进文化格格不入、水火不容。有的同志对低俗之风的危害性认识不足，不能充分认识其严重违背了正确的舆论导向，严重影响了人民群众健康的精神文化生活，特别是严重危害了未成年人的身心健康，甚至使他们误入歧途、贻误终生。正是由于认识上的不足，故而导致抵制低俗之风行动上不够坚决，措施上不够有力，抓一阵、放一阵，紧一阵、松一阵，甚至有令不行、有禁不止。同时，我们对抵制低俗之风的工作规律的认识也有待深化。低俗现象大都属道德范畴，触及的往往是思想道德底线，判断标准很难规范。

2. 抵制低俗之风工作存在不少薄弱环节

抵制低俗之风，目前我们主要依靠行政手段，而法律手段、经济手段运用得还不够。特别是广播影视抵制低俗之风法规制度还不健全，科学的节目评价体系有待完善，对有的低俗现象缺少判断标准和处理方法，工作中依据不足、被动滞后的问题仍然存在。高新技术特别是数字技术、网络技术的迅猛发展和广泛运用，给抵制低俗之风带来新的课题，甚至是冲击和挑战，互联网等新媒体新业务管理面临一系列新情况新问题，亟待运用高新技术扩大管理范围、提升管理效能。这些都告诉我们，建立健全抵制低俗之风长效机制，提高抵制低俗之风工作水平，我们还任重道远。

3. 低俗之风的形成具有复杂的社会根源

当前我国思想道德领域主流是好的，但也出现了一些不容忽视的消极现象：思想政治领域中的杂音、噪音时有出现，拜金主义、享乐主义、极端个人主义有所滋长，有些人世界观、人生观、价值观发生扭曲，部分社会成员思想道德失范，等等。这些正是低俗之风产生的土壤和温床。广播影视是社会主义思想道德建设的重要阵地，铲除这些土壤是我们义不容辞的职责和任务。宣传文化阵地，优秀先进文化不去占领，腐朽落后文化就会占领；思想道德领域，积极健康向上的风气树立不牢，低级庸俗媚俗的风气就会滋生。从某种意义上讲，抵制低俗之风，就是要和不良社会现象争夺阵地、争夺群众、争夺下一代。我们必须充分发挥广播影视引导人民思想、培育社会风尚、促进社会和谐的重要作用，大力弘扬社会主义核心价值体系，不断筑牢全社会共同抵制低俗之风的坚实基础。

4. 经济利益驱动是低俗之风产生的重要因素

从广播影视自身讲，低俗之风滋生的重要内因，就是片面追求经济效益、忽视社会效益。始终把社会效益放在首位，努力实现社会效益和经济效益相统一，不仅需要我们保持理论上的清醒、政治上的自觉，而且需要建立健全贯彻这一原则的体制机制、政策体系和法规制度，从而确保把这一原则贯彻落实到具体工作中去。随着我国社会主义市场经济体制的不断完善和文化体制改革的逐渐深入，我们在这方面还面临一系列深层次的矛盾和问题。当前最紧迫的，就是广播影视如何既坚持喉舌性质、意识形态属性，大力发展公益性事业，又充分运用市场经济规律和法则，大力发展经营性产业。对于这一重大而紧迫的现实课题，我们必须在中国特色社会主义理论体系指导下，在实践中不断探索、不断总结，努力找准社会效益和经济效益、文化发展规律和市场经济规律的结合点，进而探索走出一条中国特色广播影视发展道路。只有这样，才能更好地促进社会效益和经济效益协调统一，才能为抵制低俗之风提供有力的体制和制度保障。

5. 低俗之风的形成具有一定的国际背景

低俗现象是全球广播影视面临的共同问题。盲目抄袭模仿境外节目是低俗之风的又一成因。推动我国广播影视大发展、大繁荣，必须充分吸收、大胆借鉴国外广播影视发展经验和成果。但是，吸收是批判地吸收，必须取其精华、去其糟粕，而不是全盘照搬、盲目抄袭；借鉴是科学地借鉴，必须以我为主、为我所用，而不是囫囵吞枣、食洋不化。必须高度警惕的是，无论节目形态如何，广播影视提供的是精神文化产品，必然体现着一定的世界观、人生观、价值观。西方敌对势力对我“西化”、“分化”的一个重要手段，就是在输出文化产品的同时，输出其价值观念。从这个意义上讲，文化产品的国际扩张，不仅是市场份额的竞争，而且体现着文化和意识形态的较量。因此，引进境外节目、利用国际广播影视发展成果，我们要有科学态度和批判精神，切实增强政治敏感性和辨别力，绝不给境外低俗之风提供任何传播渠道，时刻维护我国文化和意识形态安全。

三、认真贯彻全国净化社会文化环境会议精神，切实把抵制低俗之风工作引向深入

今后一个时期广播影视抵制低俗之风工作必须再强调以下几点：

1. 深化认识，切实把思想统一到中央精神上来

中央高度重视净化社会文化环境工作。我们必须认真学习、深刻领会中央精神，切实把思想和行动统一到中央的决策部署上来。要充分认识到，抵制低俗之风、净化社会文化环境，是社会主义精神文明建设以及加强和改进未成年人思想道德建设的基础工程，是实现亿万家庭最大希望和切实利益的民心工程，是确保中国特色社会主义事业后继有人的希望工程。要按照中央要求，进一步增强责任感、使命感和紧迫感，以对党负责、对人民负责、对子孙后代负责的精神，努力把广播影视抵制低俗之风抓紧抓好，让党中央放心、人民群众满意。

2. 突出重点，集中开展专项整治行动

根据中央部署，广播影视净化社会文化环境的重点任务有两项：一是净化荧屏声频，二是整治互联网低俗之风。净化荧屏声频，要在巩固已有成果的基础上，针对群众反映强烈的突出问题，继续开展专项整治行动。2009 年的重点是，整治广播涉性节目、题材边缘化的故事类节目、主持人低俗调侃、短信参与高额收费等低俗问题。特别要下大力气治理不良广告，突出整治性病治疗广告、性药品广告和不适合未成年人的成人语言广告。抵制互联网低俗之风，要继续以整治淫秽色情和低俗内容为重点，抓住准入、监管和退出等关键环节，进一步加大工作力度，特别是要拓展工作领域，将手机网站、视频网站会员专区、聊天室、即时通讯群组、视频下载等纳入管理范围，最大限度地挤压淫秽色情和低俗内容的网上传播空间。开展集中整治行动，要明确目标、落实责任，确保取得实实在在的成效。总局将组织力量，适时开展督促检查工作，对于工作不力、问题严重的节目栏目及有关单位，要严肃查处。要充分发挥广播影视的宣传优势，及时报道抵制低俗之风工作的新进展新成效。曝光一批典型违法违规案例，强化对低俗之风的高压态势，为净化社会文化环境提供强有力的舆论支持。

3. 切实履行管理职责，不断提高监管水平

管理是政府部门的重要职责。各级广播影视行政管理部门，特别是省级行政管理部门，要按照谁主管谁负责和属地管理原则，切实履行管理职责，充实监管力量，落实监管责任，健全监管制度，真正做到守土有责、守土负责、守土尽责。随着新媒体新业务的发展，抵制低俗之风管理对象急剧增加，范围不断扩

大，任务日益繁重。特别是互联网具有内容信息海量、传播无国界、天然落地等特点，隐匿性、交互性强，传统技术手段既管不了，也管不好。解决这个问题，根本途径是充分运用高新技术加强管理。要进一步整合收听收看、互联网视听节目等监管资源，理顺体制，加快广播影视监管中心建设，建立集技术监测、节目监管和安全指挥调度于一体的监管体系，实现对传统媒体和新媒体的统一、科学、有效监管，努力做到出现问题时发现得了、控制得住、处理得好。

4. 强化制度建设，努力建立长效机制

抵制低俗之风，必须把制度建设放在更加突出的位置，努力使各项工作走上制度化、机制化、规范化的轨道。目前，在净化荧屏声频方面，我国已经制定了《广播电视节目监管细则》，这是认真总结抵制低俗之风工作经验、集中各方面意见形成的重要制度成果，也是今后一个时期制度建设的起点和基础。要紧紧围绕《细则》实施和完善，先行试点、逐步推开，在实践中不断总结，重点探索完善广播电视频道频率和节目栏目退出机制、电台电视台自律机制、社会监督机制以及沟通联动机制等工作制度，努力使之成为广播电视抵制低俗之风的工作依据和制度规范。要紧紧围绕贯彻落实《互联网视听节目服务管理规定》，进一步加强互联网管理制度建设，重点完善资格准入、内容监管、责任处罚等规章制度。要根据广播电视抵制低俗之风的工作需要，加快起草修订《广播电视抵制低俗之风的若干意见》、《电视剧内容管理规定》、《广播电视广告播放管理暂行办法》、《手机媒体服务管理条例》等规范性文件。总之，要通过一个时期的努力，力争形成符合我国实际、比较完备的规章制度体系，为建立抵制低俗之风工作长效机制奠定坚实的制度基础。

5. 繁荣创作生产，努力满足人民群众的精神文化需求

抵制低俗之风，必须坚持疏堵并举、重在建设，努力创作生产更多更好的广播影视作品，把积极健康向上的风气牢固树立起来。要牢牢把握正确导向，始终坚持“二为”方向、“双百”方针，认真贯彻“三贴近”原则，特别是要正确处理弘扬主旋律与提倡多样化的关系。弘扬主旋律要讲究艺术、寓教于乐，提倡多样化要确保健康有益无害，绝不能突破思想政治底线，绝不能突破道德价值底线，绝不能突破重大历史真实底线。要按照“稳定数量、提高质量”的要求，大力发展广播影视内容产业，继续扶持现实题材和农村、少儿、少数民族等题材的创作生产，2009 年要围绕新中国成立 60 周年，重点抓好 50 部电影和 50 部电视剧。要进一步强化广播电视优秀节目表彰推荐工作，抓紧研究制定科学的广播电视节目评估体系，引导电台电视台创作生产更多更好的节目栏目。电台电视台要依托资源、品牌、人才优势，大力发展广播影视新传媒新阵地，特别是要深入研究互联网视听服务节目创作、生产、传播、消费的特点和规律，努力抢占内容

生产的制高点，牢牢把握新媒体发展的主动权。繁荣广播影视创作生产，必须把满足未成年人精神文化需求摆到更加突出的位置。要进一步办好现有少儿频道和节目栏目，抓紧成立全国少儿节目交换中心，建立全国性的节目协作机制，尽快解决节目不足的问题。影视动画是未成年人喜闻乐见的精神文化产品，要紧紧围绕提高国产动画竞争力，以鼓励原创、促进精品为重点，壮大市场主体，培育市场体系，加强宏观调控，特别是要进一步完善推荐播出制度，用足用好国产动画发展专项资金，严格执行电视台播出时段和比例管理规定，扶持国家影视动画生产和教学基地建设，努力保持影视动画的良好发展势头，力争早日使我国成为影视动画强国。

2010 年 7 月，国家广播电影电视总局《宣传通报》发文“防止荧屏低俗之风蔓延”指出：

广播电台、电视台是党的重要宣传思想文化阵地，必须按照“高举旗帜，围绕大局，服务人民，改革创新”的总要求，始终坚持党性原则，坚持正确导向，正确处理社会效益和经济效益的关系，不断增强政治意识、大局意识、责任意识。必须自觉把社会主义核心价值体系建设融入广播电视节目的策划、创作、编辑、播出的各个环节之中，传播先进文化，弘扬时代主旋律，振奋民族精神，塑造美好心灵，推动形成全社会共同的理想信念和道德规范。必须坚持贴近实际、贴近生活、贴近群众，准确把握人民群众多样化、多层次、多方面文化需求中的主流，坚持积极健康的格调品味和审美取向，坚决抵制低俗之风，用思想性、艺术性、观赏性俱佳的广播电视节目满足人民群众的精神文化需求。

1. 切实把导向要求放在第一位

新闻媒体是党和人民的喉舌，要把传递党的声音、反映人民的心声、体现社会主义核心价值体系、弘扬真善美作为首要任务。落实导向要求是全面的，政治导向不能出现问题，价值导向、生活导向、审美导向、道德导向同样不能出现偏差。各级电台电视台要查找工作漏洞，澄清模糊认识，确保广播电视节目的正确导向。

2. 针对突出问题加大整顿力度

各地创办的婚恋交友类节目要回归节目本位，不能成为名利“秀场”，不得传播错误思想观念；情感类节目要选择主题健康、话题阳光、故事精彩的内容，不能猎奇炒作，打着客观的幌子展示阴暗面；法制类节目要知法守法、尊重法、宣传法，不能在节目中展示丑恶、美化罪犯、渲染暴力；其他真人秀类、选秀类、谈话类、娱乐类节目也要注意格调、定位、导向和社会效果，坚决防止低俗化倾向。

3. 端正办台思想

频道频率是国家重要的宣传资源，各地要认真研究省级卫视的定位问题，坚持“新闻立台”，努力办成反映本地工作、风貌和文化的重要窗口，坚决纠正省级卫视的“娱乐化”倾向。

4. 建立科学的收视评价体系

各级电台电视台必须把社会效益放在首位，正确处理社会效益与经济效益、收视率与社会效果的关系。各地要研究建立科学的广播电视评价体系，将社会效益和社会效果作为最重要的评判标准，切实扭转“唯收视率论”的倾向。

5. 加强电视节目主持人管理

要把提高主持人的综合素质作为广播电视队伍建设的重点，加强对主持人的选拔、培养、教育、使用和管理，提高其政治素质、业务能力和审美情趣。要深入开展“三项学习教育”活动，加大对主持人的教育培训力度，研究制定主持人的准入标准，细化完善主持人的行为准则。

6. 严格规范与社会机构的合作节目

目前一些社会公司通过冠名广告、提供资金、参与策划等各种形式与电视台合作制作娱乐节目，有的直接提供娱乐节目供电视台播出。各地要在推进广播电视制播分离过程中进一步规范与社会公司的合作行为，坚决切断商业利益对内容导向的影响，确保广播电视始终把社会效益放在首位。

7. 加强审查把关和制度建设

各级电台、电视台要认真梳理广播电视节目选题立项、策划制作、播前审查、播出监管、播后反馈等各个环节，排查管理漏洞，消除制度隐患，确保各项管理制度落到实处。电台、电视台主要负责同志要亲自审看需要整改的节目，督促相关栏目组严格落实各项整改措施，避免再次出现错误观点和低俗内容。

8. 切实履行属地管理责任

各地广播影视局要切实承担起属地管理责任，加强对重点节目的审看，对出现的苗头性、倾向性问题，要及时采取果断措施加以解决，严格谈话诫勉、违规警告等各项制度，建立起确保正确导向的长效机制。

二

党的纪律与职业道德

§29.《关于党内政治生活的若干准则》对党报宣传有何规定?

《关于党内政治生活的若干准则》(1980 年 2 月 29 日中国共产党十一届五中全会通过) 规定:

对于关系党和国家的根本利益和全局的重大政治性的理论和政策问题,有不同看法,可以在党内适当的场合进行讨论。但是,在什么时候、用什么方式在报刊上进行讨论,应由中央决定。党的报刊必须无条件地宣传党的路线、方针、政策和政治观点。对于中央已经作出决定的这种有重大政治性的理论和政策问题,党员如有意见,可以经过一定的组织程序提出,但是绝对不允许在报刊、广播的公开宣传中发表同中央的决定相反的言论;也不得在群众中散布与党的路线、方针、政策和决议相反的意见。这是党的纪律。

§30.《中国共产党纪律处分条例》对违规新闻出版行为有何规定?

《中国共产党纪律处分条例》第四十二条规定:违反党和国家有关规定,刊登、广播有严重政治问题的文章或者出版有严重政治问题的出版物的,对决定刊登、广播、出版的负责人和其他主要责任者,给予警告、严重警告或者撤销党内职务处分;情节严重的,给予留党察看或者开除党籍处分。

§31. 广播电视播出机构工作人员违反宣传纪律有何处分处理规定？

国家广电总局2002年5月印发《广播电视播出机构工作人员违反宣传纪律处分处理暂行规定》，包括二十条。

第一条　为了确保广播电视宣传坚持党性原则，坚持正确的舆论导向，根据《国务院关于国家行政机关工作人员的奖惩暂行规定》、《广播电视管理条例》、《中共中央宣传部、国家广播电影电视总局关于建立违纪违规广播电视播出机构警告制度的意见》、《中国新闻工作者职业道德准则》、《关于禁止有偿新闻的若干规定》等有关规定，制定本规定。

第二条　本规定所称“广播电视播出机构”是指经国务院广播电影电视行政部门批准设立的全国广播电影电视系统的广播电台、电视台、广播电视台等播出广播电视节目的机构。

第三条　广播电视播出机构的工作人员在宣传工作中应当遵守宣传纪律，不得违反宣传工作管理规定，播出的语言、文字、声音、图像等，不得含有违反宪法、法律、法规、规章、党和国家政策等的错误内容。

第四条　在宣传工作中违反政治纪律，播出下列内容之一的，对负有直接责任的主管人员和其他直接责任人员，给予记大过或者降级处分；情节较重的，给予降职或者撤职处分；情节严重的，给予开除、留用察看或者开除处分。（一）反对宪法确定的基本原则的；（二）反对四项基本原则的；（三）反对中国共产党的基本理论、基本路线、基本纲领的；（四）反对党和国家重大政策的；（五）危害国家统一、主权和领土完整的；（六）煽动仇视政府，扰乱社会秩序，破坏社会稳定的；（七）煽动民族仇恨、民族歧视，破坏民族团结的；（八）传播政治谣言、侮辱、毁谤或丑化党和国家及领导人形象的；（九）其他违反政治纪律内容的。

第五条　宣扬邪教的，对负有直接责任的主管人员和其他直接责任人员，给予记大过或者降级处分；情节较重的，给予降职或者撤职处分；情节严重的，给予开除留用察看或者开除处分。

第六条　在宣传工作中，播出内容泄露国家秘密的，对负有直接责任的主管人员和其他直接责任人员，情节较轻的，给予记过、记大过或者降级处分；情节较重的，给予降职或者撤职处分；情节严重的，给予开除留用察看或者开除处分。

第七条　在宣传工作中危害国家安全或者损害国家荣誉和利益，有下列情形之一的，对负有直接责任的主管人员和其他直接责任人员，给予记过、记大过或者降级处分；情节较重的，给予降职或者撤职处分；情节严重的，给予开除留用察看或者开除处分。（一）违反我国对外政策，播出不符合我国外交口径的言行，造成不良影响的；（二）违反规定报道涉外案件，造成不良影响的；（三）对外提供违反《广播电视管理条例》第三十二条规定的广播电视节目，被境外组织利用的；（四）有其他危害国家安全或者损害国家荣誉和利益行为的。

第八条　违反民族、宗教政策，有下列情形之一的，对负有直接责任的主管人员和其他直接责任人员，给予记过、记大过或者降级处分；情节较重的，给予降职或者撤职处分；情节严重的，给予开除留用察看或者开除处分。（一）因错误宣传报道诱发不安定事件的；（二）违反规定报道境外民族分裂或宗教极端分子的恐怖活动，造成不良后果的；（三）播出贬损少数民族祖先、文化、重要人物、风俗习惯或其他伤害少数民族同胞感情的内容，引起少数民族群众强烈不满的；（四）播出贬损合法宗教信仰、宗教组织、宗教领袖、神职人员、宗教礼仪或宗教活动的内容，造成不良后果的；（五）违反规定允许境外传媒在我国境内播放宗教节目的；（六）播出其他违反民族、宗教政策内容，造成不良后果的。

第九条　在宣传工作中，有下列情形之一的，对负有直接责任的主管人员和其他直接责任人员，情节较轻的，给予警告或者记过处分；情节较重的，给予记大过、降级、降职或者撤职处分；情节严重的，给予开除留用察看或者开除处分。（一）播出宣扬淫秽、赌博行为内容的；（二）播出宣扬暴力或教唆犯罪内容的；（三）播出宣扬伪科学或鼓吹封建迷信内容的；（四）有其他妨害社会管理秩序行为的。

第十条　违反有关规定，有下列情形之一的，对负有直接责任的主管人员和其他直接责任人员，情节较轻的，给予警告或者记过处分；情节较重的，给予记大过、降级、降职或者撤职处分；情节严重的，给予开除留用察看或者开除处分：（一）违反新闻真实性原则，制作播出虚假新闻，拒不更正或澄清事实的；（二）对重要事件进行错误报道，造成不良影响的；（三）超越司法程序，对案件进行定罪、定性式报道，造成不良影响的；（四）违反规定报道群体性事件、案件，给社会稳定带来损害的；（五）违反规定发表分析预测、炒作个股的消息、文章等，误导股市，造成不良后果的；（六）违反规定片面报道会议讨论内容，触及敏感问题，造成不良后果的；（七）违反规定播出汛情、疫情、震情及核事故等重大事故的；（八）新闻报道中有其他违法违纪行为的。

第十一条　在宣传工作中侵犯他人人身权利或其他合法权利，有下列情形之一的，对负有直接责任的主管人员和其他直接责任人员，情节较轻的，给予警告或者记过处分；情节较重的，给予记大过、降级、降职或者撤职处分；情节严重的，给予开除留用察看或者开除处分。（一）侮辱或者诽谤他人，侵害他人合法权益的；（二）报道各类案件时，未征得办案人、被害人、检举人、知情人同意，公开他们的姓名、地址、工作单位、图像及其他相关资料的；（三）播出未成年犯罪嫌疑人的姓名、地址、图像及其他相关资料的；（四）播出披露未成年人隐私的；（五）播出内容泄露商业秘密或个人隐私、个人档案内容，造成不良后果的；（六）播出其他侵犯他人人身权利、合法权利内容的。

第十二条　在宣传工作中违反规定或者严重不负责任，有下列情形之一的，对负有直接责任的主管人员和其他直接责任人员，情节较轻的，给予警告或者记过处分；情节较重的，给予记大过、降级或者降职处分；情节严重的，给予撤职、开除留用察看或者开除处分。（一）违反审稿（片）制度规定，擅自播发稿件、节目的；（二）预告的重要节目或指定的节目无正当理由不按要求播出，或受众关注的节目未按计划播出，引起受众强烈不满或其他严重后果的；（三）未经审查批准播放广播电视节目，造成不良影响的；（四）广告充当新闻播出的；（五）在直播节目中，未按规定采用必要设备，所播内容造成不良影响的；（六）涉及法律、医药及科技等专门知识不按有关规定处理，播出错误内容，造成不良后果的；（七）有其他违反宣传工作规定行为或失职行为的。

第十三条　违反宣传工作管理规定，有下列情形之一的，对负有直接责任的主管人员和其他直接责任人员，情节较轻的，给予警告或者记过处分；情节较重的，给予记大过、降级或者降职处分；情节严重的，给予撤职、开除留用察看或者开除处分。（一）在采访工作中，违背党和国家政策或者损害国家尊严、利益，造成不良后果的；（二）有违反《关于禁止有偿新闻的若干规定》行为的；（三）未经批准，擅自以编辑记者身份采访，造成不良后果的；（四）有其他违反宣传工作管理规定行为的。

第十四条　广播电视播出机构发生上述违反宣传纪律的行为，造成严重不良影响或严重后果的，对负有主要领导责任、重要领导责任的主要负责人实行责任追究，在其他直接责任人员所受处分档次以下，酌情给予处分、处理。

第十五条　违反宣传纪律，造成较严重不良影响或较严重后果的，给予纪律处分后，调离宣传岗位或解除聘用合同。因故意违反宣传纪律被开除或辞退的，广播电影电视系统各单位不得重新录用、聘用其为广播电影电视工作人员；因过失违反宣传纪律被开除或辞退的，广播电影电视系统各单位三年内不得重新录用、聘用其为广播电影电视工作人员。

第十六条　广播电视播出机构中的共产党员违反宣传纪律的，还应根据《广播电视播出机构中的共产党员违反宣传纪律党纪处分暂行规定》给予党纪处分。广播电影电视系统的报刊、出版社、信息网站、发射台、转播台、监测台（站）等，参照执行本规定。

第十七条　广播电视播出机构工作人员违反宣传纪律行为触犯刑律的，移送司法机关处理。

第十八条　给予有关责任者处分，按照干部人事管理权限进行；处分后的工资处理按人事部的有关文件执行。

第十九条　本规定由国家广播电影电视总局监察局负责解释。

第二十条　本规定自下发之日起施行。

§32. 广播电视播出机构中的共产党员违反宣传纪律有何党纪处分规定？

国家广播电影电视总局2002年6月发布《广播电视播出机构中的共产党员违反宣传纪律党纪处分暂行规定》，共十八条。

第一条　为了确保广播电视宣传坚持党性原则，坚持正确的舆论导向，根据《中国共产党纪律处分条例（试行）》、《广播电视管理条例》、《中共中央宣传部、国家广播电影电视总局关于建立违纪违规广播电视播出机构警告制度的意见》、《中国新闻工作者职业道德准则》、《关于禁止有偿新闻的若干规定》等有关规定，制定本规定。

第二条　本规定适用于广播电视播出机构中的共产党员。本规定所称“广播电视播出机构”是指经国务院广播电影电视行政部门批准设立的全国广播电影电视系统的广播电台、电视台、广播电视台等播出广播电视节目的机构。

第三条　广播电视播出机构中的共产党员在宣传工作中应当遵守宣传纪律，不得违反宣传工作管理规定，播出的语言、文字、声音、图像等，不得含有违反宪法、法律、法规、规章、党和国家政策等的错误内容。

第四条　在宣传工作中违反政治纪律，播出下列内容之一的，对负有直接责任的主管人员和其他直接责任人员中的共产党员，给予党内严重警告处分；情节较重的，给予撤销党内职务或者留党察看处分；情节严重的，给予留党察看或者开除党籍处分。（一）反对宪法确定的基本原则的；（二）反对四项基本原则的；（三）反对中国共产党的基本理论、基本路线、基本纲领的；（四）反对党和国家重大政策的；（五）危害国家统一、主权和领土完整的；（六）煽动仇视政府，扰乱社会秩序，破坏社会稳定的；（七）煽动民族仇恨、民族歧视，破坏民族团结的；（八）传播政治谣言、侮辱、毁谤或丑化党和国家及领导人形象的；（九）其他违反政治纪律内容的。

第五条　宣扬邪教的，对负有直接责任的主管人员和其他直接责任人员中的共产党员，给予党内严重警告处分；情节较重的，给予撤销党内职务或者留党察看处分；情节严重的，给予留党察看或者开除党籍处分。

第六条　在宣传工作中，播出内容泄露国家秘密的，对负有直接责任的主管人员和其他直接责任人员中的共产党员，情节较轻的，给予党内警告或者严重警告处分；情节较重的，给予撤销党内职务或者留党察看处分；情节严重的，给予留党察看或者开除党籍处分。

第七条　在宣传工作中危害国家安全或者损害国家荣誉和利益，有下列情形之一的，对负有直接责任的主管人员和其他直接责任人员中的共产党员，给予党内警告或者严重警告处分；情节较重的，给予撤销党内职务或者留党察看处分；情节严重的，给予留党察看或者开除党籍处分。（一）违反我国对外政策，播出不符合我国外交口径的言行，造成不良影响的；（二）违反规定报道涉外案件，造成不良影响的；（三）对外提供违反《广播电视管理条例》第三十二条规定的广播电视节目，被境外组织利用的；（四）有其他危害国家安全或者损害国家荣誉和利益行为的。

第八条　违反民族、宗教政策，有下列情形之一的，对负有直接责任的主管人员和其他直接责任人员中的共产党员，给予党内警告或者严重警告处分；情节较重的，给予撤销党内职务或者留党察看处分；情节严重的，给予留党察看或者开除党籍处分。（一）因错误宣传报道诱发不安定事件的；（二）违反规定报道境外民族分裂或宗教极端分子的恐怖活动，造成不良后果的；（三）播出贬损少数民族祖先、文化、重要人物、风俗习惯或其他伤害少数民族同胞感情的内容，引起少数民族群众强烈不满的；（四）播出贬损合法宗教信仰、宗教组织、宗教领袖、神职人员、宗教礼仪或宗教活动的内容，造成不良后果的；（五）违反规定允许境外传媒在我国境内播放宗教节目的；（六）播出其他违反民族、宗教政策内容，造成不良后果的。

第九条　在宣传工作中，有下列情形之一的，对负有直接责任的主管人员和其他直接责任人员中的共产党员，情节较轻的，给予党内警告处分；情节较重的，给予党内严重警告或者撤销党内职务处分；情节严重的，给予留党察看或者开除党籍处分。（一）播出宣扬淫秽、赌博行为内容的；（二）播出宣扬暴力或教唆犯罪内容的；（三）播出宣扬伪科学或鼓吹封建迷信内容的；（四）有其他妨害社会管理秩序行为的。

第十条　违反有关规定，有下列情形之一的，对负有直接责任的主管人员和其他直接责任人员中的共产党员，情节较轻的，给予党内警告；情节较重的，给予党内严重警告或者撤销党内职务处分；情节严重的，给予留党察看或者开除党籍处分：(一）违反新闻真实性原则，制作播出虚假新闻，拒不更正或澄清事实的；（二）对重要事件进行错误报道，造成不良影响的；（三）超越司法程序，对案件进行定罪、定性式报道，造成不良影响的；（四）违反规定报道群体性事件、案件，给社会稳定带来损害的；（五）违反规定发表分析预测、炒作个股的消息、文章等，误导股市，造成不良后果的；（六）违反规定片面报道会议讨论内容，触及敏感问题，造成不良后果的；（七）违反规定播出汛情、疫情、震情及核事故等重大事故的；（八）新闻报道中有其他违法违纪行为的。

第十一条　在宣传工作中侵犯他人人身权利或其他合法权利，有下列情形之一的，对负有直接责任的主管人员和其他直接责任人员中的共产党员，情节较轻的，给予党内警告处分；情节较重的，给予党内严重警告或者撤销党内职务处分；情节严重的，给予留党察看或者开除党籍处分。（一）侮辱或者诽谤他人，侵害他人合法权益的；（二）报道各类案件时，未征得办案人、被害人、检举人、知情人同意，公开他们的姓名、地址、工作单位、图像及其他相关资料的；（三）播出未成年犯罪嫌疑人的姓名、地址、图像及其他相关资料的；（四）播出披露未成年人隐私的；（五）播出内容泄露商业秘密或个人隐私、个人档案内容，造成不良后果的；（六）播出其他侵犯他人人身权利、合法权利内容的。

第十二条　在宣传工作中违反规定或者严重不负责任，有下列情形之一的，对负有直接责任的主管人员和其他直接责任人员中的共产党员，情节较轻的，给予党内警告处分；情节较重的，给予党内严重警告处分；情节严重的，给予撤销党内职务、留党察看或者开除党籍处分。（一）违反审稿（片）制度规定，擅自播发稿件、节目的；（二）预告的重要节目或指定的节目无正当理由不按要求播出，或受众关注的节目未按计划播出，引起受众强烈不满或其他严重后果的；（三）未经审查批准播放广播电视节目，造成不良影响的；（四）广告充当新闻播出的；（五）在直播节目中，未按规定采用必要设备，所播内容造成不良影响的；（六）涉及法律、医药及科技等专门知识不按有关规定处理，播出错误内容，造成不良后果的；（七）有其他违反宣传工作规定行为或失职行为的。

第十三条　违反宣传工作管理规定，有下列情形之一的，对负有直接责任的主管人员和其他直接责任人员中的共产党员，情节较轻的，给予党内警告处分；情节较重的，给予党内严重警告处分；情节严重的，给予撤销党内职务、留党察看或者开除党籍处分。（一）在采访工作中，违背党和国家政策或者损害国家尊严、利益，造成不良后果的；（二）有违反《关于禁止有偿新闻的若干规定》行为的；（三）未经批准，擅自以编辑记者身份采访，造成不良后果的；（四）有其他违反宣传工作管理规定行为的。

第十四条　广播电视播出机构发生上述违反宣传纪律的行为，造成严重不良影响或严重后果的，对负有主要领导责任、重要领导责任的主要负责人实行责任追究，在其他直接责任人员所受处分档次以下，酌情给予处分。

第十五条　对于严重违反党的宣传纪律，本身又不能纠正的党组织的领导机构和全体或者大多数党员严重违反党的宣传纪律的党组织，根据《中国共产党纪律处分条例（试行）》第十七条和第十八条的规定处理。

第十六条　广播电影电视系统的报刊、出版社、信息网站、发射台、转播台、监测台（站）等，参照执行本规定。

第十七条　本规定由中央纪委驻国家广播电影电视总局纪检组负责解释。

第十八条　本规定自下发之日起施行。

§33. 新修订的《中国新闻工作者职业道德准则》有什么主要内容？

中华全国新闻工作者协会2009年11月27日发布了新修订的《中国新闻工作者职业道德准则》，全文如下：

中国新闻事业是中国特色社会主义事业的重要组成部分。新闻工作者要坚持以马克思列宁主义、毛泽东思想、邓小平理论和“三个代表”重要思想为指导，深入贯彻落实科学发展观，高举旗帜、围绕大局、服务人民、改革创新，贴近实际、贴近生活、贴近群众，用马克思主义新闻观指导新闻实践，学习宣传贯彻党的理论、路线、方针、政策，继承和发扬党的新闻工作优良传统，积极传播社会主义核心价值体系，努力践行社会主义荣辱观，恪守新闻职业道德，自觉承担社会责任，敬业奉献、诚实公正、清正廉洁、团结协作、严守法纪，做到政治强、业务精、纪律严、作风正。

第一条　全心全意为人民服务。要忠于党、忠于祖国、忠于人民，把体现党的主张与反映人民心声统一起来，把坚持正确导向与通达社情民意统一起来，把坚持正面宣传为主与加强和改进舆论监督统一起来，发挥党和政府联系人民群众的桥梁纽带作用。

积极宣传党和政府的重大决策部署，及时传播国内外各领域的信息，满足人民群众日益增长的新闻信息需求，保证人民群众的知情权、参与权、表达权、监督权；

牢固树立群众观点，把人民群众作为报道主体和服务对象，多宣传基层群众的先进典型，多挖掘群众身边的具体事例，多反映平凡人物的工作生活，多运用群众的生动语言，使新闻报道为人民群众喜闻乐见；

积极反映人民群众的正确意见和呼声，批评侵害人民利益的现象和行为，依法保护人民群众的正当权益。

第二条　坚持正确舆论导向。要坚持团结稳定鼓劲、正面宣传为主，唱响主旋律，不断巩固和壮大积极健康向上的舆论。

始终坚持以经济建设为中心，服从服务于改革发展稳定大局不动摇，着力推动科学发展、促进社会和谐；

宣传科学理论、传播先进文化、塑造美好心灵、弘扬社会正气，增强社会责任感，坚决抵制格调低俗、有害人们身心健康的内容；

加强和改进舆论监督，着眼于解决问题、推动工作，坚持准确监督、科学监督、依法监督、建设性监督；

采访报道突发事件要坚持导向正确、及时准确、公开透明，全面客观报道事件动态及处置进程，推动事件的妥善处理，维护社会稳定和人心安定。

第三条　坚持新闻真实性原则。要把真实作为新闻的生命，坚持深入调查研究，报道做到真实、准确、全面、客观。

要通过合法途径和方式获取新闻素材，新闻采访要出示有效的新闻记者证。认真核实新闻信息来源，确保新闻要素及情节准确；

报道新闻不夸大不缩小不歪曲事实，不摆布采访报道对象，禁止虚构或制造新闻。刊播新闻报道要署作者的真名；

摘转其他媒体的报道要把好事实关，不刊播违反科学和生活常识的内容；

刊播了失实报道要勇于承担责任，及时更正致歉，消除不良影响。

第四条　发扬优良作风。要树立正确的世界观、人生观、价值观，加强品德修养，提高综合素质，抵制不良风气，接受社会监督。

强化学习意识，养成学习习惯，不断提高政治和业务素质，增强政治意识、大局意识、责任意识，努力成为专家型新闻工作者；

深入基层、贴近群众、体验生活，在深入中了解社情民意，增进与群众的感情；

坚决反对和抵制各种有偿新闻和有偿不闻行为，不利用职业之便谋取不正当利益，不利用新闻报道发泄私愤，不以任何名义索取、接受采访报道对象或利害关系人的财物或其他利益，不向采访报道对象提出工作以外的要求；

尊重新闻同行，反对不正当竞争。尊重他人的著作权益，引用他人的作品要注明出处，反对抄袭和剽窃行为；

严格执行新闻报道与经营活动分开的规定，不以新闻报道形式做任何广告性质的宣传，编辑记者不得从事创收等经营性活动。

第五条　坚持改革创新。要遵循新闻传播规律，提高舆论引导能力，创新观念、创新内容、创新形式、创新方法、创新手段，做到体现时代性、把握规律性、富于创造性。

深入研究不同传播对象的接受习惯和信息需求，主动设置议题，善于因势利导，不断提高舆论引导能力和传播能力；

认真研究传播艺术，利用现代传播手段，采用受众听得懂、易接受的方式，增强新闻报道的亲和力、吸引力、感染力；

善于利用新载体、新技术收集信息、发布新闻，提高时效性，扩大覆盖面。

第六条　遵纪守法。要增强法治观念，遵守宪法和法律法规，遵守党的新闻工作纪律，维护国家利益和安全，保守国家秘密。

严格遵守和正确宣传国家的民族区域自治制度、各民族平等团结和宗教信仰自由政策，维护国家主权和社会稳定；

维护采访报道对象的合法权益，尊重采访报道对象的正当要求，不揭个人隐私，不诽谤他人；

维护未成年人、妇女、老年人和残疾人等特殊人群的合法权益，注意保护其身心健康；

维护司法尊严，依法做好案件报道，不干预依法进行的司法审判活动，在法庭判决前不做定性、定罪的报道和评论；

涉外报道要遵守我国涉外法律、对外政策和我国加入的国际条约。

第七条　促进国际新闻同行的交流与合作。要努力培养世界眼光和国际视野，积极搭建中国与世界交流沟通的桥梁。

在国际交往中维护祖国尊严和国家利益，维护中国新闻工作者的形象；

积极传播中华民族的优秀文化，增进世界各国人民对中华文化的了解；

尊重各国主权、民族传统、宗教信仰和文化多样性，报道各国经济社会发展变化和优秀民族文化；

积极参加有组织开展的与各国媒体和国际（区域）新闻组织的交流合作，增进了解、加深友谊，为推动建设持久和平、共同繁荣的和谐世界多做工作。

§34.《中国广播电视编辑记者职业道德准则》主要内容是什么?

国家广播电影电视总局于2005年2月发布了《中国广播电视编辑记者职业道德准则》指出：广播电视是当今最具影响力的大众传媒之一，是党、政府和人民的喉舌。为加强广播电视队伍建设，倡导良好的职业精神和职业道德，规范广播电视编辑记者的职业行为，特制定本准则。

一、责任

广播电视编辑记者所从事的事业，担负着传播先进文化、弘扬民族精神、维护国家利益，促进经济社会发展、推动人类文明的崇高使命和社会责任。热爱祖国和人民，珍视国家和人民赋予的权利，全心全意为人民服务，为社会主义服务，为党和国家工作的大局服务。忠诚党的新闻事业，坚持党性原则，坚定执行党的路线、方针、政策。自觉遵守宪法和法律、法规。保守国家秘密。真实报道新闻，正确引导舆论，努力传播知识，热情提供服务，不断满足广大人民群众的精神和文化需要。

二、真实

广播电视编辑记者应该对报道内容的真实和准确负责，报道必须以事实为依据，不编造新闻，不歪曲、夸大事实。消息来源必须真实可靠。应深入新闻现场采集第一手信息，保证新闻要素准确无误；未经证实的消息，应加以说明；除需要对提供信息者保密外，报道中应指明消息来源。认真核实报道内容，包括基本事实、背景资料、引述转述语言等。对稿件中采用的声音、图像、数据、文件摘录及其他材料，做到真实、准确、科学、统一。报道中的细节必须真实，不加以拔高、想象和夸张。报道所采用的声音、图像均应来自新闻现场或与报道主题相关的采编活动，而非个人编造或拼接。在报道、说明、解释和评论事实时，要全面把握和正确反映社会生活的本质和主流，避免因为报道肤浅、片面而导致公众对事物的判断产生偏差或错误。报道一经发布，如果发现错误，应立即公开更正。

三、公正

广播电视编辑记者应坚持客观公正的职业理念，坚持深入实际、调查研究、忠于事实、追求真理的职业精神。坚持准确、公正、全面、客观的报道原则。不从个人或小团体利益出发进行影响公共利益的报道。区分报道事实和评价事实，不将评论或猜测作为认定的事实发表。不参与任何可能有损于自身公正和信誉的组织及活动；不在自己服务的媒体上发表本人及亲属涉诉事件的报道和评论；不阻挠正当的舆论监督。正确行使舆论监督职能，勇于批评和揭露违法违纪行为、消极腐败现象和违背社会公德的不良风气，弘扬社会正气，捍卫社会公正，维护社会稳定。批评性或揭露性报道要有利于问题的解决。不追求所谓“轰动效应”、哗众取宠；不以个人情绪代替政策法律、发泄私愤、中伤他人。尊重被批评者申辩的权利。案件报道不应影响司法公正和法律判决。不偏袒诉讼任何一方；案件判决前，不作定罪、定性报道；不针对法庭审判活动进行暗访；报道公开审理的案件，应遵守相关法律规定。报道中避免对种族、性别、年龄、职业、宗教信仰、教育程度、居住地等的任何歧视。

四、导向

广播电视编辑记者必须树立政治意识、大局意识、责任意识，坚持正确的舆论导向。把好政治关、事实关、安全播出关。杜绝政治导向问题和政策性错误，不给不良言论、有害信息提供传播渠道。坚持正面宣传为主的方针，及时传达党的主张，反映人民呼声，营造积极健康向上的舆论环境。报道内容要符合特定的政治、经济、文化、道德、习俗等社会环境要求。坚持正确的新闻价值取向，维护国家尊严、民族荣誉和社会道德规范。不宣扬利己主义、拜金主义、享乐主义的人生观、价值观和生活方式。坚持把社会效益放在首位，严肃认真地考虑新闻传播的社会效果。不片面追求经济利益，不报道危害国家安全、影响社会稳定、违背社会公德、损害公共利益的内容。坚持报道的高品质、高品位，不迎合庸俗、低级趣味。对重大事件、社会热点和敏感问题的报道，应注意把握分寸、时机、力度，释疑解惑，积极引导。不炒作和蓄意制造舆论“热点”，误导受众。

五、品格

广播电视编辑记者应恪守敬业奉献、诚实公正、团结协作、遵纪守法的职业道德。尊重公民和法人的名誉权、荣誉权，尊重个人隐私权、肖像权，不揭人隐私，避免损害他人名誉的报道。努力营造有利于未成年人健康成长的文化环境。不传播含有恐怖、暴力、色情、封建迷信和伪科学的内容。报道意外事件，应顾及受害人及家属的感受，在提问和录音、录像时应避免对其心理造成伤害。尊重和保护未成年人、妇女、老人和残疾人的合法权益。报道违法犯罪的未成年人和性侵犯的受害者时，录音、图像应经过特殊处理，使之不可辨认；不公布其真实姓名，不描述犯罪过程。涉及使用其他新闻来源的报道时，应尊重其他新闻来源和相关作者的知识产权。对内容的选择应忠实于原作，不断章取义。尊重采访对象的声明和要求，采访时应主动出示工作证件或单位介绍信。保持良好的社会形象。进行报道活动时，衣着、语言和行为要符合大众审美情趣，避免在社会上产生不良影响。同行之间互相尊重、互相学习、互相支持，开展正当的业务竞争。

六、廉洁

广播电视编辑记者应该清正廉洁、克己奉公，反对任何形式的“有偿新闻”。不利用职务之便，直接或间接地为本人、亲属及其他人谋取私利。不擅自组团进行采访活动，不参加他人擅自组织的采访活动。不以任何名义索要、接受和借用报道对象的钱物。不以批评报道相威胁或以表扬报道相引诱，为个人和小团体谋利。不以“公开曝光”、“编发内参”等方式要挟他人以达到个人目的或其他不正当目的。严格区分新闻报道与广告，不以任何形式从事广告和其他经营活动。不利用新闻报道拉赞助、拉广告；不以新闻报道形式为企业或产品做变相广告或形象宣传；广告和广告信息应有明确广告标识。自觉遵守有关廉政的规章制度和财经纪律，自觉接受公众和有关部门的监督。

§35.《中国广播电视播音员主持人职业道德准则》主要内容是什么？

国家广播电影电视总局2005年2月发布了《中国广播电视播音员主持人职业道德准则》，指出：广播电视是当今最具影响力的大众传媒之一，是党、政府和人民的喉舌。为加强广播电视队伍建设，倡导良好的职业精神和职业道德，规范广播电视播音员主持人的职业行为，特制定本准则。

一、责任

广播电视播音员主持人所从事的事业，担负着传播先进文化、弘扬民族精神、维护国家利益、促进经济社会发展、推动人类文明的崇高使命和社会责任。热爱祖国和人民，珍视国家和人民赋予的权利，全心全意为人民服务，为社会主义服务，为党和国家工作的大局服务。忠诚党的新闻事业，坚持党性原则，坚定执行党的路线、方针、政策。自觉遵守宪法和法律、法规。保守国家秘密。真实报道新闻，正确引导舆论，努力传播知识，热情提供服务，不断满足广大人民群众的精神和文化需要。

二、品格

广播电视播音员主持人应恪守敬业奉献、诚实公正、团结协作、遵纪守法的职业道德，谦虚谨慎，追求德艺双馨。坚持播出内容与播出形式的高品质、高品位，不迎合低级趣味，拒绝有害于民族文化、社会公德的庸俗报道。努力营造有利于未成年人健康成长的文化环境。不动员未成年人参与可能损害他们性格和感情的节目；对有可能被未成年人模仿而导致不良后果的播出内容和播出形式要加以防范。采访意外事件，应顾及受害人及亲属的感受，在提问和录音、录像时应避免对其心理造成伤害。尊重公民和法人的名誉权、荣誉权，尊重个人隐私权、肖像权。不揭人隐私，避免作出损害他人名誉的报道。尊重和保护未成年人、妇女、老人和残疾人的合法权益。报道违法犯罪的未成年人和性侵犯的受害者时，录音、图像应经过特殊处理，使之不可辨认；不公布其真实姓名，不描述犯罪过程。同行之间互相尊重、互相学习、互相支持，开展正当的业务竞争。

三、形象

广播电视播音员主持人直接代表广播电台、电视台的形象，言谈举止有着广泛的社会影响和示范效应，应自觉树立良好形象，维护媒体公信力。树立良好的声屏形象，尊重大众审美情趣和欣赏习惯。服饰、发型、化妆、声音、举止等要与节目（栏目）定位相协调，大方、得体，避免媚俗。形象设计要符合中华民族的文化传统，不盲目模仿境外和外国人的形象，不用外国人的名字作艺名。少儿节目主持人的服饰、发型、化妆、声音、举止要充分考虑到对未成年人的影响，展示积极健康向上的形象和精神风貌。严格约束日常行为。在工作和生活中要保持良好仪表和文明举止；自尊自爱，不参加任何有损于媒体形象、自身形象的组织和活动；要有公众人物的自觉意识，接受社会、公众和媒体较常人更为严格的监督。确立正确的公众人物观念。尊重观众、听众，热情礼貌地对待观众、听众；不以个人知名度和社会影响寻求利益，谋求优惠、照顾和方便；在涉及个人的纠纷中，不以强调个人工作身份和个人知名度影响、干扰和破坏法律、法规的实施。努力提高政治素养、文化内涵、语言能力、心理素质，保持外在形象和内在素质的和谐统一。

四、语言

广播电视播音员主持人要积极推广、普及普通话，规范使用通用语言文字，维护祖国语言和文字的纯洁，发挥示范作用。除特殊需要，一律使用普通话。不模仿有地域特点的发音和表达方式，不使用对规范语言有损害的口音、语调、粗俗语言、俚语、行话，不在普通话中夹杂不必要的外文。用词造句要遵守现代汉语的语法规则，语序合理，修辞恰当，层次清楚。避免滥用方言词语、文言词语、简称略语或生造词语。表达要通俗易懂、准确生动、富有内涵、朴素大方。避免艰涩、易生歧义的语言和煽情、夸张的表达。不追求低俗的主持风格和极端个人化的主持方式。与受众和嘉宾平等交流、沟通，做到相互尊重、理解、通达、友善，赢得公众信赖。

五、廉洁

广播电视播音员主持人应该清正廉洁，自觉抵制拜金主义、享乐主义、个人主义的侵蚀，反对任何形式的“有偿新闻”。不利用工作、身份之便，直接或间接地为本人、亲属及其他人谋取私利。不以任何名义索要、接受和借用采访对象的任何钱物，采访活动中不提出与工作无关的个人要求。严格区分新闻报道与广告。不以新闻报道形式为企业或产品做变相广告或形象宣传。不从事广告和其他经营活动。不将自己的名字、声音、形象用于任何带有商业目的的文章、图片及音像制品中。不私自从事未经本单位批准的节目主持、录音、录像、配音工作及以个人赢利为目的的社会活动。自觉遵守有关廉政的规章制度和财经纪律，自觉接受人民群众的监督。

§36.《广播影视新闻采编人员从业管理的实施方案（试行）》有哪些主要内容？

为深入贯彻落实中宣部、国家广电总局、新闻出版总署联合颁布的《关于新闻采编人员从业管理的规定（试行）》，结合广播影视新闻工作实际，加强新闻职业道德建设，规范广播影视新闻采编人员行为，维护广播影视的良好形象，促进广播影视事业的健康发展，广电总局2005年4月1日制定印发了《广播影视新闻采编人员从业管理的实施方案（试行）》。全文如下：

中宣部、国家广电总局、新闻出版总署联合颁布的《关于新闻采编人员从业管理的规定（试行）》，对新时期、新阶段进一步加强新闻职业道德建设，规范广播影视新闻采编人员行为，维护广播影视的良好形象，促进广播影视事业的健康发展提出了明确要求，作出了全面部署。各级广播影视管理部门和各级广播电台、电视台、广播影视报刊、新闻网站等单位，要精心组织记者、编辑、制片人、主持人、播音员、评论员、翻译等新闻采编人员，认真学习、全面落实这一文件精神。为认真贯彻落实《关于新闻采编人员从业管理的规定（试行）》，现制订如下实施方案：

一、加强教育培训工作

要广泛开展科学理论教育，坚持以马列主义、毛泽东思想、邓小平理论和“三个代表”重要思想为指导，全面贯彻落实科学发展观；要加强遵守宪法和法律、遵守党的新闻宣传纪律的教育，拥护中国共产党的领导，拥护社会主义制度，维护党和国家的利益，维护人民群众的根本利益；要加强马克思主义新闻观教育，努力掌握和运用辩证唯物主义和历史唯物主义的世界观和方法论，贯彻团结稳定鼓劲，正面宣传为主的方针，把握正确的舆论导向，为人民服务，为社会主义服务，为全党全国工作大局服务；要加强正确的世界观、人生观、价值观教育，科学认识世界，积极对待人生，正确实现个人价值；要加强职业道德教育，积极组织广播影视新闻采编人员认真学习贯彻《广播电视编辑记者职业道德准则》和《广播电视播音员主持人职业道德准则》，恪守清正廉洁、敬业奉献、诚实公正、团结协作、遵纪守法的职业道德。各级广播影视管理部门及各级广播影视播出和新闻出版机构要将教育培训工作列入重要议事日程，制定具体规划，加大投入，分期分批，分级分类，切实做好教育培训工作。

二、切实提高保密意识

要教育新闻采编人员增强政治意识、大局意识、责任意识，不泄露自己知悉的党和国家秘密；不在无保密保障的场所阅办秘密文件、资料；不使用无保密保障的通讯方式传输党和国家秘密；不在家属、亲友、熟人和其他无关人员面前谈论党和国家秘密；不在私人通信及公开发表的文章、著述中涉及党和国家秘密；不在社交活动中携带秘密文件、资料，特殊情况确需携带的，应由本人或指定专人严格保管；不在出国访问、考察等外事活动中携带秘密文件、资料，因工作确需携带的，应采取严密的防范措施；不将阅办完毕的秘密文件、资料私自留存而不及时按规定清退、归档；不擅自复制或销毁秘密文件、资料。

三、认真把握违法违纪案件报道

报道违法违纪案件，要确保正确导向，克服负面影响，自觉遵守案件报道的纪律，注意案件报道的政治效果、社会效果。对违法违纪案件的报道既要把握好度，也要把握好量，避免报道数量过多，表现形式不妥，内容选择不当，尺度把握不准，造成不良的社会影响。要坚决制止采用自然主义的手法，过细展示犯罪过程和作案细节，坚决制止渲染凶杀、血腥、暴力、色情等情节，坚决制止详细描写公安人员破案过程和破案细节。

四、认真把握涉外宣传报道

要紧紧围绕党和国家的工作大局，认真贯彻中央对外工作方针，及时准确地宣传党和国家的方针政策，全面客观地向世界介绍我国的真实情况，生动形象地展现我国各族人民的良好精神风貌，着力维护国家利益和形象。要坚持以我为主、以正面宣传为主、用事实说话，坚持内外有别、外外有别，从海外受众的特点和需要出发，遵循外宣工作特点和规律，拓宽外宣工作领域和渠道，改进外宣工作方式和方法。采编涉外新闻报道，要遵守我国涉外法律和我国已加入的国际条约，贯彻我国对外政策，遵守对外宣传纪律，与中央对外口径保持高度一致，不得出现任何杂音和噪音。

五、慎重处理民族宗教问题报道

要认真把握党的民族宗教基本观点、基本政策和基本常识，既要理直气壮地宣传马克思主义唯物论和无神论，又要宣传马克思主义的祖国观、民族观、宗教观和文化观，同时要尊重少数民族的风俗习惯和宗教信仰。采编、刊播民族宗教问题的报道，要遵守我国民族宗教政策和相关法规，杜绝在广播影视宣传中出现违反民族宗教政策和伤害少数民族、信教群众感情的内容。对涉及少数民族及民族地区突发事件的报道要慎重把握，及时请示有关主管部门。

六、依法维护报道对象的合法权益

要尊重公民的人格尊严，维护公民的姓名权、肖像权、名誉权、荣誉权和隐私权。不得宣扬他人隐私，或者捏造事实公然丑化他人人格，以及用侮辱、诽谤等方式损害他人名誉。要通过合法和正当的手段获取新闻，尊重被采访者的声明和正当要求。采访意外事件，应顾及受害人及亲属的感受，在提问和录音、录像时应避免对其心理造成伤害。要通过各种方式，广泛开展保护公民合法权益的宣传。

七、切实维护未成年人的合法权益

采编涉及未成年人的负面报道，要遵守我国对未成年人保护的法律规定，维护未成年人的权益。未获得未成年人的监护人同意，一般不披露未成年人的姓名、住址、肖像等能够辨别和推断其真实身份的信息和音像资料。不动员未成年人参与可能损害他们性格和感情的节目；对有可能被未成年人模仿而导致不良后果的报道内容和播出形式要加以防范；对未成年人犯罪案件一般不予公开报道。广播影视不能借报道新闻、宣传法制之名展示未成年人犯罪案件，不能为了追求收听率和收视率而公开披露未成年人的犯罪细节、作案方式。特殊情况需要报道的，要采取必要的技术手段加以处理。

八、确保新闻报道真实全面客观公正

要认真核实消息来源，仔细辨别事实真相，谨慎选择报道角度，精心组织采访活动，去伪存真、去粗取精，不编造新闻，不歪曲和夸大事实。要深入新闻现场采集第一手信息，保证新闻要素准确无误；除需要对提供信息者保密外，报道中应指明消息来源。要认真核实报道内容，不得拔高、想象和夸大新闻事实。要全面把握和正确反映社会生活的本质和主流，避免因报道肤浅、片面而导致公众对事物的判断产生偏差或错误。如发现报道错误，应立即公开予以更正。新闻采编人员采访报道的新闻和节目要实行实名制，即在采访报道中必须使用真实姓名，切实对所采访的报道、制作的节目、撰写的文章负起责任。要坚决杜绝虚假

不实报道。

九、切实搞好司法审判的报道

要坚持以事实为依据，以法律为准绳，切实维护国家法律的尊严，维护人民法院的权威，维护当事人的合法权益。对司法审判的报道，要考虑社会效果，化解社会矛盾，维护社会稳定。不得干预民事纠纷和经济纠纷的调解，不得干预正常的司法审判活动；不应影响司法公正和法律判决，不偏袒诉讼任何一方；案件判决前，不作定罪、定性报道；不针对法庭审判活动进行暗访；报道公开审理的案件，应遵守相关法律规定。在报道有争议的内容时，要认真核对事实，充分听取相关方面的意见，准确把握分寸。对一些在社会上反响强烈，备受关注的重特大案件审判的报道，要严格按照中央统一部署和有关要求做好宣传报道工作，拿不准的要及时请示报告。

十、努力改进工作作风

要教育新闻采编人员贴近实际、贴近生活、贴近群众，紧密联系构建社会主义和谐社会的实际，紧密联系火热的社会生活，紧密联系广大人民群众的根本利益，真实反映时代精神，全面体现时代特色。要进一步改进新闻宣传，改进会议和领导同志活动的报道，提高质量，讲求效果；要进一步搞好重大群体性事件的报道和对社会热点问题的引导，进一步搞好突发事件的新闻报道。要加强和改进舆论监督工作，使舆论监督有利于问题的解决，有利于党和政府改进工作，有利于社会稳定。

十一、努力改进报道文风

要切实提高引导水平，讲究宣传艺术，多用鲜活通俗的语言，生动典型的事例，喜闻乐见的形式，疏通引导的方法，做好广播影视新闻报道工作。要善于把握时机、把握节奏、把握分寸、因势利导、潜移默化、润物无声，力求用鲜活的语言解开思想的困惑，用身边的事例说明深刻的道理，把思想和艺术、继承和发展、严谨与生动、科学与趣味有机地结合起来。要适应群众的口味、满足群众的需要，深入浅出、入脑入耳、可亲可信。要扩大新闻报道面，增加信息量，做到新闻数量多、时效快、文笔好、价值高，确保新闻报道言之有物、内容充实、信息丰富。

十二、在新闻报道中实行回避制度

广播影视新闻采编人员从事新闻报道活动时，如遇以下情形应实行回避，并不得对稿件的采集、编发、刊播进行干预或施加影响：新闻采编人员与报道对象具有夫妻关系、直系血亲关系、三代以内旁系血亲以及近姻亲关系；新闻采编人员采访报道涉及地区系本人出生地、曾长期工作或生活所在地；新闻采编人员与报道对象属于素有往来的朋友、同乡、同学、同事等关系；新闻采编人员与报道对象存在具体的经济、名誉等利益关系。

十三、实行轮岗交流和任职回避

广播影视播出和新闻出版单位各级分支机构和派出机构的主要负责人（记者站站长等），实行任期轮岗制和任职回避制。广播影视播出和新闻出版单位各级分支机构和派出机构的主要负责人任职满 8 年的，应当轮岗交流或易地安排工作。广播影视新闻采编人员不得被派往本人出生地、曾长期工作地或生活所在地担任本单位分支机构和派出机构的主要负责人。

十四、坚决杜绝有偿新闻

要坚决杜绝各种有偿新闻行为。不得利用工作、身份之便直接或间接地为本人、亲属及其他人谋取私利；不得接受可能影响新闻报道客观公正的宴请和馈赠；不得以任何名义索要、接受和借用采访对象的任何钱物；不得在采访报道活动中提出任何与工作无关的个人要求；不得从事与职业有关的有偿中介活动；不得经商办企业；不得在无隶属关系的其他新闻单位或经济组织兼职取酬。广播影视播音员主持人不得将自己的名字、声音、形象用于任何带有商业目的的文章、图片及音像制品；不得私自从事未经批准的节目主持、录音、录像、配音工作及以个人赢利为目的的社会活动。

十五、新闻报道与经营活动相分开

要严格实行新闻报道与经营活动相分开的规定。不得以记者、编辑、审稿人、制片人、主持人、播音员等身份拉广告，不得以新闻报道换取广告，不得以新闻形式变相播发广告内容，不得为经营谋利操纵新闻报道。不得要求被采访报道者为自己、亲属和本部门、本单位提供经费、报酬等，更不得以批评曝光为由强迫被采访者投放广告、提供赞助，或为自己谋取私利。

十六、规范证件管理和使用

要做好广播电视编辑记者、播音员主持人资格认定工作，切实加强广播影视新闻采编队伍的建设和管理工作。广播影视行政管理部门要继续做好对已在岗并符合条件的广播电视编辑记者、播音员主持人的执业资格审核认定工作，保证审核质量；对其他需要取得广播电视编辑记者、播音员主持人资格的人员要按照国家考试的标准要求，进行执业资格考试。要确保考试的公正性、严肃性和权威性；健全执业资格注册、颁证制度。要严格执行延续及变更注册的程序和要求，建立持证人员的不良记录档案，建立网络查询监控系统。对使用假新闻采编人员证件或冒充记者的人员要严肃查处。广播电视新闻单位要向社会公布监督电话，方便群众监督。

十七、违规违纪的查处规定

对违规违纪的广播影视新闻采编人员要按照有关规定和纪律严肃查处。广播影视新闻采编人员有虚假报道、有偿新闻等行为，情节严重的，一律吊销新闻采编人员证件。凡被吊销新闻采编人员证件的人员，自吊销之日起 5 年内不得从事广播影视新闻采编工作。

十八、本实施方案自公布之日起，在全国广电系统主要广播影视播出制作机构和新闻出版机构试行，其他新闻单位参照试行

§37.《广东省新闻工作者自律公约》有什么主要内容？

广东省新闻工作者协会 2003 年 11 月倡发了《广东省新闻工作者自律公约》，主要内容如下。

为深入贯彻“三个代表”重要思想，落实中宣部等部门关于开展“三项学习教育活动”通知的要求，经征求省内媒体的意见，特制定本公约，作为全省新闻工作者共同遵守的准则，并接受社会各界的监督。

（1）坚持马克思主义新闻观，坚持新闻工作党性原则，坚持正确舆论导向。

以四项基本原则为准绳，坚决维护党的领导和社会主义制度，大力宣传党的理论路线方针政策和中央、省委的决策部署。坚持党对新闻工作的领导，坚持政治家办报原则，增强政治意识、大局意识、责任意识。坚持党的群众路线，心中装着群众，体察民情民意，反映人民心声。坚持正确舆论导向，坚持正面宣传为主方针，宣传科学理论，传播先进文化，弘扬社会正气，倡导科学精神。坚持贴近实际、贴近生活、贴近群众，全心全意为人民服务、为社会主义服务、为全党全国工作大局服务。

（2）坚持实事求是基本准则，新闻报道做到真实公正。把社会效益放在首位，从改革发展稳定大局出发，从党和国家、人民的根本利益出发，真实准确地反映社会的主流和本质，对党和国家负责，对社会和人民负责。把新闻的真实、客观、公正同准确、鲜明、生动统一起来，坚持真理，修正错误，提高引导水平，注重社会效果。

（3）弘扬职业精神，恪守职业道德，维护新闻工作崇高声誉和新闻工作者良好形象。遵纪守法，敬业奉献，维护新闻事业崇高声誉，杜绝有令不行、有禁不止、违法违规、滥用职权等一切亵渎新闻事业的行为。

（4）建章立制，坚决防范和纠正不正之风，加强行业和个人自律。各新闻媒体要建立健全新闻工作管理章程，新闻工作者要订立个人行为守则，不采编、刊播危害国家安全、社会稳定和有害人们身心健康的报道。不采编、刊播错误言论和有害信息。不采编、刊播虚假新闻和未经核实的新闻，不徇私隐匿应报道的新闻。不蓄意炒作渲染诱发情绪、激化矛盾、影响工作的事件。不利用报道假公济私或发泄私愤。不采编、刊播低级庸俗的报道。不刊播不健康、不文明、误导受众的广告。不利用报道谋取私利，不利用批评性、揭露性报道敲诈勒索。不以不正当、不道德手段进行采访报道，不抄袭、剽窃他人劳动成果。不在新闻报道和涉外交往中泄露国家机密、损害国家尊严和新闻工作者形象。

（5）自觉接受社会监督，公开投诉渠道，严肃查处违规违纪问题。新闻媒体领导班子成员要带头遵纪守法、严格自律。按照政治强、业务精、纪律严、作风正的要求，切实加强新闻队伍建设。公开接受社会监督，欢迎群众举报。对群众举报的违规违纪问题，要严肃认真查处，并向举报人反馈查处结果，以实际行动取信于民。

§38. 关于禁止有偿新闻有哪些规定？

中央宣传部、广播电影电视部、新闻出版署、中华全国新闻工作者协会1997

年1月15日发布《关于禁止有偿新闻的若干规定》（中宣发［1997］2号）如下。

《中共中央关于加强社会主义精神文明建设若干重要问题的决议》明确指出："建立健全规章制度，加强队伍的教育和管理。严格禁止有偿新闻、买卖书号、无理索取高额报酬。"为贯彻落实《决议》精神，加强新闻队伍职业道德建设，禁止有偿新闻，维护新闻工作的信誉和新闻队伍的良好形象，树立敬业奉献、清正廉洁的行业新风，根据中宣部、新闻出版署颁布的有关规定，结合新的形势，重申并制定如下规定：

（1）新闻单位采集、编辑、发表新闻，不得以任何形式收取费用。新闻工作者不得以任何名义向采访报道对象索要钱物，不得接受采访报道对象以任何名义提供的钱物、有价证券、信用卡等。

（2）新闻工作者不得以任何名义向采访报道对象借用、试用车辆、住房、家用电器、通讯工具等物品。

（3）新闻工作者参加新闻发布会和企业开业、产品上市以及其他庆典活动，不得索取和接受各种形式的礼金。

（4）新闻单位在职记者、编辑不得在其他企事业单位兼职以获取报酬；未经本单位领导批准，不得受聘担任其他新闻单位的兼职记者、特约记者或特约撰稿人。

（5）新闻工作者个人不得擅自组团进行采访报道活动。

（6）新闻工作者在采访活动中不得提出工作以外个人生活方面的特殊要求，严禁讲排场、比阔气、挥霍公款。

（7）新闻工作者不得利用职务之便要求他人为自己办私事，严禁采取"公开曝光"、"编发内参"等方式要挟他人以达到个人目的。

（8）新闻报道与广告必须严格区别，新闻报道不得收取任何费用，不得以新闻报道形式为企业或产品做广告。凡收取费用的专版、专刊、专页、专栏、节目等，均属广告，必须有广告标识，与其他非广告信息相区别。

（9）新闻报道与赞助必须严格区分，不得利用采访和发表新闻报道拉赞助。新闻单位必须把各种形式的赞助费，或因举办"征文"、"竞赛"、"专题节目"等得到的"协办经费"，纳入本单位财务统一管理，合理使用，定期审计。在得到赞助或协办的栏目、节目中，只可刊播赞助或协办单位的名称，不得以文字、语言、图像等形式宣传赞助或协办单位的形象和产品。

（10）新闻报道与经营活动必须严格分开。新闻单位应由专职人员从事广告等经营业务，不得向编采部门下达经营创收任务。记者、编辑不得从事广告和其他经营活动。

各新闻单位要根据上述规定，结合本单位实际，制定实施细则，认真贯彻执行。要建立健全内部监督制度，发挥纪检、监察部门的作用，确保规定落到实处。要接受社会监督，中华全国新闻工作者协会和各新闻单位要分别向社会公布举报电话，确定专人负责，认真受理。对违反上述规定的个人，由新闻单位和主管部门没收其违规收入，并视情节轻重，给予批评教育、通报批评、党纪政纪处分，直至开除，触犯法律的移送司法机关处理。对严重违反规定的单位，由广播电影电视部和新闻出版署给予行政处罚。要选择典型案例公开报道，推动禁止有偿新闻的工作深入持久地进行，务求取得实效。

§39. 新闻失实的原因是什么？

维护新闻的真实性并不是轻而易举的事。同新闻真实相对的是新闻失实。在实践中，报道失实这种现象一直困扰着中外新闻界，并带有普遍性、顽固性的特点。几乎有媒体报道，新闻失实就如影相随，从未离开过人类的新闻传播活动。

一、新闻工作的真实性原则

新闻真实性是新闻理论与实践的基石，是社会主义报纸、广播、电视新闻报道工作不可动摇的基本原则。

1. 真实是新闻的生命

在我们的新闻工作中，过去、现在仍有许多虚假失实报道出现。这些虚假失实的报道影响极坏，直接破坏我国社会主义新闻事业的信誉，引起观众、听众、读者的不满。如何防止和消除虚假失实新闻报道现象，需要我们从理论的角度来看待新闻真实性的问题。

马克思主义新闻本源观认为，新闻的本源是客观事实，新闻只是对客观事实的如实报道。据此，我们可以把新闻与事实之间的基本关系归纳为：

第一，事实是新闻的本源，没有事实就没有新闻。否认这一本源就等于否认新闻这种手段，必然导致向壁虚构、无中生有、编造谎言。

第二，客观事实是不依赖于人的主观意志而独立存在的。就是说，新闻是客观事物的反映，是新闻传播者观察、分析、选择、综合和表达客观事实的结果。

第三，事实是第一性的，而新闻是第二性的。事实在前，新闻在后，两者之间的这种关系，任何时候都不能颠倒。

第四，新闻的事实具有物质性，而事实的报道具有意识性，物质是意识的基础，意识则是物质的反映，新闻是物质性和意识性的统一。

第五，新闻报道是客观内容和观念形态的统一。因此，要正确处理实践和认识、物质和意识、事实和报道的关系，这是新闻工作对待新闻事实的一个重要理论和实践问题。

事实和新闻谁是第一性，是新闻传播中的一个基本问题。这不是日常生活中“一”和“二”的问题，而是谁先谁后的问题，是“源”和“流”的问题，是客观世界跟新闻传播的关系问题。新闻传播机构如同加工厂，它要加工制作精神产品，而加工所用的原材料就是客观世界每日每时所发生和发展着的各种各样的新事物、新事件。新闻就是新闻传播机构对客观世界的种种事实经过选择和加工的产物。

讲事实、讲真话、讲真理，是革命导师关于新闻工作的一贯指导思想，是无产阶级新闻事业的优良传统。马克思、恩格斯把报道千真万确的事实当作与敌人进行针锋相对斗争的锐利武器。1849 年，马克思在《〈新莱茵报〉审判案》的发言中，义正词严地驳斥普鲁士官方指控《新莱茵报》犯有侮辱和诽谤罪时说：法庭对证人的讯问已经证明，我们“所报道的完全是千真万确的事实”。列宁在论述新闻真实性的重要性时说：“如果认为人民跟着布尔什维克走是因为布尔什维克的鼓动较为巧妙，那就可笑了。不是的，那是因为布尔什维克的鼓动说实话。”

中国共产党的新闻事业实事求是的优良传统是毛泽东等老一辈无产阶级革命家亲自实践和培育起来的，是在两条认识路线、两种新闻工作作风的斗争中丰富和发展起来的。从党的新闻事业史来看，为坚持正确的思想路线和新闻工作作风，维护新闻真实性原则，新闻界曾经历了四次集中学习和整顿：抗日战争时期以肃清王明机会主义路线影响，反对宣传工作中的主观主义及其表现形式“党八股”为中心内容的整风学习；解放战争期间的反“客里空”运动；20 世纪 60 年代初总结 1958 年“大跃进”中新闻宣传的浮夸风、片面性和瞎指挥的经验教训；20 世纪 70 年代末，在新闻工作中拨乱反正，清算林彪、江青两个反革命集团假、大、空的腐朽反动文风。历史经验证明：维护党的新闻工作实事求是的传统，坚持新闻真实性原则，不是轻而易举的事情，必须花大气力，坚持不懈。

2. 新闻真实性是具体真实与总体真实的统一

新闻要讲求真实，这是新闻的基本规律，也是为新闻界所公认的原则。但是新闻真实性的内涵是什么？新闻的真实，包含了双重含义：即新闻的“具体真实”和“总体真实”。新闻的“具体真实”是指新闻报道对具体的客观事实所作的真实的反映。新闻的“总体真实”，则是指在“具体真实”的基础上，新闻报道真实地反映客观事物的运动变化过程和客观事物的普遍联系，揭示客观事物相互联系和发展中存在的内部规律性。二者的关系是："具体真实"是基础，"总体真实"是在"具体真实"的基础上的升华。二者结合，赋予新闻报道既反映事物现状，又符合事物发展趋势的品格。如果把新闻真实仅仅看作"不向壁虚构，不无中生有"，即把新闻真实性的含义局限在具体事实真实这样狭窄的认识上，而不从总体上去掂量、把握具体事实，新闻报道的可信度就难以避免质疑。

辩证唯物主义的认识论认为：存在决定意识，客观存在是社会意识的根据。不过，这个存在是以包含着许多"个别"的"总体"出现；也就是说，决定意识的，既不是具体的"个别"，也不是抽象的"总体"，而是有血有肉的总体。这一基本认识说明：新闻真实包括"具体真实"和"总体真实"。所谓新闻"具体真实"，指在反映客观事物处于运动的特殊状态之下——相对静止意义上的真实。正因为客观事物具有相对静止的属性，因此客观事物之间才有了区别，才有了千千万万不同事物的具体形态。这种具体形态构成了一个个具体客观事实。新闻在反映某个具体的事实时，必须做到完全真实，也就是恩格斯所说的，对客观事物的本来面目作"朴素的了解，不附加任何外来的成分"，这是新闻"具体真实"的生命，也是构成新闻"总体真实"的基础。

但是，相对静止只是事物运动的一种特殊状态，而运动才是物质的根本属性。如果新闻只停留在对事物处于相对静止状态时的认识和反映，即停留在"具体真实"之上，而不是对客观事物运动发展过程作真实的反映，那么，这样的反映就会落后于事物的发展，因而成为时过境迁的"旧闻"；或者只见树木、不见森林，从而沦于表面性、片面性，甚至歪曲了事物的本来面目。因此，真实地反映客观事物的运动变化过程，这是新闻"总体真实"第一个层次上的要求。

同时，客观事物之间存在普遍的联系。揭示事物的普遍联系，这是唯物辩证法的另一特征。根据这一认识，真实地反映客观事物的普遍联系，揭示客观事物相互联系的内部规律性，就成为新闻"总体真实"第二个层次上的要求。

关于新闻真实性的内涵，类似的说法还有：新闻真实是微观真实和宏观真实的统一。对单篇新闻作品来说，不仅要确保个别事实的准确无误，做到微观真实，还要求在事实的总体和相互联系上也符合客观实际，力求宏观真实；对新闻媒体来说，首先要做到每篇新闻真实可信，但每篇新闻真实未必等于真实地反映了整个事物，所以还必须对实际情况做全面、客观的正确估计，通过控制报道量和连续报道等方式，做到宏观真实。

二、新闻失实的原因

导致新闻失实的原因是复杂的。既有客观环境方面的原因，也有传播者主观方面的原因。总结中外新闻界历史与现实的经验教训，造成新闻失实的主要原因有如下几点。

1. 体制性失实

体制性失实是指因某种价值观对新闻报道发生强烈作用时而造成的新闻失实。价值观，或者说意识形态，同新闻传播活动有着十分密切的关系。一定的价值观不仅关注着新闻传播活动，而且要在对新闻传播实施领导和导向的过程中使其为自己服务。从这个意义上说，新闻传播活动总是在一定的政治环境中进行的，其真实性的实现不可能不受到政治环境的影响和制约。历史证明，在某种社会思潮兴起的时刻，新闻界炮制的假新闻就明显增多。

2. 经济性失实

经济性失实是指由于金钱等经济利益对新闻报道发生强烈作用时所造成的新闻失实。

西方新闻界这方面的例子不少。尤其是一些小报，几乎自面世以来就成为“失实新闻”滋生的温床。原因很简单，因为它们自负盈亏，必须赚钱养活自己。为了追求市场“卖点”，取得较高的利润，有时不惜制造新闻，或者用对事实的歪曲报道来迎合读者。即使是“大报”，随着传媒的产业化，经济力量对其影响乃至左右也越来越严重，新闻真实性的原则同样受到了严峻的考验。

随着我国社会主义市场经济的确立，过去国家财政全包的传媒业已逐步走向市场。此举极大地激发了我国传媒业的活力，但同时也带来了一些负面影响：其中之一就是因盲目地追求经济效益而造成新闻质量下降。而新闻质量问题的第一个表现就是假报道增多。只要对这些假新闻稍做考察，就不难发现，不管哪一类造假者都只有一个目的，即片面追求轰动性效应和市场卖点，以刺激发行量或收视收听率。也就是说，假新闻背后都有经济利益的驱动。还有一些媒体公然搞有偿新闻，甚至出卖版面时段，只要有人出钱，让怎么写就怎么写，让登什么就登什么。如果一切服从于金钱这个指挥棒，新闻的真实性就无从谈起了。

3. 故意失实与非故意失实

故意失实是指媒体或者新闻报道者事先明知报道内容不符合客观事实，具有虚假成分，但却出于种种主客观因素的制约和影响，而有意为之所导致的新闻报道失实。一般来说，故意失实与报道者的思想意识不端正和职业道德有关。这类失实从性质上看是比较严重的，所造成的危害常常也比较大。通常表现的形式有如下几种：

（1）某些从业者出于不正当的动机或需要，故意捏造事实、虚构情节，甚至颠倒黑白、混淆是非。常见的有因急功近利而无中生有者，有为沽名钓誉而胡编乱造者等。

（2）有一些故意失实，是媒体或者报道者分不清宣传与新闻的界限，为了政治宣传的目的，或为了追求政治宣传的效果，离开了客观事实，而去刻意制造典型，或者任意拔高。也有的媒体或者报道者不是从客观存在的实际情况出发，而是完全从是否对自己有利出发来选择事实、报道新闻。往往在事实对自己不利的时候，便试图掩盖事实、隐匿实情，甚至编造谎言。

(3) 有一些失实报道，则是从业者屈从于压力或者诱惑写的“昧心稿”。此外，那种知情不报的，或者只报喜不报忧的，也应视同故意失实。

非故意失实，也称业务性失实，是指新闻报道并无故意造成失实报道的动机，而是由于种种主客观条件的限制或影响，未能按照客观事实的本来面目如实作出报道所导致的新闻失实。这种失实虽然从性质上看没有故意失实那么严重，但它出现的频率高，所造成的危害也不能忽视。通常的表现形式有：思想方法片面，对所报道的事物认识不够准确；知识不足，在报道中闹笑话、出差错，或者采写作风不严谨、粗枝大叶等造成失实。

就新闻界自身来说，防止和克服新闻失实现象应努力做到以下几个方面：①坚持马克思主义的思想路线，发扬深入实际调查研究的工作作风；②坚持唯物辩证法，保持冷静头脑，防止片面性；④健全新闻法规，依法惩治新闻领域的腐败现象；④严守规章制度，堵塞失实漏洞；⑤提高队伍素养，弘扬职业道德；⑥自觉接受群众监督，及时纠正失误。

§40. 如何杜绝虚假报道？

2010 年 11 月 23 日，全国新闻战线“三项学习教育”活动领导小组召开各省区市视频会议，动员部署开展“杜绝虚假报道、增强社会责任、加强新闻职业道德建设”专项教育活动。这次教育活动主题鲜明、针对性强，是新闻战线加强自律、不断推进自身建设的重要举措。新闻媒体以及广大新闻从业人员要认真领会会议精神，进一步提高责任意识，共同努力杜绝虚假报道，净化新闻环境。12 月 3 日，广东省新闻战线“三项学习教育”活动领导小组在广州召开动员大会，传达学习新闻战线深入开展“杜绝虚假报道　增强社会责任　加强新闻职业道德建设”专项教育活动动员会议和有关文件精神，对广东省专项教育活动作出动员和部署。

一、虚假报道的表现

虚假报道的各种表现主要有：

一是捕风捉影的疑似新闻。把小道消息当作新闻来报道，把内部的计划、设想当成现实新闻来报道，这是当前假新闻比较典型的一种表现。这种假新闻看似新闻要素具备，但报道的基本事实没有发生。

二是凭空编造的虚假报道。这种造假手法恶劣，数量不多但影响极坏。有的记者变成了“作家”，虚构事实、编造故事。

三是文题不符的标题造假。这种造假现象目前越来越多，标题要么惊人，要么挑逗，总之有“视觉冲击力”，但文章内容根本与标题对不上。这既损害了当事人的名誉，又有戏弄受众之嫌，严格地说，是一种误导读者的行为，也是一种造假行为。

四是夸大其词的失实报道。这类假新闻虽然也有一些事实基础，但对事实又做了很多加工。有的添枝加叶，有的移花接木，在事实之外有不少情节和内容是作者想象出来的。他们以为只要新闻的主要事实是存在的，具体情节上有点出入问题不大。这种错误认识必须纠正。因为局部会影响整体，细节失实很容易让人质疑整个报道的真实性。

五是违反常识的误导性报道。这类报道一般也都有消息来源或者可依据的现成材料，但是由于报道者自己的分析、判断、辨别能力不强，报道出来的内容与事实不相符。这种低级错误反映出一些编辑记者对科学常识、社会常识、理论常识储备严重不足。

二、虚假报道产生的原因

虚假报道产生的主要原因，其中既有主观认识方面的因素，也有社会环境的影响；既有自我约束不够的问题，也有制度缺位的原因。概括起来，主要有以下几个方面：

1. 贯彻马克思主义新闻观不彻底，是虚假报道屡禁不止的根本原因

现在有些编辑记者放松了对马克思主义新闻观的学习，没有系统掌握马克思主义新闻观的基本观点，即使知道一些基本概念，也是一知半解。体现在具体工作中，说的和做的“两张皮”，真实性不如轰动性，社会责任让位于经济利益，职业操守屈从于功利追求，在坚持新闻真实性问题上打折扣。

经济利益强调得多，社会责任顾及得少。某些媒体记者马克思主义新闻观淡薄，片面追求经济利益，甚至将基本事实的真实、具体情节的真实抛到脑后。

时政新闻执行较严，其他报道要求较松。有的媒体对政策性很强的时政类报道能够高度重视、严格把关，对于经济、文化、体育等报道，却错误地认为这类报道虚一点问题不大，结果这些领域的虚假报道不时出现。这反映在对时政以外的新闻报道审核环节简化、编发稿件随意的问题较为普遍，这与相应报道领域虚

假报道多发有直接关系，应该从这个层面上思考和解决。时政以外的新闻同样具有新闻的本质属性，同样也要坚持马克思主义新闻观，坚持新闻的真实性原则。

片面、偏激渲染得多，全面、平衡考虑得少。马克思主义新闻观要求新闻报道要客观、公正、准确、全面。而有些媒体的报道却片面、偏激，不考虑新闻的社会影响，没有从事物总体、本质和发展趋势上反映真实的社会生活。

报道先入为主，分析主观臆断。现在有一些记者报道前预设的观点强加在事实之上，根据自己的希望来“打扮”事实，结果产生虚假报道。

2. 一线记者对自身要求不到位，是虚假报道产生的关键因素

一线记者是防范虚假报道的第一道屏障，也是关键屏障。其中有些人修养不足，素质不高，给虚假报道打开了方便之门。

作风轻浮，导致对事实把握不准。有的记者面对新闻素材，不开动脑筋寻根究底，而是草率成稿，能见报或播出就满足了；有的奉行“拿来主义”，把外地的新闻稍事加工就“栽”到自家的报纸上；有的干脆从互联网上直接下载，换个地名和时间就发稿。还有个别记者出入高档场所，双脚不接“地气”，不采、不记、不写，靠泡会议、打电话采访。有的甚至干脆将写作意图告诉通讯员，由对方去采写，自己署个名字就行了。

知识更新滞后，导致缺乏鉴别虚假新闻的能力。有些记者不注意学习，不注意更新知识，尤其是在经济、科技等专业领域的知识储备严重不足，跟不上形势发展，对于某些方面的虚假新闻，没有能力及时、准确地鉴别。

追逐名利，导致对虚假报道不设防。有少数新闻工作者抵制不住拜金主义、享乐主义和极端个人主义等腐朽思想的侵蚀，在工作中见利忘义、弄虚作假。有些记者为了个人出名，故意制造轰动性假新闻，有的记者为捞钱，明知不是事实也敢编造新闻。这些记者把个人功利置于公众利益之上，今天给这个企业发个“软文”，明天吹捧一下那个老板，做了功名利禄的俘虏，成了虚假新闻的枪手。

3. 媒体商业化的倾向给虚假报道提供了市场

当前新闻界出现了一种商业化倾向，成为虚假报道的又一个诱因。

一是报道上片面追求娱乐性、轰动性，甚至不惜制造、发布一些未经证实但却颇能吸引读者眼球的消息。

二是把媒体当作经营牟利的工具，利用新闻报道搞创收，与广告客户做利益交换。

三是炒作之风盛行。有些媒体为了经济利益，生生把没有的事情“炒”起来，这与新闻真实性格格不入。

4. 媒体竞争环境和队伍结构的变化，使虚假报道的问题更加突出

在市场经济深入发展的今天，竞争成为媒体面临的主要问题，因经济利益而

驱动，媒体生态环境复杂而多变。而新闻媒体的产生及用人机制的灵活，新闻单位十分严格的用人制度被打破，许多没有受过专业训练的人员大量涌入，使媒体从业人员素质良莠不齐，这两者使问题更加突出。

5. 媒体内部管理不完善，对虚假报道缺乏有效制约

新闻媒体严格的内部管理，是杜绝虚假报道出现的主要环节。仔细分析近年来新闻造假的案例，可以发现其中绝大部分防线失守，是由于内部管理不完善、制度执行不彻底造成的。一是存在错误认识，疏于管理防范。二是把关程序不严，审核流于形式。三是制度没落实，管理有盲区。四是不适应新情况，不能及时堵漏。

6. 外部监督机制不健全，没有形成防范假新闻的合力

目前，自上而下的管理监督对媒体和从业人员起着正本清源的作用，但相对而言，对媒体的外部监督特别是社会的监督还是不够分量，没有与有关部门包括法律法规的约束、行业组织的监督等形成有系统的聚合力。

三、如何杜绝虚假报道？

杜绝虚假报道必须抓住以下几方面关键环节：

（一）要依靠一线记者

一线采访记者的作风是保证新闻真实的基础。一要保证记者采访行为规范，二要保证新闻来源准确，三要保证报道内容真实。

（二）要强化编辑责任

首先，编辑要对稿件内容进行核实，对稿件真实性有怀疑的必须认真求证；对社会自由来稿及读者来信、来电提供的信息，只能作为新闻线索，经媒体记者调查核实后才能报道，不提倡用重奖征集新闻线索，搞“悬赏报料”。其次，编辑过程不能伤害稿件的真实性，包括不能改变稿件的事实部分，不能添加未经核实的内容。三是标题制作要文题相符，不能以夸大的标题误导读者。四是版面和时段编排要注意符合总体真实，把握平衡。

（三）要加强新闻从业人员的自律管理

制止虚假新闻，离不开采编人员的自我教育、自我监督和自律约束。要把确保真实性作为入社入台教育的基本要求，纳入到媒体各部门的日常监督管理工作中；要及时发现、及时制止疑似虚假失实报道；要用反面典型和案例教育，经常提醒采编人员不放松对虚假新闻的警惕和防范。

（四）要抓住突出问题

要明确治理的重点领域。对文化娱乐生活、体育、经济等假新闻的多发区，要作为当前治理工作的重点。

（五）要建立严密的业务流程

要完善稿件审核签发程序，严格执行三级审稿制度，强化编辑责任。要建立通讯员、特约作者、自由撰稿人来稿管理制度和转载稿件核实程序，对民间组织、商业机构及个人主动提供的信息慎重把关。要建立失实责任追究制度，出现虚假失实报道，记者和版面、栏目编辑都要承担相应责任。

（六）要解决商业利益操纵媒体的问题

要切断商业利益和新闻报道的联系，编辑记者个人不能以稿谋私，更不允许媒体以编发报道谋取商业利益。要按照主管部门的要求，新闻媒体一律不参加社会公关公司、广告公司组织的采访活动，将其作为一项宣传纪律严格执行。

（七）要建立有效的外部监督机制

新闻媒体要公布举报电话，接受社会各界对虚假报道的监督、举报和投诉。凡出现虚假失实报道，要用同等版面时段、同等篇幅予以更正和道歉。

（八）要加强新闻传播院系马克思主义新闻观教育和新闻真实性教育

要把马克思主义新闻观教育、新闻真实性教育、“三贴近”教育贯彻新闻教学始终。新闻传播院系是新闻从业人员的摇篮，在校学生是党的新闻队伍的后备军，他们在学校所受的教育，直接影响到马克思主义新闻观的树立和职业精神职业道德的养成。

§41. 如何认识媒体要切实承担社会责任？

胡锦涛总书记在2009年10月举行的世界媒体峰会开幕式上指出，媒体要切实承担社会责任，促进新闻信息真实、准确、全面、客观传播。他强调：“当今社会，媒体对国际政治、经济、社会、文化等各领域的辐射日益加强，对人们思想、工作、生活等各方面的影响日益深入。正因为如此，对各类媒体来说，树立和秉持高度的社会责任感比以往任何时候都更为重要。各类媒体要被公众广泛接受、受社会广泛尊重，不断提高公信力和影响力，就应该遵守新闻从业基本准则，客观报道世界多极化、经济全球化、文明多样性的现实，充分反映世界各国发展的主流和趋势，热情鼓励发展中国家发展进步。”总书记的重要讲话，对媒体和媒体工作者所承担的社会责任提出了明确的要求，具有极其重要的意义。

一、深刻认识媒体承担社会责任的重大意义

媒体的社会责任是什么？简单而言，它是媒体的骨骼，是支撑媒体挺立的脊

梁。媒体的社会责任就是媒体的生存法则。无论从媒体工作与其他工作的关系、媒体工作与整个国家发展大局的关系，以及媒体工作与党和人民利益的关系来看，还是从媒体工作的实践来看，都充分说明，媒体工作是一个社会责任感极强的工作。一如讲话中所言，媒体要“促进新闻信息真实、准确、全面、客观传播”。从全球化的视野来看，它应该是“客观报道世界多极化、经济全球化、文明多样性”，是“充分反映世界各国发展的主流和趋势，热情鼓励发展中国家发展进步”；从中国视野来看，应该是充分反映中国社会在建设发展中的主流和趋势，是对国家变革中的多样文化、多元价值的客观反映。

媒体的社会责任，首先是传播信息、通达民意的责任。我们党的奋斗目标是要建设一个富强、民主、文明、和谐的社会。这样一个建设目标必然要求我们的新闻媒体和宣传报道要朝着更加公开、开放、透明的方向前进，不断地、更好地去满足人民的知情权、参与权、表达权和监督权。透明、开放，是社会进步的时代潮流，是人民群众的必然要求。媒体是社会进步的重要促进力量，我们要以媒体自身的透明、开放，促进整个社会的透明、开放；要以媒体的透明、开放，引领社会不断走向文明进步；也要以媒体的透明、开放，展现中国开明大气的国际形象。新闻媒体应以强烈的社会责任感，及时准确地传播信息，客观顺畅地通达民意。

媒体的社会责任还要把握导向、引领舆论，创造有利于社会发展进步、有利于社会和谐稳定的良好舆论环境。作为媒体工作者，要始终牢记这个目标，并在工作实践中加以贯彻，尽到媒体社会责任的本分，反之就是工作失职。

应该看到，在激烈的市场竞争之中，在巨大的经济压力之下，社会责任在某些媒体也有被淡化、被忽视、被忘记的危险。毋庸置疑，不管何种媒体，都需要发展壮大，都需要经济支撑，但我们的做大做强，切不可只着眼于经济，而是要时刻牢记自己的责任，要坚持正确的舆论导向，要增强主流媒体的竞争力和影响力，不能迷失方向。不管媒体市场如何变化，新闻事业赖以生存发展的社会责任都是永恒的。其核心就是要对党和国家负责，对社会与公共利益负责，对人民群众负责。

媒体应该始终把社会责任放到第一位。是否遵从社会责任至上的操守，是新闻媒体可持续发展的关键。加强媒体的社会责任，新闻传播失范行为才能得到控制。媒体只有承担起自己所应负的社会责任，才能走向成熟，才能树立起良好的公信力和影响力，使自己在多源性传播竞争的环境中脱颖而出。

二、媒体承担社会责任需要把握好几个关系

如何把握好媒体的社会责任，需要处理好如下四个关系。

一是正确处理社会效益与经济效益的关系。

媒体不是不讲经济效益，关键是要处理好社会效益与经济效益二者之间的关系。处理不好，就会出现偏差，甚至出现严重的问题。市场经济条件下，媒体确实面临着选择。媒体作为一个独立的机构需要生存和发展，通过类似于广告这样的经营手段获得进一步发展的动力，应该说无可厚非。因为，媒体具有双重属性的特点，既有其社会属性，也有其产业属性。各媒体不是都有广告等经营活动吗？但是，这些经营活动并非无章可循，随心所欲；而是有一系列"游戏规则"，需要严格遵守。可是，有一些媒体却无视规则，在新闻传播和广告经营过程中忘记了自己的责任，发布虚假新闻，刊登虚假广告，把赢利作为重要目标，甚至第一目标，为了争取广告客户，采取一些不恰当的做法以提高收视率、收听率，甚至不惜靠一些低俗的"噱头"，迎合一些观众、听众，淡化甚至忘记了媒体舆论引导的作用，节目娱乐化，娱乐节目低俗化，偏离了寓教于乐的原则。更有甚者，有些媒体出现了新闻娱乐化的现象。这无疑是非常危险的一种倾向，也危害了整个媒体。虚假广告也许能使一个媒体短期内收到一些效果，但是如果多次出现这样的情况，最终将被社会所唾弃，这等于自掘坟墓。

二是正确处理反映舆情与引导舆论的关系。

忠实客观地反映舆情，反映社情民意，是媒体的基本职责。有社会责任感的媒体，除了客观反映，还要有引导。

同样一件事，因为报道的出发点不同、角度不同，引导的方向不同，社会效果就会很不一样。我们的新闻报道，应该有利于整个社会增强理性的精神、建设性的态度，而不是鼓励骚动、鼓励反叛、鼓励凡事说不；应该有利于经济和社会的健康发展，有利于社会各阶层的和谐而不是制造对立、撕裂社会；应该有利于增进人民群众对于党和政府的信任而不是相反。加强舆论监督是十分必要的，但我们的出发点和归宿，应当是有利于问题的解决而不仅仅是让某人出乖露丑，更不能只是为了某个记者、某个媒体自己扬名谋利；应当是通过监督化解矛盾解决问题、从而增进人民群众对党和政府的信心和信任，而不是相反。

现在，我们正处在经济的转型期和社会矛盾的多发期，社会利益多元，社会思潮多样，在纷繁复杂的现实世界中，我们的媒体应当做到有分析、有主见、有方法。

有分析，就是要更加客观，更加辩证，更加理性。现在的社会舆情是复杂的，甚至是浮躁的。面对复杂，我们一定要有分析，在分析中明辨是非，在分析中分清主次，在分析中减少片面性。面对浮躁，我们一定要清醒冷静，以更多的理性避免感情用事，以更多的理性避免破坏性思维。我们不仅要看到事物的这一面，也要注意到事物的另一面；不仅要注意到事物的表象，更要透过现象看到事物的本质；不仅要考虑报道的正面效果，也要充分估计报道可能产生的负面效应。

有主见，就是要坚守原则，不随风飘摇。现在的舆情，一波一浪，都是来势汹汹。我们既要认真地关注，十分注意从中了解和吸收民意。同时，也要防止缺少主见，缺少定力，被那些并不能真正反映民意的所谓“舆情”裹挟，而一味地随波逐流。有主见，就是在原则问题上，任凭风浪起，绝不有动摇。对于媒体来说，要有一种敢于不随大流的勇气。勇气首先来源于思想上的坚定，要能在喧闹的环境中明辨方向，立定位置，只要是符合党和人民的利益的，就要敢于坚持。

对于媒体来说，有分析、有主见之后，还要设法发出声音，引导社会舆论。引导是讲究方法、讲求艺术的。这就是“有方法”。方法多种多样，可以振聋发聩，也可以润物无声，关键是看效果，要能起到引导、引领的效果。对此，我们要下工夫去研究，去改善，去提高，争取有较大的进步。

做好舆论引导是媒体的社会责任，更是媒体工作者的职业素养和职业能力的重要体现。我们需要智慧地、合乎情理地引导舆论，更要合法地、合乎真实民意地引导舆论，代表公众利益，弘扬核心价值，维护社会秩序，促进社会和谐，推动社会进步。

三是正确处理把好关与把好度的关系。

我们历来十分强调媒体的把关工作，媒体编辑被称为“守门人”，把关工作被看作是其重要的职能。什么报道能发，什么报道不能发，什么事情该报，什么事情不该报，媒体编辑是按照他的基本价值观和判断力来把关的。守土有责，是对媒体负责人的基本要求。

与此同时，特别要注重把好度的问题。很多时候，该不该报的问题相对容易把握，而放在哪个版面报道，从什么角度切入报道，是连篇累牍地大肆渲染，还是快报事实的简明扼要，话点到什么程度，理说到什么份上，这些更需要我们用心思量。

从某种角度看，把好度比把好关更重要，也更困难。面对敏感或复杂的新闻事实，采取拒之门外的态度，当然“保险系数”高，相对也容易做到。但更值得提倡的，是在把好度的前提下，积极介入热点话题，关键时刻敢担当、不缺位、不失语，以高超的处理艺术满足受众的需求，引领舆论的走向。

有人认为在目前的舆论环境下，党报等传统主流媒体保持了权威性、严肃性，而都市报、新闻网站等市场化程度较高的媒体，可以更多追求点击率、娱乐性。因此，对媒体的社会责任也应当分层，对不同媒体提不同要求。诚然，对不同的媒体当然可以有不同的要求，要分类管理，履行社会责任，不同的媒体也可能会有不同的表现形式，但是，任何形态的媒体都必须承担社会责任，这是必然的。我们不能认为，坚守社会责任仅仅是主流媒体的义务，而另一些媒体则可以为追求点击率、发行量而以煽情、刺激甚至是以捕风捉影、造假的方式来招徕受众。

四是正确处理传统媒体与网络媒体的关系。

数字技术与网络技术的发展，正在急速地改变人们获知新闻、阅读报刊的习惯，甚至连电视荧屏的观众也因为有了电脑、手机等"小屏幕"的竞争，也在流失减少。互联网的提速使传统媒体面临着生与死的严峻考验。如果我们不能显著增强舆论引导的针对性和有效性，不敢在纷繁复杂的舆论场中旗帜鲜明地发言，不能对关系群众利益的热点事件有效及时地发声，传统媒体的优势将无法体现，主流舆论的影响力更无从谈起，久而久之，传统媒体就会被边缘化。

因此，我们一方面要十分重视网络新媒体，要学会善于运用新媒体，来共同营造良好的舆论氛围；另一方面，在这种时代大趋势下，传统主流媒体也必须十分关注全局性、社会性的热点事件与热点话题，及时发表代表社会主流的观点和声音。当下，热点事件多，热点话题多，这些问题由于牵扯面大、关注度高，很多人看法不同，对结果的期待也不尽一致。在这种情况下，传统主流媒体一定要紧紧抓住社会热点，把问题端到"台面"上，理直气壮地进行解析，阐明正确观点，批评错误看法，引导受众客观看待社会热点，分清问题的主流与非主流，以此引领社会舆论。

在这方面，要特别注意的是，传统媒体不能简单地跟着网络亦步亦趋。在关注热点的同时，不能忘记冷静判断。眼下，网络成为很多新闻得以传播的主要平台，网络新闻也成为新闻评论的重要议题来源。但这样的舆论格局也可能存在巨大的陷阱：传统媒体的议题设置被一些网络牵着鼻子走，最后失去了自我。然后，传统媒体又通过自身成为网络舆情的放大器。

传统主流媒体一定要勇于和善于敏锐观察时局动向，及时研判社会思潮，主动设置热点议题，积极提供有效引导。要十分重视通过传统主流媒体来引导和影响互联网舆情的议题和走势，要使传统媒体与网络媒体形成一种良性互动的关系，而不是相反。一句话，我们不仅要学会妥善地应对网络舆情，而且要学习积极地引领网络舆情。

§42. 新闻工作在保守国家秘密方面有什么相关规定？

任何国家都有国家秘密，都把保守国家秘密视为维护国家安全的重要方面，都严格禁止泄露国家秘密的行为。不少国家对新闻媒介保守国家秘密也有专门规定。

我国法制对保守国家秘密有系统的规范。《宪法》规定保守国家秘密是公民的义务。1951 年政务院公布《保守国家机密暂行条例》，作为行政法规，实施了三十多年。1988 年全国人大常委会通过《保守国家秘密法》并于次年起施行。1990 年经国务院批准、国家保密局发布《保守国家秘密法实施办法》。1979 年《刑法》规定了泄露国家重要机密罪。1988 年全国人大常委会通过《关于惩治泄露国家秘密犯罪的补充规定》，将为境外的机构、组织、人员窃取、刺探、收买、非法提供国家秘密的行为认定为犯罪。这项罪名后列入《国家安全法》（1993年）。1997 年《刑法》将泄露国家重要机密罪改为泄露国家秘密罪，增列了为境外窃取、刺探、收买、非法提供国家秘密、情报罪，还规定了非法获取国家秘密罪、非法持有国家绝密、机密文件、资料、物品罪，以及有关非法获取军事秘密罪，为境外窃取、刺探、收买、非法提供和泄露国家军事秘密罪的条款。2001年最高人民法院发布《关于审理为境外窃取、刺探、收买、非法提供国家秘密、情报案件具体应用法律若干问题的解释》。此外，在许多专门法律中也都有保守国家秘密的规定。

上述法律规定都对新闻传播活动具有约束力，而且有些法律还对新闻传播活动有专门规定。如《保守国家秘密法》第二十条规定：“报刊、书籍、地图、图文资料、声像制品的出版和发行以及广播节目、电视节目、电影的制作和播放，应当遵守有关保密规定，不得泄露国家秘密。”国家科委和国家保密局根据《保守国家秘密法》和《科学技术进步法》制定的《科学技术保密规定》（部门规章，1995 年）第二十条规定，利用广播、电影、电视以及公开发行的报刊、书籍、图文资料和声像制品进行宣传或者发表论文，不得涉及国家科学技术秘密。1992 年，国家保密局、中央对外宣传小组、新闻出版署、广播电影电视部发布《新闻出版保密规定》（国保〔1992〕34 号），这是专门规范新闻出版工作中保守国家秘密制度的部门规章。为加强互联网保密管理，国家保密局于 2000 年发布《计算机信息系统国际互联网保密管理规定》。在新闻出版广播电视和互联网管理的行政法规中都把泄露国家秘密列为禁载的重要一项。

《保密法》第八条对国家秘密的内容具体规定为七项：“（一）国家事务的重大决策中的秘密事项；（二）国防建设和武装力量活动中的秘密事项；（三）外交和外事活动中的秘密事项以及对外承担保密义务的事项；（四）国民经济和社会发展中的秘密事项；（五）科学技术中的秘密事项；（六）维护国家安全活动和追查刑事犯罪中的秘密事项；（七）其他经国家保密工作部门确定应当保守的国家秘密事项。”该条还规定：“政党的秘密事项中符合本法第二条规定的，属于国家秘密。”

《新闻出版保密规定》第二章根据“新闻出版的保密工作，坚持贯彻既保守国家秘密又有利于新闻出版工作正常进行的方针”，建立了具体的保密制度。

第一，新闻出版保密审查制度。《新闻出版保密规定》第六条规定：“新闻出版保密审查实行自审与送审相结合的制度。”自审，就是新闻出版单位和提供信息的单位，对拟公开出版、报道的信息，根据有关保密规定自己进行审查。送审，就是对是否涉及国家秘密界限不清的信息，送交有关主管部门或其上级机关、单位审定。

第二，通过内部途径反映涉及国家秘密的信息的制度。据《新闻出版保密规定》第八条，新闻单位及其采编人员需向有关部门反映或通报的涉及国家秘密的信息，应当通过内部途径进行，并对反映或通报的信息按照规定作出国家秘密的标志。这也就是新闻单位编印“内部参考”的制度。

第三，采访涉及国家秘密的事项的批准制度。据《新闻出版保密规定》第九条、第十条，被采访单位、被采访人向新闻单位提供有关信息时，对其中确因工作需要而又涉及国家秘密的事项，应当事先经过批准，并向采编人员申明。新闻单位对被采访单位、被采访人申明属于国家秘密的事项，不得公开报道。对涉及国家秘密但确需报道的信息，新闻单位应当向有关主管单位建议解密或者采取删节、改编、隐去等保密措施，并经有关主管部门审定。新闻单位采访涉及国家秘密的会议或其他活动，应经主办单位批准。主办单位应当验明采访人员的工作身份，指明哪些内容不得报道，并对新闻进行审定。又据《新闻出版保密规定》第十四条，个人拟向新闻出版单位提供公开报道、出版的信息，凡涉及本系统、本单位业务工作的或对是否涉及国家秘密界限不清的，应当事先经过本单位或上级机关、单位审定。

第四，新闻发布制度。据《新闻出版保密规定》第十一条，为了防止泄露国家秘密而又有利于新闻活动的正常进行，中央国家机关各部门和其他有关单位，应当根据各自业务工作的性质，加强与新闻单位的联系，建立提供信息的正常渠道，健全新闻发布制度，适时通报宣传口径。

§43.《中华人民共和国政府信息公开条例》有什么主要相关内容？

为了保障公民、法人和其他组织依法获取政府信息，提高政府工作的透明度，促进依法行政，充分发挥政府信息对人民群众生产、生活和经济社会活动的服务作用，国务院第165次常务会议2007年1月17日通过《中华人民共和国政府信息公开条例》（国务院令第492号），并自2008年5月1日起施行。

政府信息，是指行政机关在履行职责过程中制作或者获取的，以一定形式记录、保存的信息。国务院办公厅是全国政府信息公开工作的主管部门，负责推进、指导、协调、监督全国的政府信息公开工作。各级人民政府及县级以上人民政府部门应当建立健全本行政机关的政府信息公开工作制度，并指定政府信息公开工作机构负责本行政机关政府信息公开的日常工作。

条例规定了政府信息的主动公开和依申请公开制度：行政机关应当及时、准确地公开政府信息。行政机关发现影响或者可能影响社会稳定、扰乱社会管理秩序的虚假或者不完整信息的，应当在其职责范围内发布准确的政府信息予以澄清。

行政机关公开政府信息，应当遵循公正、公平、便民的原则。行政机关公开政府信息，不得危及国家安全、公共安全、经济安全和社会稳定。

行政机关对符合下列基本要求之一的政府信息应当主动公开：（一）涉及公民、法人或者其他组织切身利益的；（二）需要社会公众广泛知晓或者参与的；（三）反映本行政机关机构设置、职能、办事程序等情况的；（四）其他依照法律、法规和国家有关规定应当主动公开的。

县级以上各级人民政府及其部门在各自职责范围内确定主动公开的政府信息的具体内容，并重点公开下列政府信息：（一）行政法规、规章和规范性文件；（二）国民经济和社会发展规划、专项规划、区域规划及相关政策；（三）国民经济和社会发展统计信息；（四）财政预算、决算报告；（五）行政事业性收费的项目、依据、标准；（六）政府集中采购项目的目录、标准及实施情况；（七）行政许可的事项、依据、条件、数量、程序、期限以及申请行政许可需要提交的全部材料目录及办理情况；（八）重大建设项目的批准和实施情况；（九）扶贫、教育、医疗、社会保障、促进就业等方面的政策、措施及其实施情况；（十）突发公共事件的应急预案、预警信息及应对情况；（十一）环境保护、公共卫生、安全生产、食品药品、产品质量的监督检查情况。

公民、法人或者其他组织还可以根据自身生产、生活、科研等特殊需要，向国务院部门、地方各级人民政府及县级以上地方人民政府部门申请获取相关政府信息。

行政机关不得公开涉及国家秘密、商业秘密、个人隐私的政府信息。但是，经权利人同意公开或者行政机关认为不公开可能对公共利益造成重大影响的涉及商业秘密、个人隐私的政府信息，可以予以公开。

为保证公民、法人或者其他组织方便、及时获取政府信息，条例从以下四方面作了规定：一是行政机关应当将主动公开的政府信息通过政府公报、政府网站、新闻发布会以及报刊、广播、电视等方式公开；二是各级人民政府应当在国家档案馆、公共图书馆设置政府信息查询场所，配备相应的设施、设备；三是行政机关可以根据需要设立公共查阅室、资料索取点、信息公告栏、电子信息屏等场所、设施公开政治信息；四是行政机关应当编制、公布政府信息公开目录和政府信息公开指南并及时更新，对属于主动公开范围的政府信息原则上应当在其形成或者变更之日起 20 个工作日内予以公开。

行政机关收到政府信息公开申请，能够当场答复的，应当当场予以答复。行政机关不能当场答复的，应当自收到申请之日起 15 个工作日内予以答复；如需延长答复期限的，应当经政府信息公开工作机构负责人同意，并告知申请人，延长答复的期限最长不得超过 15 个工作日。

行政机关违反本条例的规定，有下列情形之一的，由监察机关、上一级行政机关责令改正；情节严重的，对行政机关直接负责的主管人员和其他直接责任人员依法给予处分；构成犯罪的，依法追究刑事责任：（一）不依法履行政府信息公开义务的；（二）不及时更新公开的政府信息内容、政府信息公开指南和政府信息公开目录的；（三）违反规定收取费用的；（四）通过其他组织、个人以有偿服务方式提供政府信息的；（五）公开不应当公开的政府信息的；（六）违反本条例规定的其他行为。

§44. 为什么记者在采访工作中要依靠地方各级党委或政府？

记者去各地采访，在工作中要依靠地方各级党委或政府，是由我们新闻事业的性质和工作需要决定的。

首先，从我们新闻事业的性质来看，我们的新闻事业是党的事业的组成部分，是党领导下的社会主义新闻事业。这种性质决定了我们的新闻工作必须在党的领导下进行。而“党是根据自己的纲领和章程，按照民主集中制组织起来的统一整体”。因此，记者在媒体时，要接受媒体党委的领导，外出采访时，又要依靠地方各级党委或党领导的各级政府开展工作。

其次，从工作需要来看，记者在采访中也有必要依靠各级党委或政府。特别是采写那些牵涉人物多、情况复杂、发稿时间要求紧迫的报道，单靠记者的力量是不够的，如果能争取当地党委的支持和配合，所有问题都会迎刃而解。

另外，记者在采访工作中要依靠各级党委或政府，还基于以下一些原因：

（1）党中央的重要指示，要逐级下达到各级党委或政府，靠各级党委或政府来贯彻。因此，各级党委或政府常常是得中央精神风气之先。记者在采访工作中，尤其是在远离编辑部的情况下，要及时了解中央的指示精神，不外三条渠道：一是与编辑部保持密切联系，二是关注报纸、广播、电视等新闻媒体的公开宣传，三是依靠各级党委或政府。而依靠各级党委或政府又往往是前两条不能代替的。

（2）各级党委或政府是党的路线、方针、政策的执行者，又是所在地区部门各项工作的组织者和领导者。党和政府的领导掌握全局，最熟悉本地区部门的情况，同本地区本部门的群众有密切联系。记者要了解全局情况，也必须依靠各级党委或政府。

（3）记者初到一个地区或部门采访，人地两生，情况不熟，难免有这样那样的困难，有些困难经过自己努力是能够克服的，有些困难则要靠当地党委或政府的帮助才能解决。

§45. 记者应该从哪些方面来提高政治素质和加强政治修养？

（1）政治立场。在新闻宣传中要坚持无产阶级立场，也即党和人民的立场。

（2）政治方向。在新闻宣传中要坚持正确的政治方向。坚持正确的政治方向，集中体现在两个方面：一是坚持党的四项基本原则，即坚持社会主义道路，坚持无产阶级专政，坚持共产党的领导，坚持马列主义、毛泽东思想；二是坚持改革开放。这是党的基本路线的“两个基本点”。离开这两个基本点，我们的新闻宣传就无正确的政治方向可言。要做到坚持正确的政治方向，还必须在政治上、思想上同党中央保持一致。

（3）政治观点。在新闻宣传中要坚持正确的政治观点。所谓正确的政治观点，是指马列主义、毛泽东思想的观点，邓小平建设有中国特色社会主义理论的观点，“三个代表”重要思想的观点，科学发展观的观点，党的路线、方针、政策的观点。坚持正确的政治观点，要体现在各种具体问题上。在处理政治与经济、政治与文化、政治与军事等各种关系时，既要反对脱离政治的倾向，又要防止空喊政治口号、用政治代替一切的倾向。

(4) 政治纪律。在新闻宣传中要增强纪律性，自觉地按照党的新闻宣传纪律办事。

(5) 政治鉴别力。在新闻宣传中要提高政治鉴别力，分清是非，辨别真伪。在错综复杂的斗争前，善于保持清醒的头脑。

(6) 政治敏感性。在新闻宣传中要有很强的政治敏感，善于辨别政治风向，在“风起于青萍之末”时，就敏锐地察觉到它。

(7) 政治远见。在新闻宣传中要站得高，看得远，高瞻远瞩。同政治上迟钝当不了也当不好记者一样，站不高，看不远，也是当不了当不好记者的。

上述七点，是相互联系、相互作用的。毛主席说：“搞新闻工作，要政治家办报。”政治立场，政治方向，政治观点，政治纪律，政治鉴别力，政治敏感性，政治远见，正是政治家办报应具备的政治素养。我们不是说要用正确的舆论引导人吗？要做到用正确的舆论引导人，和对以上问题的解决都有直接关系。

§46. 新闻传播活动中应当防范的刑事犯罪行为和民事违法行为是什么？

按照我国有关法律规定，新闻传播活动中可能发生的刑事违法行为，主要有以下三种：

(1) 收受贿赂罪。新闻工作者在业务活动中以权谋私、利用工作之便收受贿赂，这既是新闻队伍中的一种严重的腐败现象，也是一种犯罪行为。1988 年，全国人大常委会在《关于惩治贪污罪和贿赂罪的补充规定》第四条明确规定：“国家工作人员、集体经济组织工作人员或者其他从事公务的人员，利用职务的便利，索取他人财物的，或者非法收受他人财物为他人谋取利益的，是受贿罪。”新闻媒介在形成舆论、引导舆论方面的重要作用已为人们所普遍重视，这也使得社会上的一些不法分子在利益的驱动下，想方设法试图征服新闻队伍中的意志薄弱者，把他们“拉下水”，其惯用手段之一就是行贿。因此，新闻工作者在业务活动中要提高警惕，加强自律。否则，稍有不慎就有可能跌入犯罪的泥坑。

(2) 泄露国家机密罪。新闻工作者的活动范围几乎无所不往，无处不在。这一职业特点决定了新闻工作者较之一般人更有可能接触到国家机密，因而也就存在利用记者身份窃取、泄露国家机密的可能性。根据我国刑法第一百八十六条《关于惩治泄露国家机密犯罪的补充规定》和《中华人民共和国保守国家秘密法》的规定，所谓泄露国家机密，是指国家工作人员违反国家保密法规，故意或过失泄露国家机密的犯罪行为。近年来，在我国相继发生的几起新闻工作者因泄露国家机密而受到法律制裁的刑事案例，给我们提供了极为深刻的教训。新闻工作者在职业活动中要牢固树立国家安全第一的观念，不断增强保守机密的意识。

（3）非法出版罪。新闻传播活动中的非法出版罪，主要是指非法印刷、非法出售报纸、期刊等出版物，从中牟取暴利的一种违法犯罪行为。其犯罪主体既可能是报社及其从业人员，也可能是社会上的其他单位和人员。近几年来此类犯罪活动十分猖獗，个别新闻单位及人员不遵守新闻出版法规，曾使报刊市场一度出现混乱。针对非法出版行为，国家有关部门颁布了一系列法规，严格禁止和坚决打击这类违法犯罪行为。如国务院〔1980〕163号文件明确规定："地方各类刊物未经主管部门批准，未经办妥登记手续，一律取缔。"国务院在1987年7月6日发布的《关于严厉打击非法出版活动的通知》中更明确地指出："对从事非法出版活动情节恶劣、后果严重、触犯刑律的，应当依法追究刑事责任。"

新闻传播活动中的民事违法行为，主要表现在新闻对公民的侵权行为上。根据我国的相关法律规定，新闻传播活动导致侵害公民权利的情况较为常见的有以下几种：

（1）报道失实。报纸、刊物、广播电台、电视台等新闻媒介所报道的内容没有事实根据或与事实基本不符，从而造成了对他人名誉权的侵犯，这在新闻侵害名誉权的案例中占绝大多数。近几年发生的多起轰动社会的新闻官司，有些就是因为报道中出现了不实之词或不实之事，严重地侵犯了原告的人格和尊严而引起的。

（2）侮辱诽谤。利用新闻报道捏造或传播谎言，损害他人人格、贬低他人名誉的，一般视为侮辱诽谤行为。

（3）不公正评价。是指报道内容所反映的事实即使是客观存在的，由于作者的主观评价不客观、不公正，甚至是错误的，从而构成侵权。

（4）揭人隐私。所谓隐私，是指公民个人在身体上或日常生活中不愿公开的情况，包括思想秘密、生理秘密、财产秘密等，这些情况与公民个人有关而不涉及、不危及社会和他人。在民事活动方面，由于扩散、宣扬他人隐私会损害他人的名誉，因此应当承担民事法律责任。隐私权是法律赋予公民的合法权益，应当给予充分的尊重，这是新闻工作者在采访报道时必须具备的基本法律常识。

三

节目管理法律规范

§47. 我国广播电视的性质和任务是什么?

我国的广播电视是中国共产党领导的，为人民服务、为社会主义服务的，凭借电子音像技术的大众传播媒介。

我国的广播电视作为社会主义新闻事业的组成部分，既具有广播电视的普遍属性，也具有由社会主义经济基础决定的特殊属性。其一般属性体现在：①广播电视是用最先进的科学技术武装起来的最现代化的传播媒介。②广播、电视以电传输的声音、图像表达内容，具有比报纸、杂志等印刷媒介更强的综合性。③广播电视是以新闻报道为主体的媒介。④广播电视是影响日益广泛的舆论工具。作为一个社会主义国家，我国的人民广播、电视事业，是中国共产党领导下的社会主义新闻事业的重要组成部分。它既是党、政府和人民的耳目喉舌，也是党、政府同人民联系、沟通的桥梁和纽带；既是满足人民群众多方面、多层次信息需求的新闻媒介，也是动员和鼓舞人民群众投身于现代化建设、积极参与民主监督的舆论工具。具体来说，我国广播、电视的社会主义性质可以概括为以下三个方面：坚持无产阶级党性原则；坚持为人民服务的基本方针；保持旗帜鲜明、生动活泼的风格。

作为综合性的现代传播工具，广播电视具有下述四种基本的社会功能：传播新闻，引导舆论；普及社会主义教育；丰富文化生活；提供社会服务。我国广播电视的社会主义性质，决定了它们的基本任务。概括地说，就是通过丰富多彩的节目内容，组织和引导人民群众为实现建设有中国特色社会主义的共同理想而奋斗。

§48. 我国宪法有哪些内容涉及新闻广播电视事业?

《宪法》第二十二条规定:“国家发展为人民服务、为社会主义服务的文学艺术事业、新闻广播电视事业、出版发行事业、图书馆博物馆文化馆和其他文化事业,开展群众性的文化活动。”这就为新闻广播电视事业明确了宗旨、任务、性质和工作方向。此外还有些条文也给新闻工作直接或间接地指明了基本方针和原则,例如:第三十八条规定:“中华人民共和国公民的人格、尊严不受侵犯。禁止用任何方法对公民进行侮辱、诽谤和诬告陷害。”第三十五条规定:“中华人民共和国公民有言论、出版、集会、结社、游行、示威的自由。”第五十一条规定:“中华人民共和国公民在行使自由和权利的时候,不得损害国家的、社会的、集体的利益和其他公民的合法的自由和权利。”第五十三条规定:“中华人民共和国公民必须遵守宪法和法律,保守国家秘密,爱护公共财产,遵守劳动纪律,遵守公共秩序,尊重社会公德。”

§49. 广播电视管理条例的主要内容是什么?

《广播电视管理条例》于1997年8月1日国务院第61次常务会议通过,8月11日中华人民共和国国务院令第228号发布,9月1日起施行。《条例》是在1986年起草的《广播电视法(草案)》的基础上重新修改、拟定的,是根据我国实际国情和适应社会主义市场经济的要求制定的,是国务院第一次全面规范管理广播电视事业的行政法规,是现行具最高法律效力的广播电视管理法规。

《广播电视管理条例》对广播电台和电视台的设立、广播电视传输覆盖网的建设与管理、广播电视节目的制作与播放等作出了较为完整、详尽的规定,是加强我国广播电视事业的法制化管理,促进广播电视事业进一步繁荣、健康有序发展的有力法制保障。

《广播电视管理条例》的有关规定在纵向上明确了《条例》的适用范围,即用以规范广播电视事业中采编、制作、播放、传输等整个过程;在横向上则不论使用何种传输方式的广播电台、电视台,都是《条例》的管辖对象。

《广播电视管理条例》从以下方面对广播电视事业管理的各个层面作出了具

体的规定。

一、确立了中国特色的广播电视管理体制

《条例》充分体现了我国广播电视事业的社会主义性质，对新中国成立以来特别是十一届三中全会以来广播电视系统行之有效的管理经验进行了归纳和总结，以国务院行政法规的形式确定了具有中国特色的社会主义广播电视体制。

二、由国务院进行宏观调控

设立广播电台、电视台（包括有线电视台、教育电视台），应当按照《条例》的有关规定报国务院广播电视行政部门统一审批。

《条例》规定由国务院广播电视行政部门对广播电台、电视台的设立进行调控和统一审批，以防止擅自设台、多头批台、重复建设等问题，进而逐步形成合理的全国广播电台、电视台的总量、布局和结构。

《条例》对广播电台、电视台的定义，设立广播电台、电视台的主体资格，设立广播电台、电视台的条件，设立广播电台、电视台的审批程序，乡、镇广播电视站、单位有线电视站的设立都作了明确的规定，并对非法设台（站）、擅自设台（站）的行为作了相应的罚则规定。

三、各级广播电视行政部门的职能

各级广播电视行政部门应当按照《条例》的规定，对行政区域内的广播电视传输覆盖网进行规划、组建、开发和管理。

广播电视传输覆盖网是舆论宣传的物质保障，是国家安全理想的应急网和备份网。为确保广播电视传输通道的畅通，《条例》肯定了新中国成立以来确定的广播电视独立成网、自成体系的方针，规定由各级广播电视行政部门对广播电视传输覆盖网进行规划、组建、开发和管理。

《条例》规定国家对广播电视传输覆盖网实行统一规划、分级建设、开发和管理的方针；同时广播电视行政部门应当保证广播电视传输覆盖网主功能的完成，运用多种技术手段努力提高农村广播电视覆盖率；广播电视行政部门还应当加强对广播电视传输覆盖网的日常管理。

《条例》还对擅自建设、破坏广播电视传输网的行为，作出处罚规定，有利于广播电视行政部门依法制止损害、破坏广播电视网的违法行为，维护良好的广播电视传输秩序。

四、广播电视设施的保护条款

《条例》规定了对广播电台、电视台、广播电视传输覆盖网设施的保护条款，规定任何单位和个人不得破坏广播电视设施。

广播电视设施是广播电视安全、优质播出的物质基础，随着高新技术在广播电视领域的应用，广播电视设施保护工作面临许多新的问题，需要保护的广播电视设施范围在不断扩大。

《广播电视管理条例》为与《广播电视设施保护条例》（1987 年，国务院发布）相衔接，《广播电视管理条例》对广播电台、电视台、广播电视传输覆盖网设施，以及广播电视专用频率和信号的保护规定了原则性的条文。同时也规定了相应的处罚规定，与《刑法》相应的条文相衔接。

五、加强节目制作、播放管理

广播电视行政部门应按照《广播电视管理条例》规定，加强对广播电视节目制作、播放活动的管理，提高广播电视节目质量。

《条例》规定了广播电视节目必须由依法批准设立的节目制作经营单位制作；同时制作电视剧还须持有电视剧制作许可证。

为保证广播电视节目的质量，防止乱播滥放，《条例》规定了广播电视节目的审查制度。与《电影管理条例》、《音像制品管理条例》的相关规定相衔接，《条例》规定了广播电视节目的最低标准，即禁止制作、播出载有反动、淫秽、迷信及法律、法规规定禁止的其他内容的节目。《条例》根据我国国情并借鉴国外经验，规定广播电视节目的审查主体有广播电台、电视台自身，国务院广播电视行政部门或者其授权的机构，并授予广播电视行政部门对违反上述规定的节目制作者、播出者或者擅自向境外提供者的行政处罚权。

六、广播电台、电视台应尽的义务

为确保广播电视宣传任务的完成，规范广播电台、电视台（包括有线电视台、教育电视台）的制作和播放活动，《条例》对广播电台、电视台应当履行的义务作规定如下：

(1) 行政管理。《条例》规定广播电台、电视台应当按照各自许可证载明的相关事项制作、播出节目，不得擅自变更；严格遵行播前审查、重播重审制度，不得制作、播出违背有关节目内容管制规定的节目，播出境外广播电视节目应遵从有关规定；不得擅自利用卫星技术传输、转播广播电视节目等。

（2）维护著作权人以及受众利益。广播电台、电视台播放和使用广播电视节目应当符合《中华人民共和国著作权法》的有关规定；使用规范的语言文字及推广应用普通话；按预告播放广播电视节目；应当播放公益广告，播出商业广告不得超过一定比例。

（3）广播电台、电视台的转播义务。《条例》规定地方广播电台、电视台应当按照国务院行政部门的有关规定转播中央和地方广播电视节目；教育电视台不得播放与教学内容无关的电影、电视片。

§50. 对广播电视播出机构违规有什么处理规定？

2009 年 4 月，国家广电总局印发《广播电视播出机构违规处理办法》（试行），主要内容如下：

第一条　为进一步加强广播电台、电视台、广播电视台（以下简称广播电视播出机构）管理，规范广播电视播出秩序，促进广播电视业的健康发展，依据《广播电视管理条例》，制定本办法。

第二条　本办法所称的违规处理，是指对违规情节严重、未按广播影视行政部门要求整改或整改后再次出现同类问题的播出机构，广播影视行政部门可依据本办法规定视情况作出暂停播出、停止播出的处理或吊销许可证的处罚。

第三条　国务院广播影视行政部门负责全国广播电视播出机构的违规处理工作，县级以上人民政府广播影视行政部门负责本行政区域内的广播电视播出机构违规处理工作。

第四条　对有下列违规行为之一的广播电视播出机构，县级以上人民政府广播影视行政部门应首先按照《广播电视管理条例》的有关规定，责令其停止违规活动：

（一）未经批准开办广播电视频道（率）的；

（二）未经批准变更广播电视播出机构台名、台标、呼号或变更设立主体的；

（三）擅自出租、转让或与系统外机构合资、合作经营广播电视频道（率）、播出时段的；

（四）未经批准与其他播出机构合办广播电视频道（率）的；

（五）未经批准变更广播电视频道（率）名称、呼号、标识、节目设置范围的；

（六）未经批准变更广播电视频道（率）传输方式、覆盖范围、技术参数的；

（七）违反《广播电视管理条例》或其他广播电视宣传管理规定播出节（栏）目的；

（八）违规播放广告、医疗资讯服务节目的。

第五条　对有上述违规行为之一且符合本办法第二条规定的违规处理条件的播出机构，县级以上人民政府广播影视行政部门可依照本办法规定，采取以下违规处理措施：

（1）国务院广播影视行政部门：暂停违规节（栏）目播出 7～30 日；停止违规节（栏）目播出；暂停违规频道（率）的商业广告播出 7～30 日；暂停违规频道（率）播出 7～30 日；暂停违规播出机构部分频道（率）播出 7～30 日；撤销违规频道（率）并吊销《广播电视频道许可证》；撤销违规播出机构并吊销《广播电视播出机构许可证》。

（2）省级人民政府广播影视行政部门：暂停违规节（栏）目播出 7～30 日；停止违规节（栏）目播出；暂停违规频道（率）的商业广告播出 7～30 日；暂停违规频道（率）播出 7～30 日。

（3）市（地）、县（市）级人民政府广播影视行政部门：暂停违规节（栏）目播出 7～30 日；停止违规节（栏）目播出。

第六条　配合违规处理措施的执行，县级以上人民政府广播影视行政部门还可视情况采取以下处理措施：

（1）对违规播出机构的负责人进行警示谈话。

（2）对违规播出机构进行通报批评。

（3）追究违规播出机构负有责任的主管人员和直接责任人员责任，建议主管部门给予批评教育、调离岗位、撤职等处分。

第七条　播出机构有未经批准开办广播电视频道（率）行为的，由县级以上人民政府广播影视行政部门责令其立即停播非法频道（率），并可对其负责人进行警示谈话；播出机构有未经批准变更广播电视播出机构台名、台标、呼号或变更设立主体等行为之一的，由县级以上人民政府广播影视行政部门责令其限期整改，并可对其负责人进行警示谈话。

拒不整改（停播）或整改完成（停播）后 180 日内再次出现该类违规行为的，由县级以上地方人民政府广播影视行政部门逐级报请国务院广播影视行政部门下发或国务院广播影视行政部门直接下发《违规处理决定书》，视情况对违规播出机构作出暂停部分频道（率）播出 7～30 日的处理，同时可对违规播出机构进行通报批评。

情节严重的，根据《广播电视管理条例》的有关规定，由县级以上地方人民政府广播影视行政部门逐级报请国务院广播影视行政部门下发或国务院广播影视行政部门直接下发《行政处罚决定书》，撤销该播出机构并吊销其《广播电视播出机构许可证》，同时对负有责任的主管人员和直接责任人员追究相关责任。

第八条　播出机构有出租、转让或与系统外机构合资、合作经营广播电视频道（率）、播出时段，未经批准与其他播出机构合办广播电视频道（率），未经批准变更广播电视频道（率）名称、呼号、标识、节目设置范围，未经批准变更广播电视频道（率）传输方式、覆盖范围、技术参数等行为之一的，由县级以上人民政府广播影视行政部门责令其限期整改，并可对违规播出机构的负责人进行警示谈话。

拒不整改或整改完成后180日内再次出现该类违规行为的，由县级以上地方人民政府广播影视行政部门逐级报请省级人民政府广播影视行政部门下发《违规处理决定书》，或由省级以上人民政府广播影视行政部门直接下发《违规处理决定书》，视情况对违规播出机构作出暂停违规频道（率）播出7～30日的处理，同时可对违规播出机构进行通报批评。

情节严重的，根据《广播电视管理条例》的有关规定，由县级以上地方人民政府广播影视行政部门逐级报请国务院广播影视行政部门下发或国务院广播影视行政部门直接下发《行政处罚决定书》，撤销违规频道（率）并吊销其《广播电视频道许可证》，同时对负有责任的主管人员和直接责任人员追究相关责任。

第九条　播出机构有违反《广播电视管理条例》或其他广播电视宣传管理规定播出节目的行为，由县级以上人民政府广播影视行政部门责令其限期整改，并可对违规播出机构的负责人进行警示谈话；同时可视情况下发《违规处理决定书》，作出暂停违规节（栏）目播出7～30日，直至停播违规节（栏）目的处理。

拒不整改或整改完成后180日内再次出现该类违规行为的，由县级以上地方人民政府广播影视行政部门逐级报请省级人民政府广播电视行政部门下发《违规处理决定书》，或由省级以上人民政府广播影视行政部门直接下发《违规处理决定书》，视情况对违规播出机构作出暂停违规节（栏）目所属频道（率）播出7～30日的处理，同时可对违规播出机构进行通报批评。情节严重的，根据《广播电视管理条例》的有关规定，由县级以上地方人民政府广播影视行政部门逐级报请国务院广播影视行政部门下发或国务院广播影视行政部门直接下发《行政处罚决定书》，撤销违规节（栏）目所属频道（率）并吊销其《广播电视频道许可证》，同时对负有责任的主管人员和直接责任人员追究相关责任。

第十条　播出机构有违规播放广告、医疗资讯服务节目的行为，由县级以上人民政府广播影视行政部门责令其限期整改，并可对违规播出机构的负责人进行警示谈话。

拒不整改或30日内两次出现该类违规行为的，由县级以上地方人民政府广播影视行政部门逐级报请省级人民政府广播影视行政部门下发《违规处理决定书》，或由省级以上人民政府广播影视行政部门直接下发《违规处理决定书》，作出暂停违规频道（率）商业广告播出7～30日的处理，同时可对违规播出机构进行通报批评；频道（率）正式恢复商业广告播出后180日内再次出现该类违规行为的，由县级以上地方人民政府广播影视行政部门逐级报请省级人民政府广播影视行政部门下发《违规处理决定书》，或由省级以上人民政府广播影视行政部门直接下发《违规处理决定书》，作出暂停违规频道（率）播出7～30日的处理，同时可对违规播出机构进行通报批评。

情节严重的，根据《广播电视管理条例》的有关规定，由县级以上地方人民政府广播影视行政部门逐级报请国务院广播影视行政部门下发或国务院广播影视行政部门直接下发《行政处罚决定书》，撤销该频道（率）并吊销其《广播电视频道许可证》，同时对负有责任的主管人员和直接责任人员追究相关责任。

第十一条　广播影视行政部门在对播出机构作出违规处理决定前，应当告知被处理播出机构作出决定的事实、理由及依据，听取其陈述或申辩，并告知其依法享有的权利。有关事实、理由或证据成立的，广播影视行政部门应当采纳。

第十二条　受到吊销许可证处罚的播出机构，对处罚不服的，可在收到《行政处罚决定书》之日起60日内，向国务院广播影视行政部门申请行政复议。

第十三条　播出机构违规情节严重且同级广播影视行政部门未能主动查处或上报情况的，由上级广播影视行政部门视情节对该广播影视行政部门的管理失察行为予以通报批评。

广播影视行政部门工作人员玩忽职守，对应当予以制止和处理的播出机构违规行为不予制止、处理，致使播出机构管理秩序遭受严重损害的，依照《行政机关公务员处分条例》的有关规定予以行政处分；情节严重构成犯罪的，依法追究刑事责任。

第十四条　县级以上地方人民政府广播影视行政部门应将其下发《违规处理决定书》和相关违规播出机构的整改情况抄报当地党委宣传部，并逐级上报省级人民政府广播影视行政部门。

省级人民政府广播影视行政部门应将本辖区内各级广播影视行政部门下发《违规处理决定书》和相关违规播出机构的整改情况进行汇总，形成书面报告，每年12月上旬报送国务院广播影视行政部门。

第十五条　未取得国务院广播影视行政部门颁发的《广播电视播出机构许可

证》而非法设立广播电视播出机构或开办频道（率）的，由县级以上人民政府广播影视行政部门予以取缔并按《广播电视管理条例》的有关规定予以处罚。

第十六条　广播电视播出机构有本办法第四条所列违规行为之一的，县级以上人民政府广播影视行政部门还可按照有关行政法规、规章的规定，视情况作出警告、罚款、没收违法所得、没收从事违法活动专用设备等行政处罚。

第十七条　广播电视付费频道的违规处理，依据其他相应规定执行。

第十八条　本办法自发布之日起实施。

§51.《广播电视管理条例》等规定禁止播出的广播电视节目的内容是什么？

我国监管广播电视节目的有关法规、政令中规定，严禁播出的广播电视节目内容有如下几点：

一、禁止播出的一般原则

我国广播电视禁止播出含有反动、淫秽、严重违背现有法律、政策的内容。《广播电视管理条例》第三十二条以正面列表的方式详细列出被禁止播出的广播电视节目的内容：

（一）危害国家的统一、主权和领土完整的；

（二）危害国家的安全、荣誉和利益的；

（三）煽动民族分裂，破坏民族团结的；

（四）泄露国家秘密的；

（五）诽谤、侮辱他人的；

（六）宣扬淫秽、迷信或者渲染暴力的；

（七）法律、行政法规规定禁止的其他内容。

其中前六项列举了主要六类禁止制作、播出的广播电视节目的内容，第七项则以概括的方式将其余未能穷尽的内容包含其中。

国家广电总局《广播电视节目监管细则》（2009 年版）中有关广播电视节目的基本要求则规定下列内容严禁在广播电视节目中出现：

（一）反对宪法确定的基本原则的；

（二）危害国家统一、主权和领土完整的；

（三）泄露国家秘密、危害国家安全、损害国家荣誉和利益的；

（四）煽动民族仇恨、民族歧视，破坏民族团结，或者侵害民族风俗、习惯的；

（五）宣扬邪教、迷信、有神论、伪科学的；

（六）扰乱社会秩序，破坏社会稳定的；

（七）宣扬淫秽、赌博、暴力或者教唆犯罪的；

（八）侮辱或者诽谤他人，侵害他人合法权益的；

（九）危害社会公德，损害民族优秀文化传统，内容低俗、格调低下的；

（十）法律、行政法规和国家规定禁止的其他内容的。

二、禁止播出的特定广播电视广告

为维护社会公益，根据《中华人民共和国广告法》以及有关广播电视广告各专业法规、政令的相关规定，禁止广播电视媒体播出以下几类特定产品广告：①烟草广告或者烟草生产企业的形象广告；②麻醉药品、精神药品等产生药瘾的药品或含毒性、放射性等特种药品的广告；③性病治疗或含有色情、性暗示内容的广告；④非正式或内部出版物的广告；⑤其他法规、政令禁止在广播电视媒体播出的广告。

三、禁止播出由资格不合法主体制作、播出的广播电视节目

为加强对广播电视节目的有效管理，根据《广播电视管理条例》、《有线电视管理规定》和各专业法规、政令的相关规定，禁止广播电视媒体播出以下几类制作或播出主体资格不符法定要求的广播电视节目：①超出广播电视行政部门批准的节目设置范围的节目，如教育电视台不得播出与教学内容无关的电影、电视片等；②由广播电台、电视台和省级以上人民政府广播电视行政部门批准设立的广播电视节目制作经营单位以外的其他单位或个人制作的广播电视节目；③非由经国务院广播电视行政部门批准并且持有国务院广播电视行政部门颁发制作许可证的单位或者个人制作的国产电视剧；④乡镇或单位设立的广播电视站的自办节目；⑤无线电视台不得播出仅供有线台播出的电视节目；⑥未取得播放权的电视节目、电影片及录像制品；⑦未取得《有线电视准播证》的录像制品；⑧未经国务院广播电视行政部门或者其授权的有关机构审查批准的其他境外广播电视节目；⑨无大陆播映权的合（协）拍的电视剧；⑩未经国务院广播电视行政部门批准以卫星或其他方式传送境外（外国及我国港、澳、台地区）的广播电视节目；⑪公开播放仅作为资料参考用途的境外电视节目。

§52. 关于广播电视节目内容有哪些要求?

广播电视台（站）制作、播放的各类广播电视节目，必须健康、文明、有益；及时、准确地传达国家的法律、法规和政策；反映人民群众意见，开展舆论监督；传播科学文化知识、经济信息；开展爱国主义、集体主义、社会主义教育；提供文艺节目，丰富人民文化生活。

§53. 广播电视宣传监督管理机构对节目的收听收看和评议主要包括哪些内容?

2002 年，国家广电总局发出《关于迅速建立健全广播电视宣传监督管理机制的通知》（广发编字〔2002〕841 号）。《通知》说，为加强广播电视宣传管理，牢牢把握广播电视宣传工作的正确舆论导向，更好地为人民服务，为党和国家工作大局服务，各省级广播电视行政管理部门必须切实搞好广播电视宣传的收听收看工作，建立健全广播电视宣传监督管理机制。有关事项主要如下：

（1）要以“三个代表”重要思想为指导，从讲政治、讲大局的高度，充分认识搞好广播电视宣传的收听收看工作的重要性、必要性和紧迫性，建立健全广播电视宣传监督管理机制，设立省级广播电视宣传收听收看机构。

（2）要为广播电视宣传收听收看机构配备相应编制和人员，提供相应办公场所、所需设备和经费。

（3）广播电视宣传监督工作实行分级负责制，省级广播电视宣传收听收看机构接受省级广播电视行政管理部门的领导，在省级广播电视行政管理部门的宣传业务主管机构指导下开展工作。

（4）广播电视宣传收听收看机构负责对所辖区域内的各级各类广播电视节目进行积极、正确、客观、公正、全面、及时的收听收看和评议，肯定成绩，总结经验，发现问题，指出不足，提高广播电视节目质量。主要包括以下内容：

①评导向。注意节目有无导向问题，有无违反有关宣传精神，违反政治纪律、宣传纪律问题，是不是高举了邓小平理论的伟大旗帜，是否认真贯彻落实“三个代表”重要思想，是不是同党中央保持一致，是不是坚定不移地贯彻执行

党的基本理论、基本路线、基本方针，是不是积极推进两个文明建设，是不是维护党的声誉、国家的形象，人民的团结和社会的稳定。要严格监督广播电视节目导向，即政治导向、思想导向、价值导向、消费导向、生活导向、行为导向、知识导向、服务导向、审美导向等。

②评质量。注意广播电视节目的内容质量和技术质量，注意节目的准确性、时效性、指导性、贴近性、观赏性、可听性，要注意节目的倾向性和节目格调等问题。

③评效果。注意广播电视节目宣传效果好不好，正面宣传效果如何，有没有产生负面效果，典型宣传是否得到了群众的拥护，批评报道是否达到改进工作的目的。要注意广泛听取社会各方面的意见。

④评技巧。要关注广播电视节目宣传的艺术、特色、形式、创意，要积极提倡群众喜闻乐见、格调高雅的节目形式，讲究宣传艺术。

⑤评作风。要评编辑记者的采访作风、工作作风，电台、电视台的台风。要评是不是讲实话，鼓实劲，求实效，有没有弄虚作假、形式主义、刮浮夸风等问题。注意节目内容的安排、组织，以及对待听众、观众的态度等。

(5）广播电视宣传收听收看机构要做到快速反映情况，对所监督广播电视节目出现的问题要及时提出初步处理意见，迅速送交主管领导和业务主管机构加以调整和纠正。要实行日报制度，将每天收听收看情况汇总上报，报告主管领导和业务主管机构。注意做好个案评述和情况综述工作。要准确判断、分析得当、有说服力地对广播电视节目中出现的导向性和倾向性问题进行评述。可对某一个节目进行一事一议，或对某一个台、某一类节目在一段时期内集中收听收看，对整体情况和发现的问题进行综合评述及整体评价。

(6）广播电视宣传收听收看机构工作人员可以通过在职、临时聘用等方式进行配备，总体要求是：政策理论水平高，业务能力强，从广播电视节目总体规划、节目架构到节目编排顺序、字幕中的错别字等都可以进行严格把关。必须具备很强的政治意识、丰富的新闻宣传工作经验、实事求是的工作态度和公正民主的工作作风。

2009 年，国家广电总局拟订《监听监看人员工作细则（试行)》，内容主要有：

一、人选要求

(1）拥护中国共产党领导，坚持四项基本原则，坚持社会主义荣辱观，正确的世界观、人生观、价值观。全面理解党的各项方针政策，熟悉中宣部、国家广电总局发布的各项规定、通知等内容，具有较强的政治敏感性，具备判断节目导向正确与否的能力。

（2）及时掌握国内外政治、经济、科学、文化、社会等信息动态，能够客观、公平、公正地评价各类节目。能够接受新思想，有较高的政策理论水平和较强的综合分析能力及写作能力，具有较强的工作责任心、严谨务实的态度和积极主动的精神。

（3）从事广播电视节目监听监看工作的人员一般要求具有广播电视等媒体工作实践经验或具有某一方面专业素质又对广播电视有一定了解和兴趣。

（4）身体健康、视力正常，年龄一般不超过 70 岁。

二、工作要求

（5）收听收看机构按照分工重点监听监看全国广播电视节目内容。总局收听收看中心负责监听监看中央级媒体和省级卫星广播电视节目；省市局收听收看中心负责监听监看辖区内广播电视节目。

（6）监听监看人员一般实行坐班制并在规定时间同步监听监看广播电视节目；发现问题后要反复核对节目录音录像，确保事实的准确性。

（7）反映的问题注意时效性。重大问题要及时报告，一般问题可在次日进行复查并写出详细报告；发现重大问题时，应随时报告。

（8）稿件内容应包括频道、频率名称、播出时间、栏目名称、节目内容、综合评价、监听监看人员姓名，必要时应记录节目细节：字幕、画面、配音、配乐、人物着装、表情、语言、时长、曲名、信息源等。

（9）对常规节目、固定栏目需收听收看 3 期以上方可进行评价，对特别节目、系列节目要进行跟踪监听监看，有关重大节日、重要活动、重要会议、突发事件的报道要进行跟踪监听监看。

（10）监听监看新闻节目时，要重点记录当时当地的重大新闻和社会热点新闻；监听监看专题类和娱乐类节目时，要记录节目主要内容，不能过于简单。

（11）监听监看人员发现问题应立即向主管领导汇报，拿不准的问题要进行集体研讨。不得擅自直接与电台、电视台栏目组联系，不得假借听众、观众的名义发表意见。

（12）监听监看人员要研究节目变化规律，广泛搜集各个方面的评价信息，及时上报节目改版变化情况。

三、奖励机制

（13）对于能够发现节目中重大问题或能够深入分析节目中带有倾向性问题

的监听监看人员，给予精神及物质奖励，并与报酬挂钩。

(14) 凡是得到领导和群众肯定并有批示的稿件，将给予作者重奖，奖金数额各地自行规定。

§54. 重大政务新闻有什么主要管理规定?

重要的政务新闻，是指执政党和国家的领导机关的重大决策、重要会议和事件、重要文件以及有关领导人的重要公务活动等。这类新闻一种是有正式文件或文书的，需以公告形式发表，另一种虽然没有文件文书，但也要有一个权威性的官方文本，称为公告性新闻。这类新闻必须由国家通讯社即新华通讯社统一发布，并由中共中央机关报《人民日报》负责刊载，在我国早成传统。新中国成立后不久，中央人民政府政务院于1949年12月发布具有行政法规效力的《关于统一发布中央人民政府及其所属各机关重要新闻的暂行办法》，规定凡须经过中央人民政府委员会、政务院、人民革命军事委员会、最高人民法院和最高人民检察署通过或同意的一切公告（如文告、法律、法令、决议、命令、训令、通令、计划、方针、外交条约、外交文书、判决、起诉书等），以及须经过上述机关负责首长同意后发布的一切公告性新闻（如关于政府会议、政府重要措施、政令解释、工作总结、外交事件、重要案件等的新闻），均由国家通讯社即新华通讯社统一发布。次年政务院又发布《关于中央人民政府所属各机关发表公报及公告性文件的办法》，重申“一切公告及公告性的新闻，均由新华通讯社统一发布”。并指定：“凡属中央人民政府及其所属各机关的一切公告及公告性新闻，均应交由新华通讯社发布，并由《人民日报》负责刊载；如各种报刊所发表的文字有出入时，应以新华通讯社发布、《人民日报》刊载的文字为准。”法规指出，作出这一规定的目的是“为了保障关于中央人民政府及其所属各机关的新闻的正确性和负责性”。

为此，政府部门就有提供新闻的责任，因而“暂行办法”规定政府所属各部门“均应负责以有关新闻稿件供给新华社，或将应发布之新闻材料通知新华社”。

至于公告和公告性新闻之外的新闻，主要是指已公布的政策、计划、决议、法令等执行情形，有关的工作情况和工作中的问题，工作人员的日常工作、学习和生活情况等，由各新闻媒介派记者到政府部门进行采访。

60多年过去了，这项制度基本上没有变动。1982年第五届全国人大常委会通过决议，决定“将新华通讯社作为国务院的组成部门，是国家集中统一的新闻发布机关”。它继续承担着发布上述重要政务新闻的职能。1987 年中宣部等部门《关于改进新闻报道若干问题的意见》重申新华社是“党和国家发布新闻的机关”，它的一个主要职能就是负责准确地、及时地统一发布党和政府的重要新闻，主要是指：①党和政府的重大政策、决定；②重要文件；③重要会议新闻；④中央领导人的重要活动；⑤中央领导人同外宾会见、会谈时发表的涉及国内国际重大问题的谈话；⑥重要人事任免；⑦领导人去世等。这个文件解释：“在这些重大问题上，有一个统一的发布口子和口径，可以避免因多种版本的报道而引起的混乱以及因着重点不同而引起的外界猜测和流言飞语。这类统一发布的新闻从总体上说，数量并不多，不会形成报纸版面千篇一律的现象。”新华社在发布上述重大新闻时，应采取措施保证中央人民广播电台、国际广播电台和中央电视台同时发出。中央的重大决策、决定和措施，中央领导同志同外宾的重要谈话内容，以及各条战线的重大成就，需要公开发表的，新华社、中央报刊、中央人民广播电台、国际广播电台、中央电视台都要及时地向国内外报道。

根据中央有关规定，下列各项不得作为新闻发表：①属于国防、军事和公安机密者；②属于外交机密者；③属于财经机密者；④属于国家其他机密者。

§55. 舆论监督工作有什么主要管理规定？

2005 年，国家广电总局印发《关于切实加强和改进广播电视舆论监督工作的要求》（广发编字〔2005〕522 号）对贯彻落实中共中央办公厅《关于进一步加强和改进舆论监督工作的意见》和中宣部《加强和改进舆论监督工作的实施办法》提出以下要求：

一、要认真学习文件，提高思想认识

各级广播影视管理部门和播出机构要从贯彻“三个代表”重要思想和党的十六大精神的高度，从坚持科学发展观、构建社会主义和谐社会，从发展社会主义民主、健全社会主义法制和密切党和政府同人民群众的联系、维护党和政府的良好形象的高度，充分认识加强和改进新形势下广播电视舆论监督工作的重要意义。要组织学习好文件，深刻领会精神，严格遵守规定，把贯彻落实中办《意见》和中宣部《实施办法》与实行《新闻采编人员从业管理规定（试行）》、《广播影视新闻采编人员从业管理的实施方案（试行）》，以及《广播电视编辑记

者职业道德准则》和《广播电视播音员主持人职业道德准则》结合起来，与当前全党开展的保持共产党员先进性教育活动和深化“三项学习教育”活动紧密结合起来，更好地履行广播电视新闻采编人员的重要职责和使命。

二、要把握重要原则，着力改进工作

各级广播电视机构要正确开展舆论监督工作，敢于监督，善于监督，加强监督，改进监督。舆论监督工作必须坚持党性原则，坚持实事求是，坚持为人民服务、为社会主义服务、为党和国家工作大局服务，牢牢把握正确的舆论导向。要服务大局，坚持对党负责和对人民负责的一致性，着眼于改进工作，抓住群众关注、政府重视、有普遍意义的问题，促进改革发展，维护人民群众的根本利益。要事实准确，深入调查研究，听取各方意见，防止报道失实、以偏概全。要客观公正，坚持以理服人，充分考虑实际情况的复杂性，善于听取不同意见，防止主观臆断、感情用事。要注重社会效果，着眼于解决实际问题，跟踪报道处理结果，向积极的方面引导，不恶意炒作，不报道现阶段没有条件解决的问题。要遵守新闻纪律，恪守新闻职业道德，拿不准的问题要请示，涉及重要、敏感问题的稿件要送审，不宜公开报道的问题可通过内参反映。为了搞好广播电视舆论监督，当前要从以下三个方面改进工作：

一是必须坚持建设性监督。揭露问题要富于建设性，要站在党和人民的立场上，从改进工作、解决问题、扶正祛邪、激浊扬清、维护稳定、服务大局出发，密切配合党和政府的中心工作，向积极的方面引导，力求好的结果。要切实提高广播电视舆论监督工作的针对性和实效性，注意广播电视舆论监督工作的政治效果和社会效果。要正确处理正面宣传报道与舆论监督的关系，不能把两者割裂开来、对立起来。要始终坚持团结、稳定、鼓劲，正面宣传为主的方针，确保舆论监督导向正确。不得片面追求轰动效应，不得单纯注重收听率、收视率，不得要挟被监督对象，不猎奇、不炒作、不渲染。对重大敏感问题的报道要格外注意，要严格按规矩办事。

二是必须坚持科学监督。舆论监督工作要坚持科学态度，讲究科学方法，体现科学精神，遵循科学规律。要正确处理微观真实与宏观真实的关系，正确处理个别与一般、具体与抽象、特殊与普遍、现象与本质、局部和全局的关系。要增强大局意识，根据大局发展的实际需要，对广播电视舆论监督的口径、分寸、内容、数量进行适时适量的调控，预防和克服舆论监督中可能产生的负面效果和不良影响。整个广播电视舆论监督要以服从大局为出发点，以服务大局为落脚点。

三是必须坚持依法监督。广播电视舆论监督工作要在国家宪法和法律范围内进行，不得诋毁社会主义制度，不得违背党的路线、方针、政策，不得危害国家安全，不得涉及党和国家秘密。要坚持以事实为依据，以法律为准绳，切实维护国家法律的尊严。对司法审判的报道，要考虑社会效果，化解社会矛盾，维护社会稳定。不得干扰审判机关、检察机关和公安机关等司法机关的正常工作；不得干预司法机关依法独立办案，不得干预民事纠纷和经济纠纷的调解，不得侵犯国家、集体和个人的合法权益，在案件审结前，不对案件审理情况进行公开报道。对一些在社会上反响强烈、备受关注的重特大案件的审判工作，要严格按照中央统一部署和有关要求做好宣传报道工作，拿不准的要及时请示报告。涉及军队、武警、民族、宗教、港澳台与外国政府和组织等敏感领域、重大突发事件以及容易引发群体事件的广播电视舆论监督节目，要送有关部门审定。广播电视舆论监督工作必须通过合法途径和正当方式获取新闻素材，不得采取非法和不道德的手段进行采访报道。不搞隐蔽拍摄和录音。

三、要把握工作重点，提高工作水平

要加强对违法违规行为的监督，加强对党和政府方针政策落实情况的监督，加强对党纪政纪执行情况的监督，加强对侵害群众利益行为的监督，加强对社会丑恶现象、不道德行为和不良风气的监督。为提高广播电视舆论监督工作水平，必须把握以下重要方面：

一要把握全局、选好题目。开展舆论监督，要根据一个时期党和政府的中心工作和社会生活的实际需要来确定选题。选题要有普遍性、代表性、针对性和可行性，要选择党和政府高度重视、人民群众密切关注、希望解决而又能够解决的重要问题和典型事例。要区分社会生活中的主流问题与支流问题，把握实际工作中的重要问题与次要问题。

二要调查研究、搞准事实。要确保信息来源、报道内容、具体情节准确无误，不能道听途说、以偏概全、虚构事实。对群众提供的线索，要派本单位记者采访核实后才能报道。不得直接编发互联网上的信息，不得刊播未经核实的社会来稿。

三要客观全面，以理服人。舆论监督要以事实说话，要充分考虑实际情况的复杂性，听取不同意见，做到事实准确，观点正确，合情合理。

四要把握好度，把握好量。要坚持唯物辩证法，避免只讲一个方面而忽视另一个方面，切忌简单化、片面化、绝对化，切忌说过头话。舆论监督要适时适度，把握好力度、密度和节奏。重大政治活动期间，以及特殊敏感时期，舆论监督要十分慎重，防止产生负面影响。不能简单追求数量，不下指标，不定比例，不定任务，避免一个时期舆论监督报道过多而让受众产生“问题成堆”的错觉。舆论监督要注意统筹，避免一定时期内集中于一个地区、一个行业。

五要注意方法、注重效果。舆论监督必须重在引导，重在教育，在揭露和批评不良现象时要防止人为炒作带来消极影响；要敢于揭露现阶段有条件解决的问题，同时要跟踪报道有关部门采取的措施和处理结果；在触及社会生活中难点问题时，要引导群众树立克服困难的勇气和信心；对热点问题，要善于讲清事实和原因，解疑释惑。舆论监督的结果，要凝聚人心、增进团结、振奋精神、促进工作，要给人以启迪、教益和警戒。

六要帮助工作、化解矛盾。舆论监督既要深刻揭露问题，也要正确引导舆论，做到揭露和批评个别典型事例，推动解决一批类似问题。要化解矛盾、不要激化矛盾；要理顺情绪、不要搞乱情绪；要帮忙而不添乱，鼓劲而不泄气。对现阶段暂时解决不了的问题，不宜公开批评报道；对地方、部门已经依法处理、妥善解决的孤立事件或个别问题，一般不再进行公开批评报道；对上级领导机关和有关部门正在着手解决的问题，公开批评报道要十分慎重，避免因公开批评报道而增加解决问题的难度。

七要与人为善、慎重点名。舆论监督要真诚善意，不要冷嘲热讽。在不涉及违法犯罪行为的情况下，一般不对公民个人做点名批评。对领导干部点名批评，要从严控制，确需点名批评的，节目要送被批评领导干部上一级党委审定，并经广播电视机构主要负责同志批准。要维护领导干部形象和威望，不要影响工作开展和社会稳定。

八要把握时机、内外有别。舆论监督要注意配合党和政府的工作，把握好报道和播发时机。要坚持内外有别、区别对待的原则，对于不宜公开报道，但具有重要参考价值的重要情况和社情民意等，可以采用“内参”反映。

九要依法维护报道对象的合法权益。要尊重公民的人格尊严，维护公民的姓名权、肖像权、名誉权、荣誉权和隐私权。不得暴露他人隐私，或者捏造事实丑化人格，以及用侮辱、诽谤等方式损害他人名誉。要通过合法和正当的手段获取新闻，尊重被采访者的声明和正当要求。采访意外事件时，应顾及受害人及亲属的感受，避免对其心理和情感造成伤害。

十要切实维护未成年人的合法权益。采编涉及未成年人的负面报道，要遵守法律规定。未获得未成年人的监护人同意，一般不披露未成年人的姓名、住址、肖像等能够辨别和推断其真实身份的信息和音像资料。确有必要时，必须进行技术处理。不动员未成年人参与可能损害他们性格和感情的节目；对有可能被未成年人模仿而导致不良后果的报道内容和播出形式要加以防范；对未成年人犯罪案件一般不予公开报道。广播电视不能借报道新闻、宣传法制之名展示未成年人犯罪案件，不能为了追求收听率和收视率而公开披露未成年人的犯罪细节、作案方式。

十一要恪守新闻职业道德。要廉洁自律、出以公心，不得利用职务之便牟取私利，不得接受宴请和馈赠，不得以舆论监督为名敲诈勒索，不得徇私隐匿应报道的新闻事实，坚决防止有偿新闻、有偿不闻等行为。

十二要严格把握跨地区舆论监督。各地广播电台、电视台不得跨地区进行舆论监督采访报道。

四、要建立健全制度，加强监督管理

各级广播影视管理部门和播出机构要严格按照中办《意见》和中宣部《实施办法》，进一步建立健全各项规章制度，完善报道和审批程序，切实加强对广播电视舆论监督工作的管理。

一要严格用人制度。要挑选政治素质好、政策水平高、业务能力强、工作作风正的新闻采编人员参加舆论监督报道工作。政治意识不强、工作作风轻浮、思想方法片面的新闻采编人员不能参加舆论监督报道工作。

二要建立回避制度。新闻采编人员开展舆论监督工作，遇以下四种情形应当回避：与报道对象或利害关系人是夫妻关系、直系血亲关系、三代以内旁系血亲关系及近姻亲关系；是素有往来的朋友、同乡、同学、同事等关系；存在具体的经济、名誉等利益关系；监督涉及地区系本人出生地、曾长期工作或生活所在地。各级广播电视机构要紧密结合工作实际，抓紧制定并坚决执行新闻采编人员开展舆论监督工作的回避制度。

三要建立节目审签程序。各级广播电视机构要切实加强舆论监督节目的审核把关工作，必须建立相应的选题报批、采访安排和节目审签工作制度。一般性舆论监督的选题及采访安排由部门主任审定，节目由部门主任审签；涉及重大事项和敏感问题，或在重要时段和栏目、节目播出的舆论监督报道，选题及采访报道安排由台领导或编委会审定，节目由台领导审签；拿不准的节目要送有关部门审定。

四要建立和完善激励和约束机制。各级广播影视管理部门和播出机构评价舆论监督工作，要注重实际效果，以是否有助于解决问题、推动工作为评价标准。对在舆论监督工作中有突出贡献的新闻采编人员，要予以奖励；对违纪违规、造成恶劣影响的，要严肃处理。

五要建立和完善接受社会监督的机制。各级广播电视机构要向社会公布监督举报电话，接受对新闻采编人员违纪违规行为的举报，并对举报内容调查、核实、处理，将有关情况向举报人作出答复，向主管部门报告或向社会公布。因报道失实或不当，侵犯他人合法权益的，要公开更正，澄清事实，消除不良影响。

五、要加强教育培训，搞好队伍建设

各级广播影视管理部门和播出机构要切实加强对新闻采编人员的培训和教育，制订教育培训计划，明确教育培训内容，确定教育培训人员，做好教育培训工作。

一要确立坚定正确的政治方向。要认真学习邓小平理论和“三个代表”重要思想，坚持科学发展观，牢固树立马克思主义新闻观，不断增强政治意识、大局意识、责任意识和纪律意识，提高政治敏锐性和政治鉴别力，提高正确分析、判断、认识复杂事物和问题的能力。

二要提高政治素质和业务素质。要认真学习党的基本理论、基本路线、基本纲领、基本经验；认真学习党的政策、法律法规和党的纪律；认真学习全心全意为人民服务的宗旨，维护广大人民群众的根本利益；认真学习政治、经济、文化、科技、外交、军事、新闻等方面知识。要发扬敬业奉献、实事求是、艰苦奋斗、清正廉洁、认真细致、勇于创新的作风。

三要加强舆论监督工作业务培训。要坚持“严、细、深、实”的工作作风，切实改进舆论监督报道文风。要强化新闻采编人员的社会责任感，正确理解和运用舆论监督的权力，摆正新闻采编人员的位置，端正舆论监督的目的，不断提高舆论监督工作的水平。

六、要切实加强领导，明确责任分工

要切实加强对舆论监督工作的领导，坚持守土有责的原则，认真负责，谨慎细致，严格把关。在事关政治方向、事关根本原则的问题上，必须保持清醒和坚定。广播电视舆论监督工作要坚持高标准、严要求，善于把党的路线方针政策同开展广播电视舆论监督的实际结合起来，把党关于舆论监督工作的方针原则同当地具体情况结合起来，创造性地开展工作。

要认真总结舆论监督工作的经验，研究制定加强和改进舆论监督工作的具体办法，解决广播电视机构在舆论监督中遇到的困难和存在的问题。要加强对广播电视机构开展舆论监督的宏观协调和分类指导，把好关、把好度，充分发挥广播电视机构特别是中央和省级广播电台、电视台的主导作用。要支持广播电视新闻采编人员正确开展舆论监督，为开展舆论监督创造必要的条件。要注意保护广播电视新闻采编人员的合法权利，保证广播电视舆论监督正常进行，要支持广播电视机构特别是中央和省级广播电视机构记者的采访活动，为采访报道提供方便。

§56. 突发公共事件报道有什么主要管理规定？

一、《突发事件应对法》和《国家突发公共事件总体应急预案》主要相关内容

《中华人民共和国突发事件应对法》由第十届全国人大常委会于2007年8月30日通过并自2007年11月1日起施行。目的是为了预防和减少突发事件的发生，控制、减轻和消除突发事件引起的严重社会危害，规范突发事件应对活动，保护人民生命财产安全，维护国家安全、公共安全、环境安全和社会秩序，该法共分七章七十条，适用于突发事件的预防与应急准备、监测与预警、应急处置与救援、事后恢复与重建等应对活动。

突发事件，是指突然发生，造成或者可能造成严重社会危害，需要采取应急处置措施予以应对的自然灾害、事故灾难、公共卫生事件和社会安全事件。按照社会危害程度、影响范围等因素，自然灾害、事故灾难、公共卫生事件分为特别重大、重大、较大和一般四级。国家建立统一领导、综合协调、分类管理、分级负责、属地管理为主的应急管理体制。突发事件应对工作实行预防为主、预防与应急相结合的原则。

其中，对政府和公众应对突发事件的方式、原则、责任及义务等，作了一些具体的规定。

1. 坚持效率优先：赋予政府多项应急权力

突发事件应对法规定，自然灾害、事故灾难、公共卫生事件发生后，履行统一领导职责的人民政府可以采取多项应急处置措施。包括：组织营救和救治受害人员，疏散、撤离并妥善安置受到威胁的人员以及采取其他救助措施；迅速控制危险源，标明危险区域，封锁危险场所，划定警戒区，实行交通管制以及其他控制措施；立即抢修被损坏的交通、通信、供水、排水、供电、供气、供热等公共设施，向受到危害的人员提供避难场所和生活必需品，实施医疗救护和卫生防疫以及其他保障措施；禁止或限制使用有关设备、设施，关闭或限制使用有关场所，中止人员密集的活动或者可能导致危害扩大的生产经营活动以及采取其他保护措施；启用本级人民政府设置的财政预备费和储备的应急救援物资，必要时调用其他急需物资、设备、设施、工具；组织公民参加应急救援和处置工作，要求具有特定专长的人员提供服务；保障食品、饮用水、燃料等基本生活必需品的供应。

此外，政府可依法从严惩处囤积居奇、哄抬物价、制假售假等扰乱市场秩序的行为，稳定市场价格，维护市场秩序；依法从严惩处哄抢财物、干扰破坏应急处置工作等扰乱社会秩序的行为，维护社会治安；采取防止发生次生、衍生事件的必要措施。

社会安全事件发生后，有关人民政府应当立即组织有关部门依法采取强制隔离当事人，封锁有关场所和道路，控制有关区域和设施，加强对核心机关和单位的警卫等措施；发生严重危害社会治安秩序的事件时，公安机关还可以根据现场情况依法采取相应的强制性措施。

2. 限制和保护相统一：最大限度保护公民权利

突发事件往往具有社会危害性，政府固然负有统一领导、组织处置突发事件应对的主要职责，同时社会公众也负有义不容辞的责任。因此，突发事件应对法对有关单位和个人在突发事件预防和应急准备、监测和预警、应急处置和救援等方面服从指挥、提供协助、给予配合、必要时采取先行处置措施的法定义务作出了规定。同时，为了保护公民的权利，突发事件应对法确立了比例原则，并规定了征用补偿等制度。

法律明确规定，有关政府及其部门采取的应对突发事件的措施，应与突发事件可能造成的社会危害的性质、程度和范围相适应，有多种措施可供选择的，应选择有利于最大限度地保护公民权益的措施。

有关政府及其部门为应对突发事件，可以征用单位和个人的财产。“但被征用的财产在使用完毕或突发事件应急处置工作结束后，应及时返还。财产被征用或征用后毁损、灭失的，应当给予补偿。”

3. 早发现、早报告、早预警：不得迟谎瞒漏报突发事件信息

突发事件的早发现、早报告、早预警，是及时做好应急准备、有效处置突发事件、减少人员伤亡和财产损失的前提。任何单位和个人报送、报告突发事件信息，都应做到及时、客观、真实，不得迟报、谎报、瞒报、漏报。

国务院将建立全国统一的突发事件信息系统，县级以上地方各级人民政府应当建立或确定本地区统一的突发事件信息系统。地方各级人民政府应当按照国家有关规定向上级人民政府报送突发事件信息，县级以上人民政府有关主管部门应当向本级人民政府相关部门通报突发事件信息。专业机构、监测网点和信息报告员应当及时向所在地人民政府及其有关主管部门报告突发事件信息。

获悉突发事件信息的公民、法人或其他组织，应当立即向所在地人民政府、有关主管部门或指定的专业机构报告。

4. 应急信息主动公开：政府须统一准确及时发布相关信息

履行统一领导职责或者组织处置突发事件的人民政府，应当按照有关规定统

一、准确、及时发布有关突发事件事态发展和应急处置工作的信息。有关人民政府及其部门作出的应对突发事件的决定、命令，应当及时公布。

新闻媒体应当无偿开展突发事件预防与应急、自救与互救知识的公益宣传。

突发事件应对法作出的规定，体现了依法公开政府信息，确保公众知情权的法律原则。

5. 处罚虚假宣传：编造传播有关突发事件事态发展或应急处置工作虚假信息将被处罚

在对政府主动公开相关信息作出规定的同时，突发事件应对法明确：任何单位和个人不得编造、传播有关突发事件事态发展或者应急处置工作的虚假信息。

违反本法规定，编造并传播有关突发事件事态发展或者应急处置工作的虚假信息，或者明知是有关突发事件事态发展或者应急处置工作的虚假信息而进行传播的，责令改正，给予警告；造成严重后果的，依法暂停其业务活动或者吊销其执业许可证；负有直接责任的人员是国家工作人员的，还应当对其依法给予处分；构成违反治安管理行为的，由公安机关依法给予处罚。

《国家突发公共事件总体应急预案》2006 年初由国务院发布。作为全国应急预案体系的总纲，明确了各类突发事件分级分类和预案框架体系，规定了国务院应对特别重大突发公共事件的组织体系、工作机制等内容，是指导预防和处置各类突发事件的规范性文件。其中也对突发事件信息的发布作出了原则的规定。

“总体应急预案”将突发公共事件分为四类：

（1）自然灾害，主要包括水旱灾害、气象灾害、地震灾害、地质灾害、海洋灾害、生物灾害和森林草原火灾等。

（2）事故灾难，主要包括工矿商贸等企业的各类安全事故、交通运输事故、公共设施和设备事故、环境污染和生态破坏事件等。

（3）公共卫生事件，主要包括传染病疫情、群体性不明原因疾病、食品安全和职业危害、动物疫情以及其他严重影响公众健康和生命安全的事件。

（4）社会安全事件，主要包括恐怖袭击事件、经济安全事件、涉外突发事件等。

“总体应急预案”按照突发事件的性质、严重程度、可控性和影响范围等因素将突发事件分成四级，特别重大的是Ⅰ级，重大的是Ⅱ级，较大的是Ⅲ级，一般的是Ⅳ级。

“总体应急预案”涉及突发事件信息发布的内容包括预警信息发布和事件信息发布两个方面。

立足于“防患于未然”的原则，“总体应急预案”要求各地区、各部门完善预测预警机制，建立预测预警系统，开展风险分析，做到早发现、早报告、早处置。在这个基础上，根据预测分析结果进行预警。根据预测分析结果，对可能发生和可以预警的突发公共事件进行预警。预警级别依据突发公共事件可能造成的危害程度、紧急程度和发展势态，一般划分为四级：Ⅰ级（特别严重）、Ⅱ级（严重）、Ⅲ级（较重）和Ⅳ级（一般），依次用红色、橙色、黄色和蓝色表示。预警信息的发布、调整和解除可通过广播、电视、报刊、通信、信息网络、警报器、宣传车或组织人员逐户通知等方式进行，对老、幼、病、残、孕等特殊人群以及学校等特殊场所和警报盲区应当采取有针对性的公告方式。

突发公共事件一旦发生，“总体应急预案”对信息报告的第一要求就是：快。“总体应急预案”强调，Ⅰ级或者Ⅱ级突发公共事件发生后，省级政府或国务院有关部门要在4小时内向国务院报告，同时通报有关地区和部门。“总体应急预案”还规定，突发公共事件的信息发布应当及时、准确、客观、全面。事件发生的第一时间要向社会发布简要信息，随后发布初步核实情况、政府应对措施和公众防范措施等，并根据事件处置情况做好后续发布工作。信息发布形式主要包括授权发布、散发新闻稿、组织报道、接受记者采访、举行新闻发布会等。“总体应急预案”还对迟报、谎报、瞒报、漏报订立了依法处分的原则规定。

“总体应急预案”中有关信息发布的内容，特别是突发公共事件消息要在第一时间向社会发布的规定，是对相关政府部门的义务性规范，肯定了公民对突发事件的知情权，肯定了新闻媒介和记者对突发事件的采访权和报道权，也扩大了新闻媒介报道突发事件的主动权。如果发生有的政府部门拒不公布甚至隐瞒突发事件信息的违法不作为的情况，若属依法应当统一发布的信息，新闻媒介虽然不能擅自报道，但可以敦促负有公布责任的部门履行法定义务，尽快公布，直至向上级部门举报要求尽快纠正；若属依法无须统一发布的信息，新闻媒介有权自行采访报道，向社会披露真相，揭发谎报、瞒报有关信息的内幕。

二、突发公共事件报道主要管理规定

党和政府对突发事件报道历来十分重视，多次下达政策文件予以规范，认为做好国内突发事件的新闻报道，关系到社会稳定和人心安定，关系到党和政府在人民群众中的威信，关系到我国的国际形象和新闻媒介的信誉。突发事件报道总的原则是：及时主动、准确把握，正确引导舆论，注重社会效果，有利于党和国家工作大局，有利于维护人民群众切身利益，有利于社会稳定和人心安定，有利于事件的妥善处理。其中及时主动和准确，应是突发事件报道的基本出发点，否则这四个“有利于”就不可能实现。突发事件的报道应区别不同性质、采取不同的方式处理。报道内容必须准确、真实，有利于保持社会的安定，有利于经济的稳定发展和改革、开放的顺利进行，在这个前提下讲求时效。重大自然灾害（如地震、水灾等）和灾难性事故，在事实准确的情况下，原则上应及时报道。如有些情况一时查不清，可先作简短的客观报道，然后再作详细的报道。许多事实证明，对突发事件报道及时准确、主动引导，就能赢得好的社会效果。反之，则往往造成工作的被动，甚至损害党和政府的形象。

我国在若干法律、法规中对传染病疫情、地震震情等突发事件信息的披露有所规范。

1. 汛情

2005 年《防汛条例》（行政法规）第二十九条规定："电视、广播、新闻单位应当根据人民政府防汛指挥部提供的汛情，及时向公众发布防汛信息。"根据该条款，新闻媒介应当及时报道防汛信息，而消息必须由政府防汛部门提供，当然包含了不得擅自报道不是政府部门正式发表的传闻的意思。同时，政府防汛部门也就负有及时向新闻媒介提供汛情的职责。

2. 传染病疫情

我国实行传染病疫情公开制度。1989 年《传染病防治法》第二十三条规定："国务院卫生行政部门应当及时地如实通报和公布疫情，并可以授权省、直辖市政府卫生行政部门及时地如实通报和公布本行政区域的疫情。"

修订后的《传染病防治法》第三十八条规定："国家建立传染病疫情信息公布制度。国务院卫生行政部门定期公布全国传染病疫情信息。省、自治区、直辖市人民政府卫生行政部门定期公布本行政区域的传染病疫情信息。传染病暴发、流行时，国务院卫生行政部门负责向社会公布传染病疫情信息，并可以授权省、自治区、直辖市人民政府卫生行政部门向社会公布本行政区域的传染病疫情信息。公布传染病疫情信息应当及时、准确。"2003 年行政法规《突发公共卫生事件应急条例》第二十五条也规定："国家建立突发事件的信息发布制度。国务院卫生行政主管部门负责向社会发布突发事件的信息。必要时，可以授权省、自治区、直辖市人民政府卫生行政主管部门向社会发布本行政区域内突发事件的信息。信息发布应当及时、准确、全面。"

20 世纪 90 年代，卫生部曾经发布关于授权公布传染病疫情的通知，授权各省、自治区、直辖市卫生厅（局）可以决定及时如实地通报和公布本行政区域内的传染病疫情，但发生鼠疫、霍乱、病毒性肝炎、流行性出血热等暴发性大流行的疫情，以及艾滋病、性病病例，在对外通报和公布前须征得卫生部同意。通知还规定："任何单位和个人未经批准，不准对外通报、公布和引用发表未经公布的传染病疫情。"这是对新闻媒介的禁止性规范，即不得报道未经政府卫生部门发布的或未经批准的疫情新闻。对上述规定，应当按照法律高于政府部门法令的原则从整体上加以理解执行。新闻媒介应当根据政府卫生部门公布的疫情进行报道。政府卫生部门也应切实履行法定的公开信息的义务。

3. 核事故

1993 年行政法规《核电厂核事故应急管理条例》第二十三条规定："省级人民政府指定的部门在核事故应急响应过程中应当将必要的信息及时地告知当地公众。" 这是对省级政府应当向发生核事故的地域的公众公开信息的职责的规定，但不是有关新闻报道的规定。该《条例》第二十八条规定："有关核事故的新闻由国务院授权的单位统一发布。" 授权单位一般就是新华社。1994 年卫生部发布部门规章《核事故医学应急管理条例》规定："核事故应急救援的有关信息由国务院卫生行政部门统一发布。"《核电厂核事故应急管理条例》还规定在核事故应急响应过程中如有散布谣言、扰乱社会秩序等行为应予行政处分、治安管理行政处罚直至追究刑事责任。

4. 地震及其预报

作为地震多发地区，我国是世界上唯一把开展地震预报作为政府职责并且制定法律法规进行法制化管理的国家。1997 年《防震减灾法》、1998 年《地震预报管理条例》（行政法规），都有关于发布地震预报的规定。

《防震减灾法》第十六条规定："国家对地震预报实行统一发布制度。" 地震预报分为长期、中期、短期、临震四种。长期预报，是指对未来 10 年内可能发生破坏性地震的地域的预报；中期预报，是指对未来一二年内可能发生破坏性地震的地域和强度的预报；短期预报，是指对 3 个月内将要发生地震的时间、地点和震级的预报；临震预报，是指对 10 日内将要发生地震的地点、时间、震级的预报。地震预报意见实行评审制度。全国性的地震长期预报和地震中期预报，由国务院发布。省、自治区、直辖市行政区域内的地震长期预报、地震中期预报、地震短期预报和临震预报，由省、自治区、直辖市政府发布。北京市的地震短期预报和临震预报，由国家地震局和北京市政府负责管理地震工作的机构，组织召开震情会商会，提出预报意见，经国家地震局组织评审后，报国务院批准，由北京市政府发布。

违反上述法定程序公开传播涉及地震预测的意见或信息均属非法。《地震预报管理条例》第六条规定："任何单位和个人根据地震观测资料和研究结果提出的地震预测意见，应当向所在地或者所预测地区的县级以上人民政府负责地震工作的机构书面报告，也可以向国务院地震工作主管部门书面报告，不得向社会散布。" 任何单位和个人不得向社会散布地震预报意见及其评审结果。任何组织或者个人都不得传播有关地震的谣言。发生地震谣传时，防震减灾工作主管部门应当协助政府迅速予以平息和澄清。

在地震发生后，政府还负有向社会公告的义务。《防震减灾法》第三十一条规定："地震灾区的省、自治区、直辖市人民政府按照国务院有关规定向社会公告震情和灾情。"

这些规定对于新闻媒介当然具有约束力。《地震预报管理条例》第十四条规定："新闻媒体刊登或者播发地震预报消息，必须依照本条例的规定，以国务院或者省、自治区、直辖市人民政府发布的地震预报为准。"新闻宣传部门应当实事求是地进行地震知识和地震工作的宣传报道。涉及地震短期和临震预报水平的宣传报道，在发表前应征得国家或省级地震部门的同意。新闻媒介如果得到民间的与地震有关的异常情况反映时，首先应当与所在地政府及地震部门联系，而不应抢先报道。在地震发生后，应当从政府及地震部门取得可靠信息进行震情和灾情的报道。对有关地震的谣言，应与地震部门配合积极辟谣。

有关法规还对有关传播地震信息的违法行为规定了罚则。据《地震预报管理条例》第五章规定，地震工作专业人员擅自向社会散布地震预测意见、预报意见及其评审结果，给予行政处分。制造谣言、扰乱社会正常秩序的，给予治安管理处罚。据《破坏性地震应急条例》第三十七条规定，不按照规定和实际情况报告灾情的，散布谣言，扰乱社会秩序，影响破坏性地震应急工作的，对负有直接责任的主管人员和其他直接责任人员依法给予行政处分；属于违反治安管理行为的，依照《治安管理处罚条例》给予处罚；构成犯罪的，依法追究刑事责任。

5. 气象预报

1999年颁布的《气象法》第二十二条规定："国家对公众气象预报和灾害性天气警报实行统一发布制度。""各级气象主管机构所属的气象台站应当按照职责向社会发布公众气象预报和灾害性天气警报，并根据天气变化情况及时补充或者订正。其他任何组织或者个人不得向社会发布公众气象预报和灾害性天气警报。"气象预报，是对天气预报、气候预测和各种专业气象预报的统称。灾害性天气警报，是指即将发生台风、寒潮、大风、暴雨雪、冰雹等对国计民生有严重危害的天气时，对可能危及的区域以天气预报的形式向公众发布的紧急通报。公开发布天气预报的主要方式是通过宣传媒介和公共信息发布系统，如广播、电视、报刊、电话等方式向公众发布的天气预报。

在气象预报统一发布的制度中，发布气象预报对于各级气象台站既是授权性规范又是义务性规范。各级气象台站应当根据当地经济建设和防灾减灾的需要，及时、准确地制作和发布气象预报、灾害性天气警报，并根据天气变化情况及时发布补充的或者订正的预报和警报。各级气象主管机构所属的气象台站应当保证其制作的气象预报节目的质量。

而新闻媒介则主要承担两项义务：一是准确及时传播气象台站的气象预报，

二是不擅自发布重要气象新闻。根据《气象法》规定，各级广播、电视台站和省级人民政府指定的报纸，应当安排专门的时间或者版面，每天播发或者刊登公众气象预报或者灾害性天气警报。广播、电视播出单位改变气象预报节目播发时间安排的，应当事先征得有关气象台站的同意。对国计民生可能产生重大影响的灾害性天气警报和补充、订正的气象预报，应当及时增播或者插播。广播、电视、报纸、电信等媒体向社会传播气象预报和灾害性天气警报，必须使用气象主管机构所属的气象台站提供的适时气象信息，并标明发布时间和气象台站的名称。另外，《气象法》还规定，通过传播气象信息获得的收益，应当提取一部分支持气象事业的发展。比如在气象栏目或节目中发布广告的收入，就属于这类收益。

在传播活动中的违规行为，一是非法向社会发布公众气象预报、灾害性天气警报，二是广播、电视、报纸、电信等媒体向社会传播公众气象预报、灾害性天气警报，不使用气象主管机构所属的气象台站提供的适时气象信息，按《气象法》第三十八条规定，由有关气象主管机构按照权限责令改正，给予警告，可以并处五万元以下的罚款。

《气象法》第三条规定："气象台站在确保公益性气象无偿服务的前提下，可以依法开展气象有偿服务。"所谓"气象公益服务"，是指为各级政府指挥生产、组织防灾抗灾和为军事、国防及其他特殊任务提供的气象服务，以及通过广播、电视、报刊等方式向社会提供的天气预报。据此，政府机构、军事机构和新闻单位等可以享有无偿使用天气预报的权利，其他机构部门单位使用特别是带有营利目的使用，应征得气象台站同意并酌情支付费用。

三、国家广电总局宣传管理部门根据有关规定归纳出如下主要条目

突发公共事件新闻报道必须坚守"及时准确、公开透明、有序开放、有效管理、正确引导"的原则。突发公共事件报道要做到既尊重群众知情权、满足人们信息需求，又注重疏导群众情绪、消除不利影响，有效引导舆论。突发事件报道要坚持团结、稳定、鼓劲，正面宣传为主的方针，充分报道党中央、国务院对事件的重视和对人民群众的关心，报道党和政府所做的工作，报道社会各界的积极反应和行动，正确引导社会舆论，牢牢把握正确导向。

要控制突发事件报道的数量和规模，防止灾难、事故、案件等报道过于集中。影响范围不大、后果不严重的突发事件，可不作公开报道，也可只在当地报道。要避免展示和渲染案件细节、伤亡惨状等，防止产生负面效果。各类突发事件的报道，均不得涉及国家秘密。

暴雨台风、雷电冰雹、洪涝水灾、干旱高温、低温冷冻、大风大雾、沙尘雪灾、森林草原火灾以及山体滑坡、泥石流等自然灾害类事件，新闻媒体可根据各级气象、国土资源等行政主管部门的预报、警报和通报及时报道。灾害造成的人员伤亡、经济损失等重要数据，应送有关主管部门审核。

飞机坠毁事件，重（特）大铁路、公路、水上交通事故，建筑物坍塌事件，矿山采掘恶性事故，重（特）大火灾及其他特别重大生产安全事故，中央和省级主要新闻媒体可根据中央和省级行政主管部门的通报及时报道。特别重大、复杂、敏感的事件，授权新华社统一发布消息。事故造成的人员伤亡、经济损失等重要数据，应送有关主管部门审核。涉及事故原因和责任问题的深入报道，应听取有关主管部门的意见。

国内发生的5级以上（含5级）地震，新闻媒体可根据中国地震局的通报及时编发消息。地震造成的人员伤亡、经济损失等重要数据，应送省级以上地震主管部门审核。5级以下地震原则上不作报道；地震发生地省级人民政府要求报道的，当地新闻媒体可进行报道，新闻稿送省级地震主管部门审核。

重大疫情等公共卫生事件，新闻媒体应根据卫生部及卫生部授权的省级卫生行政部门的通报及时报道；重大动物疫情，应根据农业部及农业部授权的省级畜牧兽医行政管理部门的通报及时报道；重大环境污染和生态破坏事件，应根据国家环保总局的通报及时报道；其他可能产生重大危害的公共安全事件，应根据中央和省级行政主管部门的通报及时报道。特别重大、复杂、敏感的事件，授权新华社统一发布消息。对事件造成的人员死亡、经济损失等重要事实，应送有关主管部门审核。对事件的深入报道，应听取有关主管部门的意见。

纵火、投毒、爆炸、劫机、劫船等重大刑事案件，原则上只安排中央和省级主要新闻媒体采访报道，稿件分送有关部门审核。特别重大、复杂、敏感的案件，授权新华社统一发布消息。

涉及外国驻华使领馆、外国驻华人员、在华外商、外国留学生、外国游客和港澳台同胞的重大突发事件，特别是有外国人和港澳台同胞伤亡或关系他们切身利益的事件，由有关部门组织报道。特别重大、复杂、敏感的事件，授权新华社统一发布消息。涉及外国人的，稿件送外交部审核；涉及港澳台同胞的，稿件送国务院港澳办或国务院台办审核；涉及在华外商的，稿件送商务部审核。

涉及西藏、新疆以及民族、宗教、人权、“民运”等问题的重大突发事件，由有关部门组织报道。特别重大、复杂、敏感的事件，授权新华社统一发布消息。涉及民族、宗教及西藏问题的稿件送有关部门审核。

地震预报，应按照有关法律法规，由国务院或省级人民政府授权新华社或省级主要新闻媒体统一发布；重要气象预报（如年度气候预测、汛期旱涝趋势预测等），应按照有关法律法规，由气象主管部门通过新闻媒体统一发布。特大气象灾害的预警预报，由气象主管部门根据国务院或省级人民政府的指示，授权中央或省级主要新闻媒体统一发布。

重大恐怖暴力案件的对内、对外报道，涉及邪教的重大突发事件，由有关部门会同中央宣传部组织报道。

社会骚乱、群体上访、非法集会和游行示威、罢工罢课、民族宗教冲突、囚徒暴狱、警民军民冲突以及银行挤兑、挤提等重大政治性、群体性事件，需要公开报道的，由中央宣传部遵照中央指示统一部署。如境外有反应或歪曲性报道，应视情况及时组织对外报道，作必要的澄清和驳斥。

危害国家安全、损害我国际形象的突发事件，需要报道的，由有关部门会同中央宣传部遵照中央指示统一部署。如境外有反应或歪曲性报道，应视情况及时组织对外报道，作必要的澄清和驳斥。涉及军队和武警部队的事件，需要报道的，由有关部门统一部署。

记者在采访中要自觉遵守国家法律和有关规定，恪守新闻职业道德，不得妨碍事件处理工作，不得采取非法和不道德的手段获取信息，不得编发未经核实、没有根据的信息和传言，防止报道失实。反对不负责任、消极有害的炒作和渲染，杜绝可能激化社会矛盾、诱发不稳定因素的报道，严禁传播歪曲事实、造谣滋事、煽动群众偏激情绪、制造社会恐慌气氛等各种有害信息。

§57. 理论、文献电视专题片有什么主要管理规定?

为加强对理论、文献电视专题片制作播出的管理，根据党中央、国务院批准的《中共中央宣传部、国家广播电影电视总局关于制作播出理论、文献电视专题片的暂行规定》（中办厅字〔1998〕13号）文件，国家广播电影电视总局发布《关于制作播出理论、文献电视专题片的暂行规定的实施办法》（广发编字〔1999〕137号），2007年2月广电总局又发布《关于切实加强理论文献电视专题片管理的通知》。上述三个文件主要内容有：

理论电视专题片是指宣传、阐释马克思列宁主义、毛泽东思想、邓小平理论的电视专题片；文献专题片是指宣传反映党和国家重大历史事件以及党和国家领导人生平业绩的电视专题片、电影纪录片。国家广播电影电视总局成立“理论、文献电视专题片（含电影纪录片）创作领导小组”，负责理论文献专题片播出的审定工作。审看理论、文献专题片时可邀请相关单位的领导和专家参加，必要时报送中央审定。

一、制作

理论电视专题片必须由中央和国家机关各部门，省、自治区、直辖市党委宣传部，中央电视台组织制作。文献电视专题片必须由中央和国家机关各部门以及中央电视台组织制作。省、自治区、直辖市党委宣传部组织制作理论电视专题片，事先应将制片计划（包括片名、主题、集数、表现方式和主要内容等）报本省、自治区、直辖市党委审批。审批同意后，省、自治区、直辖市党委将批复件抄送中共中央宣传部和国家广播电影电视总局。中央和国家机关各部门以及中央电视台组织制作理论、文献电视专题片，事先应将制片计划（包括片名、主题、集数、表现方式和主要内容等）报国家广播电影电视总局审批。未经上述有关部门批准，各地区、各部门、各单位不得擅自制作理论、文献电视专题片。

二、播出

省、自治区、直辖市党委宣传部组织制作的理论电视专题片，报经本省、自治区、直辖市党委审定同意后，由省级广播电视行政管理部门颁发播出许可证，可在地方各级电视台播出。拟在中央电视台播出的，须报经国家广播电影电视总局审批同意。中央和国家机关各部门以及中央电视台制作的理论、文献专题片报国家广播电影电视总局审批。审批同意后，由国家广播电影电视总局颁发播出许可证，可在全国各级电视台播出。凡没有播出许可证的理论、文献电视专题片，全国各级电视台一律不得播放。军队系统制作理论、文献电视专题片，由解放军总政治部参照本规定制定具体办法，并负责审批。需在中央和地方电视台播出的，由总政治部报国家广播电影电视总局审批，审批同意后由国家广播电影电视总局颁发播出许可证。

§58. 发表主要领导同志的书籍、文章和影视等作品有什么主要管理规定？

关于新闻媒介发表有关党和国家主要领导同志的作品，中宣部和新闻出版署先后在1990年发布《关于对描写党和国家主要领导人的出版物加强管理的规定》，在1993年发布《关于发表和出版有关党和国家主要领导人工作和生活情况作品的补充规定》，1997年后发布《图书、期刊、音像制品、电子出版物重大选题备案办法》，等等，对此作了严格规定。

党和国家主要领导人包括：现任或曾任中共中央政治局常委，国家主席、副主席，国务院总理，中央军委主席，全国人大常务委员会委员长，全国政协主席。有关党和国家领导人的作品是指：描写、记述或涉及上述人物工作和生活情况的图书、报刊文章、音像制品、电影、电视作品，包括新闻报道和其他新闻作品。文件规定："凡发表和出版这类作品，必须严格执行送审制度。"

关于新闻报道。《人民日报》、新华社、中央电视台、中央人民广播电台发表的新闻报道，按照各自的审批程序报批。其他中央或地方新闻单位发表的新闻报道，报送党和国家主要领导人指定的部门或人员审批。

关于报刊文章。中央的报刊报主管部门审核，由主管部门提出意见，报新闻出版署审批。地方报刊报省级政府主管部门审核，由主管部门提出意见，经省、自治区、直辖市党委宣传部同意后，报新闻出版署审批。报纸、期刊发表或转载这类作品，要与各自的性质、分工相符，不符的不得刊载。新闻出版署在审批时，可视情况分别转请中央文献研究室、中央党史研究室和军事科学院等部门协助审核。

发表和出版涉及健在的领导人的作品，包括报道领导人的活动、发表他们的谈话，都必须征得本人同意。

中共中央办公厅2000年12月12日发出《关于加强对涉及党和国家主要领导同志的书籍、文章和影视等作品管理的通知》，指出：

编辑出版和制作涉及党和国家主要领导同志的书籍、画册、画像、文章、音像制品、理论文献电视专题片、电视剧和电影等作品，是一项十分严肃的工作，政治性、政策性很强。中央历来强调，对中央领导同志，不要突出个人，不要宣传个人。否则，不仅对领导同志个人没有好处，对党的事业也没有好处，在群众中也会带来不好的影响。全党同志要共同遵守这个原则。为加强对此项工作的管理，中央及有关部门多次作出明确规定。但仍有少数地方和单位无视规定，擅自出版和制作涉及党和国家主要领导同志的作品，造成不好的影响。为进一步加强管理，经中央批准，现通知如下：

（1）编辑出版和制作涉及党和国家主要领导同志的书籍、画册、画像、文章、音像制品、理论文献电视专题片、电视剧和电影等作品，必须严格执行《中共中央办公厅关于严格执行编辑出版党和国家主要领导同志讲话选编和研究著作有关规定的通知》（中办发〔1998〕32号）、《国务院办公厅关于进一步加强对有关出版物管理的通知》（国办电〔1998〕252号）、《中共中央办公厅、国务院办公厅关于印发〈中共中央宣传部、国家广播电影电视总局关于制作播出理论、文献电视专题片的暂行规定〉的通知》（厅字〔1998〕13号）、《中央宣传部、新闻出版署关于发表和出版有关党和国家主要领导人工作和生活情况作品的补充规定》（中宣发文〔1993〕5号）、中宣部等部门《关于重大革命历史题材影视作品拍摄和审查问题的规定》（中宣通〔1990〕16号）、《新闻出版署关于出版反映党和国家主要领导人工作和生活情况的摄影画册的规定》（新出图〔1995〕215号）、《新闻出版署关于期刊发表有关党和国家主要领导人工作和生活文章、图片的规定》（新出期〔1994〕721号）、《新闻出版署关于加强和改进重大选题备案工作的通知》（新出图〔1999〕198号）等各项规定，严格履行报批程序，认真审核内容，不得违反规定擅自出版和制作。

（2）编辑出版、制作反映现任中央政治局常委及其亲属工作生活情况的书籍、画册、画像、文章、音像制品、理论文献电视专题片、电视剧和电影等作品，必须征得领导同志本人同意。未经本人同意，一律不得出版和制作。

（3）涉及党和国家主要领导同志的书籍，由新闻出版署指定的出版单位出版；涉及党和国家主要领导同志的影视作品，由国家广播电影电视总局指定的单位制作。其他单位一律不得自行出版和制作。

（4）严禁任何单位和个人借出版制作有关涉及中央领导同志的书籍、文章和影视等作品的名义，拉赞助和广告。严禁用党和国家主要领导同志的名字、题词和照片做广告或变相广告。

（5）各出版和制作单位要严格遵守上述规定，认真把关。各主管主办单位要切实负起责任，加强对所属出版和制作单位的管理。各级宣传思想文化部门、广播影视和新闻出版部门、党史和文献部门要根据各自职责，按照上述规定，加强对涉及党和国家主要领导同志的书籍、画册、画像、文章、音像制品、理论文献电视专题片、电视剧和电影等作品的审看。对违反规定、问题严重的单位，要严肃查处。同时，要追究主管主办单位领导的责任。

2000年国家广播电影电视总局发出《关于不得在娱乐节目中模仿党和国家领导人的通知》（广发编字〔2000〕882号）指出：

近年来，有的电台、电视台在开办的“模仿秀”娱乐节目中把党和国家领导人作为模仿对象，这种做法极不严肃，损害了党和国家领导人的形象和声誉，在社会上造成不良影响。

根据中央关于新闻宣传要注意维护党和国家领导人的形象的一贯要求，重申广播电视娱乐节目一律不得模仿党和国家领导人。各级广播电视行政部门要牢固树立政治意识、大局意识、责任意识，对所属电台、电视台的娱乐节目进行一次检查，坚决纠正模仿党和国家领导人的错误做法，并采取措施确保导向正确。

§59. 新闻传播中有关名誉权保护有什么主要规定？

新闻传播中有关名誉权保护有如下几个方面内容：

一、新闻侵害名誉权含义

名誉是指社会对特定公民的品行、思想、道德、生活、作用、才干等方面的社会评价以及这种社会评价给公民带来的精神享受。“名誉的核心是社会评价。”名誉权就是指公民、法人或其他组织对自己所获得的社会评价享有的不可侵犯的权利。所谓新闻侵权，是指新闻媒体和新闻从业人员通过新闻传播媒介对公民、法人或其他组织的人格权造成不法侵害的行为。名誉权是非常重要的人格权，因而侵害名誉权就成了最常见的新闻侵权行为。

名誉权作为公民、法人享有的一项重要权利，受到法律保护。我国《宪法》第三十八条规定：“中华人民共和国公民的人格尊严不受侵犯。禁止用任何方法对公民进行侮辱、诽谤和诬告陷害。”《民法通则》第一百零一条规定：“公民、法人享有名誉权，公民、法人的人格尊严受法律保护，禁止以侮辱、诽谤等方式损害公民、法人的名誉。”《最高人民法院关于贯彻执行〈中华人民共和国民法通则〉若干问题的意见（试行）》第一百四十条规定：“以书面、口头等形式宣扬他人的隐私，或者捏造事实公然丑化他人人格，以及用侮辱、诽谤等方式损害他人名誉，造成一定影响的，应当认定为侵害公民名誉权的行为；以书面、口头等形式诋毁、诽谤法人名誉，给法人造成损害的，应当认定为侵害法人名誉权的行为。”

在我国法律体系下，死者的名誉是受到保护的，对死者名誉造成损害，同样要受法律制裁。1993 年最高人民法院《关于审理名誉权案件若干问题的解答》中规定：“死者名誉受到损害的，其近亲属有权向人民法院起诉。”

二、新闻侵害名誉权的构成

关于是否构成新闻侵害名誉权，1993 年最高人民法院《关于审理名誉权案件若干问题的解答》规定：“应当根据受害人确有名誉被损害的事实、行为人行为违法、违法行为与损害后果之间有因果关系、行为人主观上有过错来认定。”这就是一般认为的新闻侵害名誉权的四个构成要件：名誉受损的事实、违法行为、因果关系、主观过错。

在实践中，个别当事人的名誉受损是由于自身的客观事实造成的，新闻只是进行了如实报道，尽管在一定程度上加重损害，但这一损害是基于原有事实而产生，因而不能判定为新闻侵权。

三、新闻侵害名誉权的行为

1993 年最高人民法院《关于审理名誉权案件若干问题的解答》明确规定："以书面或者口头形式侮辱或者诽谤他人，损害他人名誉的，应认定为侵害他人名誉权；对未经他人同意，擅自公布他人的隐私致人名誉权损害的，应认定为侵害他人名誉权。"由此可见，法律明文禁止的新闻侵害名誉权的行为有三种：新闻侮辱行为、新闻诽谤行为和新闻宣扬他人隐私行为。

1. 诽谤

新闻诽谤行为是新闻侵害名誉权最常见的形式，在名誉权案件中，绝大多数与诽谤（libel）有关。所谓新闻诽谤就是通过发布虚假事实或发布基本内容虚假的报道以损害他人名誉权的行为。"虚假陈述是诽谤首要构成要件。"这往往表现为作者无中生有，捏造虚假事实或因听信一面之词妄下结论造成对受害人的诽谤。1993 年，最高人民法院《关于审理名誉权案件若干问题的解答》中明确指出："文章的基本内容失实，使他人名誉受到损害的，应认定为侵害他人名誉权。"所以，事实是否确凿是决定是否构成诽谤的关键。

这里要注意，正当的新闻批评虽然会使被批评人受到社会的谴责，他的名誉可能受到伤害，但如果这种批评是真实的，就不是诽谤。只有在报道中以虚假事实指责报道对象，才会给他人造成不公正的、贬低性的评价，才能构成诽谤。

2. 侮辱

新闻侮辱行为是较常见的新闻侵害名誉权形式。侮辱行为是以语言、文字或动作贬低他人人格的行为，而新闻侮辱行为就是指在新闻作品中使用有损报道对象人格的侮辱性的言词，使其名誉权受到损害的文字侮辱行为，主要特征是辱骂和丑化。1993 年最高人民法院《关于审理名誉权案件若干问题的解答》中规定："批评文章反映的问题虽基本属实，但有侮辱他人人格的内容，应认定为侵害他人名誉权。"也就是说，只要侮辱行为造成了受害人的名誉受到贬损，就可视为侵权，而与事实真伪无关。在个别新闻侵害名誉权案例中，作品内容其侮辱性的性质并不明显，有时可能找不到明显的带有侮辱性的言词，但仍能令报道对象的名誉受到贬损性的伤害，仍可以认定为侵害名誉权。

但是，在部分新闻侵害名誉权案例中，新闻报道不但使用了侮辱性言词，而且基本内容失实，使他人名誉权受到损害，这可称之为新闻侮辱诽谤行为侵权。

根据1993年最高人民法院《关于审理名誉权案件若干问题的解答》第八条的规定可以看出，名誉侵权的认定，既可以是作品的语言带有侮辱性所致，也可以是内容上的失实造成，两者只要具备其一即可成立名誉侵权。

3. 传播宣扬隐私

隐私，是指个人不愿意公开或受人干扰的、与社会无关的私人事项或私生活范畴。我国《宪法》第三十八条规定公民的人格尊严不受侵犯，第三十九条规定公民的住宅不受侵犯，第四十条规定了通信秘密权的保护。

最高人民法院在1988年发布的《关于贯彻执行〈中华人民共和国民法通则〉若干问题的意见（试行）》第一百四十条规定："以书面、口头等形式宣扬他人隐私损害他人名誉，造成一定影响的，应当认定为侵害公民名誉权的行为。"1993年《关于审理名誉权若干问题的解答》第七条提到："对未经他人同意，擅自公布他人的隐私材料或以书面、口头形式宣扬他人隐私，致他人名誉受到损害的，按照侵害他人名誉权处理。"

四、新闻侵害名誉权几种常见的表现形式

1. 事实不真实

这是新闻传播中侵害名誉权最常见的一种情况。它通常表现为新闻作品主要内容不真实、采访不扎实造成失实、杜撰虚假新闻故意诽谤等。1993年最高人民法院《关于审理名誉权案件若干问题的解答》规定："因新闻报道严重失实，致他人名誉受到损害的，应按照侵害他人名誉权处理。"

2. 褒扬性新闻

这种不真实也可能给被褒扬者的名誉带来负面影响。

3. 评论失实

这主要反映在新闻报道的结论中或批评性新闻评论中，其结论或评论的内容可能有一定的事实依据，或者所依据的事实是真实的，但得出的结论却没有根据，是不真实的。如果结论或评论针对的是特定的对象，那么就会造成特定对象名誉减损的结果，就会构成侵权。

4. 言词失实

这类侵权中报道的主要内容一般是真实的，但在文中使用了有损他人名誉的带有侮辱性的言词而造成侵害名誉权。

5. 图片或画面失实

这主要表现为图片或画面使用不适当或张冠李戴配错了图片或画面而造成新闻侵害名誉权。

6. 新闻源方面原因

对于新闻源的法律责任，1998 年最高人民法院《关于审理名誉权案件若干问题的解释》规定："主动提供新闻材料，致使他人名誉受到损害的，应当认定为侵害他人名誉权；因被动采访而提供新闻材料，且未经提供者同意公开，新闻单位擅自发表，致使他人名誉受到损害的，对提供者一般不应当认定为侵害名誉权；虽系被动提供新闻材料，但发表时得到提供者同意或默许，致使他人名誉受到损害的，应当认定为侵害名誉权。"

五、新闻侵害名誉权的预防

新闻单位要加强防范机制的建立。多年来的新闻诉讼实践表明，预防新闻侵权的关键在于新闻行业的自律。因而，把有关预防新闻侵权的规定形成一种内部制度成了重中之重。可喜的是，一些新闻单位已经意识到了这一点，采用制定内部规章制度来预防新闻侵权。比如，《大众日报》社于 1999 年 5 月制定的《关于防范新闻官司的若干规定》，及其针对具体问题制定的《关于对涉外广告严格把关的建议》、《新闻报道不得侵犯隐私权》等文件；南方日报报业集团于 2000 年 5 月出台的《南方日报报业集团预防新闻侵权的若干规定》，它们从新闻报道、采、编、刊过程中的注意事项到最后内部的责任认定等方面进行详细说明，有效预防了新闻侵权。

新闻工作者和新闻单位要强化证据意识。记者要尽可能多而全地搜集材料，"使用的材料要与自己掌握的第一手材料在逻辑上能够相互印证"。记者所做的记录"要尽量要求被采访者在每一页采访笔录上签名认可"（《南方日报报业集团预防新闻侵权的若干规定》）。2002 年 4 月 1 日公布的《最高人民法院关于民事诉讼证据的若干规定》规定：（在有条件限制的情况下）"未经对方同意私自录制的音像资料可以作为证据使用。"这在一定程度上是有助于舆论监督报道过程中的证据搜集工作的。

新闻要维护司法尊严。比如《未成年人保护法》第四十二条规定："对未成年人犯罪案件，在判决前，新闻报道、影视节目、公开出版物不得披露该未成年人的姓名、住所、照片及可能推断出该未成年人的资料"、《刑事诉讼法》第十二条规定："未经人民法院依法判决，对任何人都不得确定有罪"以及未经法院二审审结生效的案件，不能妄下定性等。

§60. 新闻传播中有关隐私权保护有什么主要规定？

隐私权，就是个人有依照法律规定保护自己的隐私不受侵害的权利。这包括两个方面：一是公民对于自己与社会公共生活无关的私人事项和个人资料，有权要求他人不打听、不搜集、不传播，也有权要求新闻媒介不报道、不评论以及不非法获得。二是公民对于自己与社会公共生活无关的私生活，有权要求他人不得任意干扰，包括自己的身体不受搜查，自己的住宅和其他私生活区域不受侵入、窥探，自己的通讯不受截听、窃取。

我国现行法律对隐私权的保护主要有三种情况：

一是对公民的人身、人格尊严、家庭、住宅等最基本的隐私事项予以保护。如现行《宪法》规定了公民人身自由不受非法侵犯和限制，人身不受搜查，人格尊严不受侵犯，公民住宅不受侵犯，公民的通信自由和通信秘密受法律保护，婚姻、家庭受法律保护。如《宪法》第三十八条规定："中华人民共和国公民的人格尊严不受侵犯。禁止用任何方法对公民进行侮辱、诽谤和诬告陷害。"这里的"用任何方法对公民进行侮辱"包括用宣扬他人隐私的方式，而保护公民的人格尊严，也当然地保护公民的隐私权；《宪法》第三十九条规定："中华人民共和国公民的住宅不受侵犯。禁止非法搜查或者非法侵入公民的住宅。"而公民的某些个人生活规律也属于个人隐私，本条确保了公民的日常生活不被非法干扰，也从一定程度上保护了公民的生活隐私权；《宪法》第四十条还规定："中华人民共和国公民的通信自由和通信秘密受法律保护。"

二是对单项属于隐私的事项以专门立法予以保护。如：《民事诉讼法》规定，离婚案件当事人申请不公开审理的，可以不公开审理，《刑事诉讼法》和《未成年人保护法》规定未成年人犯罪案件不公开审理，可以理解为把个人在未成年时的犯罪违法劣迹视为隐私。《未成年人保护法》第四十二条规定："对未成年人犯罪案件，在判决前，新闻报道、影视节目、公开出版物不得披露该未成年人的姓名、住所、照片及可能推断出该未成年人的资料。"《预防未成年人犯罪法》取消了"在判决前"的限制，在第四十五条规定"对未成年人犯罪案件，新闻报道、影视节目、公开出版物不得披露该未成年人的姓名、住所、照片及可能推断出该未成年人的资料"。《妇女权益保障法》第四十二条规定："妇女的名誉权、荣誉权、隐私权、肖像权等人格权受法律保护。"

法律规定不得公开的个人事项还有：个人的邮件和使用邮政业务情况，收养秘密，个人储蓄情况，私人、家庭的单项资料，某些疾病等。

三是明文规定禁止擅自公布和宣扬他人隐私。

现行的《民事诉讼法》（1991 年）、《刑事诉讼法》（1996 年）都有个人隐私案件不公开审理的规定。1987 年《民法通则》，规定了公民的各种人格权，却没有规定隐私权。1988 年《最高人民法院关于贯彻执行〈中华人民共和国民法通则〉若干问题的意见（试行）》第一百四十条对侵害隐私权行为作了规定："以书面、口头形式宣扬他人的隐私，或者捏造事实公然丑化他人人格，以及用侮辱、诽谤等方式损害他人名誉，造成一定影响的，应当认定为侵害公民名誉权的行为。"

《未成年人保护法》在第三十条规定："任何组织和个人不得披露未成年人的个人隐私。"

我国关于新闻、出版、广告、宣传、广播、电视、电影、医疗卫生、档案管理、邮电、社会治安等许多方面的行政法律法规中都有隐私权保护的规定。如《艾滋病监测管理的若干规定》规定："不得将病人和感染者姓名、地址等有关情况公布和传播。"我国银行为储户保密，律师有责任对公民的个人隐私保密，医生、公证人、会计师、新闻工作者对其在职务活动中获得的他人隐私材料，负有保密义务。

侵害隐私权如何排除？

新闻侵害隐私权行为是指新闻媒体和新闻从业人员在新闻作品中，未经他人同意，披露他人与社会公共生活无关的个人信息、个人事务以及其他私生活情况，给他人造成损害的行为。新闻传播活动要正确处理人的社会性和个体性的矛盾，正确处理公众的知情权和个人的隐私权的关系，既能充分反映社会公共生活，又能有效避免侵害隐私权的发生；即使发生纠纷，也能予以排除。排除原则有公共利益原则，指凡是与社会公共利益有关的事项，或者处于社会公共利益需要必须公开的事项，不受隐私权保护。当事人同意原则，指当事人只要自愿或者亲自将自己的某一私事公之于众，这一私事就成为非隐私权，他就不能再对所有传播此事的行为主张隐私权。征得同意可以说是新闻传播避免侵害隐私权最有权、最有效，也是最简捷的办法。当事人同意，应当以明示的方式作出。但征得同意不适用于未成年人，未成年人是无行为能力人或限制行为能力人，应当征得他的监护人的同意。使不可辨认原则，指有些事情确有报道的价值但当事人又不可能同意，一个变通的办法就是使公众不可能从新闻中辨认或推断有关当事人。如省略去当事人姓名，模糊其身份，面部打上马赛克，对声音也进行处理，甚至对其职业、工作场所也尽量从略为宜。

2009 年，广电总局《关于进一步规范广播电视节目保护个人隐私的通知》

（广发〔2009〕20 号）通知如下：

（1）各级广播电视播出机构必须严格按照《广电总局关于进一步加强和改进广播电视法制宣传工作的意见》等有关宣传管理规定，切实做好广播电视节目个人隐私保护工作，坚决杜绝违反规定、暴露个人隐私、侵犯个人合法权益的行为，尤其要注重加强对妇女、未成年人合法权益的保护工作。

（2）广播电视节目不得公开报道受害人、报案人、控告人、举报人、证人的姓名、地址、工作单位、肖像、声音，不得出现被拐骗等受害女性的姓名、肖像、声音，不得报道涉嫌犯罪的未成年人的姓名、住所、照片及可能对未成年人造成不良影响的各种内容。如确实需要，必须经过严格的技术处理。

（3）各级广播电视播出机构在引进、播出各类广播电视节目时，要严格审查，严格把关。因报道失实或不当，侵犯他人合法权益的，要公开更正，澄清事实，消除不良影响，维护广播电视节目报道的良好秩序。

（4）各级广播电视行政管理部门要制定一套包括监看、登记、通报、处罚和整改要求的监管办法，开展经常性的检查监督工作，对违反宣传管理规定的广播电视播出机构及有关人员，依法依纪及时处理。

（5）各级广播电视播出机构不得播出《网络上的征婚阴谋》节目。对于同类节目，要实行重播重审，发现问题及时纠正。

§61. 新闻传播中有关肖像权保护有什么主要规定？

在新闻传播中，人体肖像是必不可少的一项内容，公民的肖像权是受到法律明文保护的一项重要的人格权。在新闻传播活动中，要合法使用公民的肖像，避免侵害肖像权行为的发生。

一、肖像和肖像权的界定

肖像是特定自然人外貌形象的固定形态（fixation）。自然人的外貌形象，借助一定的手段，在某个物质载体上固定下来，就成为他的肖像。这个载体，可以是纸张、感光胶片、数据（通过一定技术手段显示）等，也可以是木、石、泥、化学塑料等可塑造的材料。固定的手段，可以是人工的绘画、雕塑等，也可以是摄影、录像等科技方法。固定后的表现方式，可以是静态的，也可以是动态的。当前最常见、最普遍的肖像形式，就是特定人的照片。肖像的重要特征一是可辨认性，人们往往从肖像辨认特定的自然人。二是专属性，一切肖像都直接来源于某个特定的肖像人主体。三是财产性，人的肖像是一种“有用物”，肖像的使用，实用和审美兼而有之，肖像人在社会使用其肖像过程中获取某种利益，是合理的。

法律对肖像的保护是双重的。肖像如果具有原创性，那么它就是作品，受到版权的保护，这种情况下权利主体是肖像的制作者。但是，肖像作为肖像人容貌的固定，作为他的个人资料的一种形态，还应该受到人格权的保护，这种情况下的权利主体就是肖像人本人。肖像权是人格权的一项具像权利。我国《民法通则》第一百条规定：“公民享有肖像权。未经本人同意，不得以营利为目的使用公民的肖像。”

学理上认为，肖像权是公民对于自己肖像享有的专有权。这种专有权包含制作和使用两个方面。制作权，是指公民有按照自己的意愿制作自己肖像的权利和许可或者禁止他人制作自己肖像的权利。肖像人有权决定自己某些形象制作肖像而另一些形象不制作肖像，决定以某种特定载体制作肖像比如照片或者录像或者雕塑等，他人制作肖像必须征得肖像人许可，肖像人禁止制作则不得制作。使用权，是指公民有按照自己的意愿使用自己肖像的权利和许可或者禁止他人使用自己肖像的权利，有通过使用自己肖像取得财产收益的权利。肖像人有权决定以某种方式使用自己的肖像。他人使用肖像必须征得肖像人的许可。使用有无偿的和有偿的，肖像人通过肖像有偿使用得到的收益受到法律的保护。此外，还有保护肖像完整、禁止恶意毁损的权利。

二、新闻媒介使用肖像注意事项

按照学理上对于肖像的制作权和使用权的理解，新闻媒介可能发生的侵权行为首先应当是在肖像的制作方面，如以偷拍、偷画等方式取得他人的肖像，也是对肖像权的侵犯。

现行法律对侵害肖像权的行为主要限于非法使用他人的肖像。如前引《民法通则》第一百条的禁止性规定，构成非法使用他人肖像的要件，一是未经本人同意，二是以营利为目的，所谓“以营利为目的”，就是意图利用他人肖像来牟取某种利益。

（一）广告使用

新闻媒介以营利目的使用他人肖像最常见的方式就是在广告中使用。1988年最高人民法院《关于贯彻执行〈中华人民共和国民法通则〉若干问题的意见（试行）》第一百三十九条规定：“以营利为目的，未经公民同意利用其肖像做广告、商标、装饰橱窗等，应当认定为侵害公民肖像权的行为。”《广告法》明文规定：“在广告中使用他人名义、形象的，应当事先取得他人的书面同意。”此处“名义、形象”，包含了肖像。新闻媒介未经同意在广告中使用他人肖像，是公认的侵权行为。

新闻媒介在广告活动中的地位主要是广告发布者，有时还同时是广告制作者。即使是单纯的广告发布者，按照《广告法》规定，对广告内容的真实性、合法性也负有查验的责任。新闻媒介如果疏于查验，发布了侵害肖像权的广告，应当与广告主、广告制作者承担共同侵权责任。

（二）新闻报道使用

在新闻报道中使用他人的肖像，则是国际公认的对肖像的合理使用，可以无须征得肖像人的同意。在新闻报道中使用肖像，主要是指在新闻图片、画面中出现的他人肖像。有时，为新闻报道或评论配发一些不具有新闻性的含有肖像的图片、录像，如果在内容上确有需要，也可作为合理使用。

新闻报道对肖像的合理使用的理由是：

1. 公共利益需要

新闻传播是维系和凝聚社会的重要纽带，是实现公民表达自由和知情权的重要渠道，蕴涵着重大的公共利益，这是国际的共识。以图像方式报道各种有新闻价值的经济、政治、文化活动和社会事件，还有公众关注的突发事件，不可避免要出现各种人物的肖像。公众需要认识各级官员、各领域的知名人士以及各类新闻事件中的主角，这也需要显示他们的肖像。在公共利益面前，个人的肖像权应有合理的退缩。有些批评性的新闻报道，照片上披露某些从事违反公德或违法犯罪活动的人的形象，显然违背了肖像人的意愿，但这是符合社会公益的，只要不是宣扬隐私或带有损害人格尊严的性质，肖像人不得主张肖像权。

我国的新闻媒介是宣传阵地，新闻报道是进行思想和政治宣传的活动，不是以营利为目的，所以在新闻传播中使用他人肖像并不属于《民法通则》第一百条所禁止的范围。当然，随着新闻事业逐步走向产业化，许多报纸、期刊、广播电视节目以及音像制品等都要进入市场而成为商品，新闻报道是新闻单位营建受众网络以便牟取广告收入的重要基础，再要说新闻媒介在新闻传播中使用他人肖像没有营利目的已经很难说得通了。尽管如此，最高人民法院〔1990〕民他字28号批复的司法解释，在法理上表明衡量营利目的的实质还是要看是否符合社会公益。

美国把挪用（appropriation）他人姓名、肖像列为侵害隐私权行为之一，挪用主要就是商业使用（commercial use）。但是新闻报道使用肖像也被排除在挪用之外，尽管美国大多数媒介都是商业机构；由于新闻报道受宪法第一修正案保护，其中出现肖像是公认的公益使用。

2. 肖像人默示同意

许多被新闻报道的人物属于官员、企业家、艺人、学者等公众人物，新闻媒介报道他们的职业（职务）活动和在公共场合的言行举止，非但为公众所关注，而且也有利于他们的工作和事业，有利于提升他们的社会地位和扩大他们的社会影响，符合他们的愿望。大多数被新闻报道的事实是在公共场合发生的、具有一定影响的事件或场面，例如公开举行的会议、公众集会游行、公开的生产和服务活动等，在新闻报道中公开显示参加者的形象也与他们所从事活动的目的和利益相一致或者至少没有违反。以上情况只要没有相反表示，应该推定为肖像人默示同意在新闻报道中使用他们的肖像。

3. 肖像的淡化

有些新闻图片、录像是对大型公开场面的记录，图像上出现的个人只是群体的一部分或是某个场景的点缀，并不是刻意表现某个特定的个人形象，而人们所看到的也只是某些抽象的“人”，而很少会注意到这是某个特定的个人。这里单个人的形象即使尚可辨认，它的肖像功能也已经被大大淡化。这种形象显示对肖像人的影响可谓微不足道，肖像人一般不会也不应主张肖像权。

（三）其他使用

新闻媒介上的内容，在广告和新闻报道之间，还存在着较大的中间地带。新闻媒介上使用的肖像，如果不属于新闻报道或与新闻报道无关而又不具有其他合理使用理由，一旦发生争议，媒介往往会承担不利法律后果。

1. 插图

插图不是新闻图片，本身不一定具有新闻性，而是配合新闻报道或媒介上其他文字使用的图片。在视听媒介上当主持人报告某项信息时在荧屏上映出某一画面，也可以视为同类使用方式。插图有的是新闻叙述的内容，如提到的人物或事件。有的新闻或其他文字说的是一种现象，配发的插图即使不是文中特指的事件，但只要是说明文中现象所必需，也可以视为与新闻报道有关的使用。但是如果肖像人不是文中提到的人物，图片内容也不是为了说明文章内容所必需，使用肖像纯属出于美化考虑，就不能认为是新闻报道的合理使用。

2. 封面

新闻性期刊在封面上刊登肖像，也是常见的情况。“封面故事”、“封面人物”，一般是期刊中重点专栏文章，把其中主角的肖像登上封面，是属于新闻报道使用，一般不会发生肖像权问题。但是如果同期刊内容无关，单独在封面上刊登肖像，无异成为对期刊的一种美化或装饰，吸引读者注意，营造卖点，这就失去了合理使用的理由。由此引起的肖像权纠纷，媒介往往败诉。有的封面肖像属于新闻人物，看起来有一定的新闻性，但是在处理上如背离了新闻报道的规则，如作为广告用途等，也不属于合理使用。

3. 非公共事件报道

新闻报道的公共利益性质主要体现在那些报道社会公共事务、对社会公共生活具有影响的新闻。除此之外，还有若干不属于公共事务的报道，诸如某些娱乐报道、家庭和个人生活报道等，它们不属于新闻报道的主要部分，但也具有读者需要，在新闻媒介上占有一席之地，如副刊等，这类新闻的公益性质相对比较淡化，在这类新闻中使用肖像就容易引发争议。

§62. 新闻传播中有关著作权有什么主要规定？

《中华人民共和国著作权法》（2010年2月26日第二次修正）指出，中国公民、法人或者其他组织的作品，不论是否发表，依照本法享有著作权。主要相关内容有：

一、著作权客体的种类

本法所称的作品，包括以下列形式创作的文学、艺术和自然科学、社会科学、工程技术等作品：（一）文字作品；（二）口述作品；（三）音乐、戏剧、曲艺、舞蹈、杂技艺术作品；（四）美术、建筑作品；（五）摄影作品；（六）电影作品和以类似摄制电影的方法创作的作品；（七）工程设计图、产品设计图、地图、示意图等图形作品和模型作品；（八）计算机软件；（九）法律、行政法规规定的其他作品。

二、监督管理

著作权人行使著作权，不得违反宪法和法律，不得损害公共利益。国家对作品的出版、传播依法进行监督管理。

三、不适用著作权保护的作品

本法不适用于：（一）法律、法规，国家机关的决议、决定、命令和其他具有立法、行政、司法性质的文件，及其官方正式译文；（二）时事新闻；（三）历法、通用数表、通用表格和公式。

著作权法规定“时事新闻”不适用本法，是基于一种社会利益的特殊考虑。《中华人民共和国著作权法实施条例》第六条规定，“时事新闻，指通过报纸、期刊、电台、电视台等传播媒介报道的单纯事实消息”。著作权保护的是作品的形式，而非作品的内容，在新闻作品著作权保护中也同样体现这样的脉络，作为作品要表现的“内容”，时事新闻是得不到法律保护的，相反它所赖以存在的载体形式则应该得到法律的重视与保护。

四、著作权人

著作权人包括：（一）作者；（二）其他依照本法享有著作权的公民、法人或者其他组织。

五、著作权

著作权包括下列人身权：（一）发表权，即决定作品是否公之于众的权利；（二）署名权，即表明作者身份，在作品上署名的权利；（三）修改权，即修改或者授权他人修改作品的权利；（四）保护作品完整权，即保护作品不受歪曲、篡改的权利。

著作权包括下列财产权：（五）复制权，即以印刷、复印、拓印、录音、录像、翻录、翻拍等方式将作品制作一份或者多份的权利；（六）发行权，即以出售或者赠与方式向公众提供作品的原件或者复制件的权利；（七）出租权，即有偿许可他人临时使用电影作品和以类似摄制电影的方法创作的作品、计算机软件的权利，计算机软件不是出租的主要标的的除外；（八）展览权，即公开陈列美术作品、摄影作品的原件或者复制件的权利；（九）表演权，即公开表演作品，以及用各种手段公开播送作品的表演的权利；（十）放映权，即通过放映机、幻灯机等技术设备公开再现美术、摄影、电影和以类似摄制电影的方法创作的作品等的权利；（十一）广播权，即以无线方式公开广播或者传播作品，以有线传播或者转播的方式向公众传播广播的作品，以及通过扩音器或者其他传送符号、声音、图像的类似工具向公众传播广播的作品的权利；（十二）信息网络传播权，即以有线或者无线方式向公众提供作品，使公众可以在其个人选定的时间和地点获得作品的权利；（十三）摄制权，即以摄制电影或者以类似摄制电影的方法将作品固定在载体上的权利；（十四）改编权，即改变作品，创作出具有独创性的新作品的权利；（十五）翻译权，即将作品从一种语言文字转换成另一种语言文字的权利；（十六）汇编权，即将作品或者作品的片段通过选择或者编排，汇集成新作品的权利；（十七）应当由著作权人享有的其他权利。

六、著作权归属

著作权属于作者。创作作品的公民是作者。由法人或者其他组织主持，代表法人或者其他组织意志创作，并由法人或者其他组织承担责任的作品，法人或者其他组织视为作者。如无相反证明，在作品上署名的公民、法人或者其他组织为作者。

公民为完成法人或者其他组织工作任务所创作的作品是职务作品，著作权一般由作者享有，但法人或者其他组织有权在其业务范围内优先使用。作品完成两年内，未经单位同意，作者不得许可第三人以与单位使用的相同方式使用该作品。

七、权利的保护期

作者的署名权、修改权、保护作品完整权的保护期不受限制。公民的作品，其发表权、本法第十条第一款第（五）项至第（十七）项规定的权利（财产权，下同）的保护期为作者终生及其死亡后五十年。法人或者其他组织的作品、著作权（署名权除外）由法人或者其他组织享有的职务作品，其发表权、财产权保护期为五十年。电影作品和以类似摄制电影的方法创作的作品、摄影作品，其发表权、财产权保护期为五十年。

八、权利的限制

在下列情况下使用作品，可以不经著作权人许可，不向其支付报酬，但应当指明作者姓名、作品名称，并且不得侵犯著作权人依照本法享有的其他权利：

（一）为个人学习、研究或者欣赏，使用他人已经发表的作品；

（二）为介绍、评论某一作品或者说明某一问题，在作品中适当引用他人已经发表的作品；（这里规定是“引用”，而非全盘刊登或播放他人已发表的新闻作品却不支付报酬，或是擅自署自己的名。）

（三）为报道时事新闻，在报纸、期刊、广播电台、电视台等媒体中不可避免地再现或者引用已经发表的作品；

（四）报纸、期刊、广播电台、电视台等媒体刊登或者播放其他报纸、期刊、广播电台、电视台等媒体已经发表的关于政治、经济、宗教问题的时事性文章，但作者声明不许刊登、播放的除外；

（五）报纸、期刊、广播电台、电视台等媒体刊登或者播放在公众集会上发表的讲话，但作者声明不许刊登、播放的除外；

（六）为学校课堂教学或者科学研究，翻译或者少量复制已经发表的作品，供教学或者科研人员使用，但不得出版发行；

（七）国家机关为执行公务在合理范围内使用已经发表的作品；

（八）图书馆、档案馆、纪念馆、博物馆、美术馆等为陈列或者保存版本的需要，复制本馆收藏的作品；

（九）免费表演已经发表的作品，该表演未向公众收取费用，也未向表演者支付报酬；

（十）对设置或者陈列在室外公共场所的艺术作品进行临摹、绘画、摄影、录像；

（十一）将中国公民、法人或者其他组织已经发表的以汉语言文字创作的作品翻译成少数民族语言文字作品在国内出版发行；

（十二）将已经发表的作品改成盲文出版。

出版者、表演者、录音录像制作者、广播电台、电视台等依照本法有关规定使用他人作品的，不得侵犯作者的署名权、修改权、保护作品完整权和获得报酬的权利。

九、录音录像

录音录像制作者使用他人作品制作录音录像制品，应当取得著作权人许可，并支付报酬。录音录像制作者使用改编、翻译、注释、整理已有作品而产生的作品，应当取得改编、翻译、注释、整理作品的著作权人和原作品著作权人许可，并支付报酬。录音制作者使用他人已经合法录制为录音制品的音乐作品制作录音制品，可以不经著作权人许可，但应当按照规定支付报酬；著作权人声明不许使用的不得使用。

录音录像制作者制作录音录像制品，应当同表演者订立合同，并支付报酬。录音录像制作者对其制作的录音录像制品，享有许可他人复制、发行、出租、通过信息网络向公众传播并获得报酬的权利。权利的保护期为五十年。

被许可人复制、发行、通过信息网络向公众传播录音录像制品，还应当取得著作权人、表演者许可，并支付报酬。

十、广播电台、电视台播放

广播电台、电视台播放他人未发表的作品，应当取得著作权人许可，并支付报酬。播放他人已发表的作品和已经出版的录音制品，可以不经著作权人许可，但应当支付报酬。

广播电台、电视台有权禁止未经其许可的下列行为：（一）将其播放的广播、电视转播；（二）将其播放的广播、电视录制在音像载体上以及复制音像载体。

电视台播放他人的电影作品和以类似摄制电影的方法创作的作品、录像制品，应当取得制片者或者录像制作者许可，并支付报酬；播放他人的录像制品，还应当取得著作权人许可，并支付报酬。

§63. 广播影视节目版权保护有什么主要规定？

2007年9月26日，广电总局发出《广电总局关于进一步加强广播影视节目版权保护工作的通知》。《通知》说，近年来，经过各级广播影视管理部门和播出机构的共同努力，全系统知识产权保护意识不断增强，播出机构侵权或盗播影视剧情况有明显改观。但仍有部分播出机构无视国家法律和总局有关规定，违规、侵权播出未获得合法授权或未取得发行许可的节目，影响了广播电视的社会形象。为进一步严肃纪律，整顿广播电视节目播出秩序，保护著作权人的合法权益，根据《中华人民共和国著作权法》、《广播电视管理条例》和总局有关规定，现通知如下：

（1）统一思想，提高认识。各级广播电视行政管理部门要充分认识保护知识产权工作的重要性，从广播电视发展的全局出发，将知识产权保护工作作为一项长期性的工作任务来抓，贯彻管理工作始终。有条件的地方要尽快建立“知识产权保护工作领导小组”，由主管领导挂帅，辖区内播出机构负责人参加，制定相应的管理制度和监管措施，指导和监管辖区内各播出机构的知识产权保护工作，发现问题及时纠正，形成长效工作机制。

（2）健全制度，严格审查。各级广播影视版权管理部门要切实督促各播出机构做好播出节目的审查把关工作，要在机构内部建立健全管理制度，规范节目播出行为。要认真落实节目“三审制”和重播重审制度，确保节目内容导向正确，坚决杜绝播出存在违反《广播电视管理条例》规定和总局有关规定内容的影视节目。

（3）认真审验各项手续。各播出机构在播出非本机构制作的电影、电视剧、动画片和其他电视节目时，要严格按照《广播电视管理条例》和总局有关规定，认真审核所播节目的《许可证》手续或批准文件，要确保所播节目具备合法《广播电视节目制作经营许可证》、《动画片发行许可证》、《电视剧发行许可证》或《电影片公映许可证》。对于未按规定提供合法批准文件或相应发行许可的节目，坚决不得安排播放。

（4）取得合法授权。各播出机构在购买已经取得上述合法批准文件或相应发行许可的节目，还须同时取得著作权持有者的合法播出授权，并依合同、协议在授权许可播放的时间和地域范围内进行播放。未取得合法播放权利的节目，一律不得安排播放。

在境外落地的国内电视频道，要妥善解决好落地国家或地区的节目合法版权问题，避免版权纠纷。

各播出机构开办的各类介绍境内、外电影或电视剧的影评、剧评资讯栏目，使用电影、电视剧片段超出合理使用范围的，须事先依法取得著作权使用许可。

（5）认真进行清理。自本通知下发之日起，各播出机构要对照本通知要求，立即对本机构备播节目进行对照清理和认真自查。全面清理未取得合法播出授权和批准文件的节目，重点清查各类非法播出境内、外电影或电视剧的栏目，对于违规行为要立即停止并认真进行整改，对清理情况要进行登记，并报当地省级广播电视行政管理部门备案。

（6）切实加强监管工作。各级广播电视行政管理部门要继续加大监管力度，充分利用现有监播手段加强对辖区内播出机构所播节目的监看工作和节目备案及抽查工作。发现问题及时纠正，并督促相关播出机构认真做好整改工作。对屡教不改，侵权、盗播情况严重的播出机构和广播电视节目制作经营机构，要依照《广播电视管理条例》等规定严肃查处，查处情况上报总局社会管理司备案。总局社会管理司自通知下发之日起，将对全国各台贯彻情况进行专项监看，对仍不改正的播出机构将依法依规从严处罚。

§64. 对炒作名人丑闻、绯闻、劣迹有什么主要规定？

2009 年 4 月广电总局发出《关于重申严禁炒作名人丑闻、绯闻、劣迹的通知》（广办发宣字〔2009〕78 号）指出：

近来，某些广播电视播出机构为有丑闻劣迹的艺人制作并播出了访谈节目。此类问题，总局在《关于进一步办好广播电视综艺娱乐节目的意见》、《关于加强对综艺娱乐类电视节目管理的通知》、《关于进一步加强广播电视综艺娱乐类节目管理的通知》等文件中早已多次作出了明确规定。这些做法，违背了总局关于抵制低俗之风的总要求，违反了总局相关规定，要深刻吸取教训。现对此类问题重申如下：

（1）广播电视综艺、娱乐、访谈等各类节目要以邓小平理论和“三个代表”重要思想为指导，全面贯彻落实科学发展观和构建社会主义和谐社会的重大战略思想，紧紧围绕党和国家工作大局，贴近实际、贴近生活、贴近群众，建设社会主义核心价值体系，大力发展先进文化，支持健康有益文化，努力改造落后文化，坚决抵制腐朽文化，力戒庸俗、低俗、媚俗的现象。

（2）广播电视综艺、娱乐、访谈等各类节目严格禁止谈论名人绯闻秘史、艺人隐私恋情等花边新闻、八卦新闻，凡再有播出此类节目的电台、电视台，一经发现要从策划选题者开始，层层追究责任，对所有参与策划、制作、主持、审查、播出等人员严肃处理。不得邀请有丑闻、劣迹和有犯罪纪录者作为节目嘉宾、评委等，更不得将丑闻、绯闻、犯罪等作为卖点，美丑不分。坚决杜绝网络垃圾、演艺糟粕污染荧屏声频。绝不能为迎合少数人的猎奇心理、审丑心态和低级趣味而片面追求收视率和收听率；绝不能置社会效益于不顾，以不健康的内容损害广播电视的公信力和美誉度。

（3）各级广播影视行政管理部门和播出机构要切实抵制低俗之风，进一步加强综艺、娱乐、访谈节目的管理力度，确保节目导向正确，积极健康。要建立相应的节目监督、警告、停播制度，并要将执行情况随时上报总局宣传管理司。

（4）近期，各级广播影视行政管理部门和播出机构要对本辖区、本部门的各类节目、栏目进行排查，确保不让有丑闻、劣迹的名人污染荧屏声频、误导观众听众。凡再次违反以上规定和出现低俗问题者，总局将严肃追究相关广播电视机构和监管审查者的责任，并全国通报停播相关栏目。

（5）此通知由各广播电视行政管理部门负责执行落实，凡执行不力者，要承担行政不作为责任。

§65. 电视动画片播出管理有什么主要管理规定？

一、关于以真人演出的所谓动画片

2005年2月15日，国家广电总局发出《广电总局关于进一步加强动画片审查和播出管理的通知》，指出近期一些电视台在播出动画片的频道、时段或栏目中播出了以真人演出的所谓动画片。这些所谓的动画片绝大部分内容均以真人演出，仅有极少量的电脑特技内容作为点缀。以动画片的名义播出这些剧目，将会扰乱国产动画片的播出秩序，误导国产动画片的创作方向。为切实促进国产影视动画产业的繁荣和发展，进一步加强和规范国产动画片的审查和播出工作，要求各级影视动画管理部门要牢固树立政治意识、大局意识和责任意识，切实加强对动画片的审查工作和发行许可证的管理工作，严格把握动画片的舆论导向，正确引导动画片的创作方向。在动画片审查中，遇到拿不准的问题要及时报告总局。对以真人演出的所谓动画片一般不得作为动画片受理审查并发放国产动画片发行许可证。片中部分内容涉及真人演出或实景拍摄的动画片，如拟在动画频道、时段或栏目中播出的，剧本大纲须提前报总局审查，制作完成后报总局审批。

各级电视播出机构要坚持守土有责，严格宣传纪律，切实加强对动画片的播出管理，对未取得发行许可证的动画片一律不得播出。禁止在播出动画片的频道、时段或栏目中播出以真人演出的所谓动画片。

各级影视动画管理部门要对已经发放国产动画片发行许可证的剧目进行清理，如有上述以真人演出的所谓动画片已经发放国产动画片发行许可证的，经审查通过后，可改为电视剧发行许可证。各省级广播电视收听收看机构要把动画片播出情况作为监看重点之一，对在播出动画片的频道、时段或栏目中播出以真人演出的所谓动画片的行为要及时予以通报，并严肃查处整改。

二、关于国产动画片与引进动画片播出

2005 年 9 月 14 日广电总局发布《关于禁止以栏目形式播出境外动画片的紧急通知》指出：

当前，各级电视台特别是各地少儿频道和动画上星频道着力扩大国产动画片的播出规模，积极扶持国产动画产业的发展，国产动画创作生产出现了前所未有的良好态势。但是，近来在一些电视台开设的一些动画资讯栏目或动画专题节目中，以所谓介绍境外动画片为由，公然违规播出未经国家广电总局审查并取得发行许可证的境外动画片。这些未经审查的境外动画片导向错误，格调低下，宣扬迷信、凶杀暴力，不仅违反了动画片发行许可制度的有关规定，扰乱了动画片的正常播出秩序，而且对广大青少年身心健康造成了不良影响。对这一不良现象，要采取有效措施，坚决纠正。

要进一步增强政治意识、大局意识和责任意识，积极贯彻落实《中共中央、国务院关于进一步加强和改进未成年人思想道德建设的若干意见》，从着眼民族未来、切实保护未成年人身心健康的高度，认真做好动画片的播出管理工作，为未成年人的健康成长营造良好的文化空间。

认真执行引进播出境外节目的有关规定。所有境外动画片的引进须经国家广电总局审查通过，并获得发行许可证后，方可发行播出。在每个播出动画片的频道中，国产动画片与引进动画片的播出比例不低于 6：4，即国产动画片的播出数量不少于 60%。坚决制止播出未经国家广电总局审查及未取得发行许可证的境外动画片及合拍动画片的违规行为。

进一步建立和完善动画节目的管理机制，严格把好审查关和播出关，不得播

出向境外动画公司购买的或其免费赠送的未经审查的动画片，不得播出社会中介代理机构推荐的未经审查的境外动画片。

2008 年 2 月 14 日广电总局发出《广电总局关于加强电视动画片播出管理的通知》，指出为进一步规范电视动画片播出秩序，加强电视动画片播出调控和管理，为我国动画产业创造良好的市场环境，就有关事项通知如下：

（1）动画频道、少儿频道、青少年频道、儿童频道和其他以未成年人为主要对象的频道要继续扩大国产动画片的播出规模，上星频道要着力创新思路，积极创造条件，切实开办国产动画栏目，为未成年人思想道德建设提供更多的思想精深、艺术精湛、制作精良的优秀国产动画片，为国产动画产业的发展创造良好环境。

（2）自 2008 年 5 月 1 日起，全国各级电视台所有频道不得播出的境外动画片、介绍境外动画片的资讯节目以及展示境外动画片的栏目的时段，由原来的 17：00～20：00 延长至 17：00～21：00。中外合拍动画片在这一时段播出，需报广电总局批准。（2010 年 1 月 1 日起，又延长至 17：00～22：00，下同。）

（3）各动画频道在每天 17：00～21：00 必须播出国产动画片或国产动画栏目；各少儿频道、青少年频道、儿童频道和其他以未成年人为主要对象的频道在这一时段必须播出国产动画片或自制的少儿节目，不得播出境内外影视剧。

（4）各级电视台引进境外动画木偶剧、动画人偶剧须报广电总局批准。各级电视台不得播出未经广电总局批准引进的境外动画木偶剧、动画人偶剧。各级电视台在每天 17：00～21：00 之间，不得播出境外动画木偶剧、动画人偶剧。

（5）所有国产动画片必须经省级以上广播电视行政部门审查通过，并取得国产动画片发行许可证，方可在电视台播出。合拍动画片、引进动画片必须经广电总局审查通过，并取得动画片发行许可证，方可在电视台播出。各级电视台不得播放未取得动画片发行许可证的境内外动画片。

（6）动画频道、少儿频道、青少年频道、儿童频道和其他以未成年人为主要对象的频道，要严格执行每天国产动画片与引进动画片播出比例不低于 7：3 的规定。

（7）各级电视播出机构要严肃播出纪律，增强知识产权保护意识，确保境内外动画制作机构的合法权益，进一步规范购片渠道，严禁播出盗版的境内外动画节目。版权过期的境外动画片，如还需在国内播放，须按有关程序重新报批。对未经批准重播的版权过期的境外动画片，各级电视播出机构一律不得购买和播出。

（8）各级广播电视行政部门和各级电视台要积极扶持动画频道、少儿频道、青少年频道、儿童频道和其他以未成年人为主要对象的频道的建设，配备政治强、业务精、作风正的领导班子，加大节目覆盖落地力度，增加购买和制作国产动画片的经费，进一步促进我国动画产业的发展。

(9) 各级广播电视行政部门要加强对所辖电视台播出动画片进行有效调控和监管，对违规播出盗版境内外动画片、版权过期的境外动画片，以及超时超量播出引进动画片要及时予以通报，并严肃查处整改。省级以上广播电视行政部门要设专门机构、专职人员负责动画片播映审查和播出监管工作。

(10) 各动画频道、少儿频道、青少年频道、儿童频道和其他以未成年人为主要对象的频道要尽快制订贯彻落实本通知的节目调整方案。

三、关于国产电视动画片制作备案公示

2006年7月11日，国家广电总局印发《国产电视动画片制作备案公示管理制度暂行规定》，决定自2006年8月1日起，取消国产电视动画片题材规划立项审批制度，实行国产电视动画片（含合拍电视动画片）制作备案公示管理制度。主要内容有：

国产电视动画片实行制作备案公示管理制度，凡持有《广播电视节目制作经营许可证》的制作机构均可申请制作动画片。国产电视动画片经国家广电总局备案公示后方能投产制作。未经备案公示的国产电视动画片，不予审查完成片，不予发放《动画片发行许可证》，各级电视播出机构不予播出。

国产电视动画片制作备案公示，由国家广电总局和省级广播影视行政部门两级管理。

国产电视动画片制作备案公示管理要求：各级广播影视行政部门和播出机构要按照国务院办公厅转发的《关于推动我国动漫产业发展的若干意见》和国家广电总局颁发的《关于发展我国影视动画产业的若干意见》的要求，采取各种有效措施，积极支持和扶持国产电视动画片的创作、生产和播出。

各级广播影视行政部门对申请备案的国产电视动画片要切实把关。国产电视动画片题材的思想倾向和表现内容要符合党的方针、政策，符合中央的宣传精神，符合国家广电总局的各项要求。申请备案的国产电视动画片题材内容如涉及重大或敏感的政治、军事、外交、统战、宗教、民族、司法、公安、教育、名人等特殊题材，制作备案前须征得省级以上（含省级）相关主管部门或有关方面的意见。

各级广播影视行政部门要认真审核动画制作机构的制作资质，不具备资质的不予受理备案。对于国内动画制作机构之间合作制作的剧目，只核准其中一家动画制作机构申报备案，交叉、重复报备无效。经国家广电总局备案公示的国产电视动画片题材，有效期为两年（含备案公示当年），逾期作废。如需继续制作，

须重新报备，有效期为一年。到期仍未制作的取消该动画制作机构报备该国产电视动画片题材的资格。

申请中外合拍电视动画片备案公示，须写明境外动画制作机构名称及境外编剧、导演、制片人等主创人员外文名称，并提交每集不少于500字的分集梗概或完整剧本。国内动画制作机构聘请境外编剧、导演、制片人参与国产电视动画片生产的，须写明境外编剧、导演、制片人的外文名称。

为统一国产电视动画片的题材分类标准，量化各类题材比例，掌握全国国产电视动画片创作的题材态势，各级管理部门和制作机构在制作备案办理过程中，须严格按下列题材种类填写备案公示表格：①现实题材；②历史题材；③教育题材；④科幻题材；⑤童话题材；⑥神话题材；⑦特殊题材；⑧其他题材。自行设立题材名目视为无效。

§66. 电视剧内容审查和播出管理有什么主要管理规定？

一、关于内容审查

2006年5月，国家广播电影电视总局印发《电视剧内容审查暂行规定》，主要内容有：

第一，本规定适用于各种形式、体裁的电视剧，包括国产电视剧、中外合作制作电视剧、引进境外电视剧（含动画片）及在电视媒体播出的电影故事片。

第二，根据《电视剧审查管理规定》（广电总局令第40号），电视剧不得载有下列内容：

（一）反对宪法确定的基本原则的；

（二）危害国家统一、主权和领土完整的；

（三）泄露国家秘密、危害国家安全、损害国家荣誉和利益的；

（四）煽动民族仇恨、民族歧视，破坏民族团结、不尊重民族风俗、习惯的；

（五）宣扬邪教、迷信的；

（六）扰乱社会秩序，破坏社会稳定的；

（七）宣扬淫秽、赌博、暴力或者教唆犯罪的；

（八）侮辱或者诽谤他人，侵害他人合法权益的；

（九）危害社会公德或者民族优秀文化传统的；

（十）有法律、行政法规和国家规定禁止的其他内容的。

第三，电视剧审查，要根据上述原则，从两个层面对电视剧内容审查把关：

（一）从总体上把握电视剧的政治导向、思想导向和价值导向，防止主题和基本内容存在上列重大问题的电视剧进入电视市场；

（二）在总体内容没有大问题的情况下，对电视剧的一些基本构成元素如具体情节、语言、画面、音乐、音响等内容审查把关，防止存在上列问题的内容在荧屏上展现。

第四，电视剧中如有下列情形，应删减修改，问题严重的不得发行、播出：

（一）剧情不符合国情和社会制度，有损于社会主义中国的总体形象，不利于国家的统一和社会的稳定：

（1）随意调侃国家的方针政策，讽刺现实生活和社会状态；

（2）把握主题有偏差，造成以偏概全、正不压邪的客观效果，影响公众正确认识国家各方面工作的总体形势；

（3）渲染、夸大社会问题，采用自然主义手法表现、展示社会阴暗面，使观众对国家前途产生困惑和误解；

（4）宣扬历史上中国对别国的武力征服；

（5）使用带有殖民主义色彩的词语、称谓。

（二）有损民族团结的：

（1）丑化、贬低少数民族人物形象，伤害民族感情的语言、音响、动作和故事情节；

（2）对少数民族的独特习俗和宗教信仰猎奇渲染，甚至丑化侮辱；

（3）表现涉及多方面敏感问题，有伤民族感情的历史事件、民族战争；

（4）将历史上各民族间相互征伐表现成国与国之间的战争。

（三）宣扬封建迷信，违背科学精神的：

（1）宣扬灵魂附体、阴阳转世、生死轮回、算卦占卜、吉凶预兆等封建迷信思想；

（2）表现愚昧、怪诞、邪恶、低级趣味的封建文化；

（3）在当代现实生活中混入鬼神加以表现。

（四）渲染恐怖暴力，展示丑恶行为，不能引人向善甚至可能诱发犯罪的：

（1）渲染暴力、凶杀，表现黑恶势力的猖狂；

（2）细致展现凶暴、残酷的犯罪过程；

（3）暴露侦察手段、侦破细节，可诱导罪犯掌握反侦察手段；

（4）表现离奇、怪诞的犯罪案件；

（5）同情、理解甚至美化、赞赏犯罪分子及其思想、行为，或产生类似效果；

（6）对真假、善恶、美丑的价值判断模糊不清，混淆正义与非正义的基本界限，或产生类似效果；

（7）详细展示吸毒、酗酒、赌博等不良行为；

（8）过度的惊悚恐怖、生理痛苦、歇斯底里，造成强烈感官、精神刺激并可致人身心不适的画面、台词、背景音乐及音响效果。

（五）渲染淫秽色情和庸俗低级内容的：

（1）表现卖淫、嫖娼、淫乱、强奸等邪恶行为；

（2）表现和展示非正常的性关系、性行为，如乱伦、性变态、性虐待及性暴力等；

（3）宣传与健康伦理道德相悖的婚恋观和婚恋状态，如未婚同居、未婚先孕、婚外恋、性开放、性自由等；

（4）较长时间或较多给人以感官刺激的床上镜头、接吻、爱抚、沐浴，及类似的与性行为有关的间接表现或暗示；

（5）有明显的性挑逗、性骚扰、性侮辱或类似效果的台词及画面；

（6）令公众反感的低俗肮脏的画面、台词及歌曲；

（7）裸露男女性器官及非必要地展示男女其他隐秘部位；

（8）未成年人不宜接受的画面、台词及背景音乐、声音效果等。

（六）侮辱或者诽谤他人，侵害他人合法权益，有损社会和谐的：

（1）损害人民军队和武装警察、公安、司法人员及其他特定职业、群体的公众形象；

（2）过分调侃他人的职业身份、社会地位或身体特征。

（七）危害社会公德或者民族优秀文化传统的：

（1）渲染、夸大或集中展示民族愚昧或社会落后方面，不利于振奋民族精神，使人意志消沉、信念动摇；

（2）违背基本史实，丑化、贬低农民起义和农民领袖形象，为已有定论或学术界尚存在争议的历史人物、历史事件“翻案”、“正名”；

（3）为在公众意识中早已定位为反动的、落后的、邪恶的、非法的社会势力、社会组织及其重要人物立传、歌功颂德，或者侧重表现其人性积极的方面；

（4）篡改名著，曲解或歪曲原著的精神实质；

（5）展示青少年早恋、抽烟酗酒、打架斗殴等不良社会风气，对未成年人造成不良影响。

（八）法律、法规和国家规定禁止的其他内容：

（1）违反国家有关规定，公开展示某专项工作的内部制度、程序；

（2）鼓吹宗教极端主义，挑起各宗教、教派之间矛盾和冲突；

（3）剧名及剧中字幕等语言文字使用不规范，违反《国家通用语言文字法》及相关规定；

（4）有违法律、法规精神，不利于国家建设发展的其他内容。

第五，电视剧拍摄制作备案公示、审查程序，遵照《电视剧拍摄制作备案公示管理暂行办法》（广发剧字〔2006〕15 号）和《电视剧审查管理规定》（广电总局令第 40 号）有关规定执行。

二、关于电视剧播出黄金时段

2002 年国家广电总局曾下发《关于切实执行电视剧发行播出管理的通知》，对每晚电视剧播出的黄金时段作出调整，即从原定的 19：00 至 21：30 调整为 19：00至 22：00。总局要求各级电视播出机构严格执行这一规定，未经总局同意的引进剧和合拍剧一律不得在此时段内播出。但是后来发现一些非上星频道擅自开设所谓的“930 剧场”，在每晚的 21 点 30 分左右播出未经总局批准同意播出的引进剧或合拍剧，严重违反了广播电视宣传纪律，扰乱了电视剧的正常播出秩序，带来非常恶劣的社会影响。为此，国家广电总局下发《关于严肃宣传纪律，制止违规播出行为的通知》，再次要求：各级电视播出机构开设所谓的“930 剧场”在 19：00 至 22：00 黄金时段不得播出未经总局批准同意播出的引进剧或合拍剧。

三、关于控制电视剧使用方言

2009 年 7 月，广电总局发出《广电总局办公厅关于严格控制电视剧使用方言的通知》，《通知》说，广播电视是推广普通话最重要的传媒工具之一，有很强的示范作用。但近年来大量使用方言拍摄电视剧的数量有所增加，其中一些剧目存在使用方言失度、过滥的现象，这种制作倾向不符合国家大力推广普通话的一贯精神，违反了广电总局的相关规定，在作品传播上也影响了广大观众的审美收视效果。为规范电视剧语言，广电总局特重申相关规定：

（1）各省级广播影视行政管理部门和制作机构要严格贯彻执行《广电总局关于进一步重申电视剧使用规范语言的通知》（广发剧字〔2005〕560 号）规定：“①电视剧的语言（地方戏曲片除外）应以普通话为主，一般情况下不得使用方言和不标准的普通话。②重大革命和历史题材电视剧、少儿题材电视剧以及宣传教育专题电视片等一律要使用普通话。③电视剧中出现的领袖人物的语言要使用普通话。”

（2）各省级广播影视行政管理部门要严格电视剧完成片的审查，投入制作的电视剧一般情况应以普通话为主。对电视剧中不该使用、大量使用、失度使用方言的情况要严格把关，及时纠正，不纠正者不得播出。

（3）对于明显的方言电视剧和大量使用方言的电视剧，各级广播电视审查管理部门应视情况予以引导、纠正或制止，广电总局将视情况作出播出调控。

四、关于严格控制电视剧中吸烟镜头

2011年2月，广电总局办公厅发出《广电总局办公厅关于严格控制电影、电视剧中吸烟镜头的通知》指出，近年来，电影和电视剧的创作、生产和放映持续繁荣发展，受到人民群众普遍喜爱、社会各界广泛关注。鉴于电影和电视剧在社会公众中的广泛影响，国家有关部门、社会各界要求严格控制电影和电视剧中吸烟镜头的呼声越来越强烈，电影和电视剧中过多的吸烟镜头，不符合我国政府控烟的基本立场，客观上有误导吸烟之嫌，容易对社会公众特别是未成年人产生不良影响。

为避免电影和电视剧中个别镜头误导社会公众吸烟，特别是让未成年人远离烟草，倡导健康生活方式，培育社会文明，进一步控制电影和电视剧中的吸烟镜头，现要求如下：

（1）电影和电视剧中不得出现烟草的品牌标识和相关内容及变相的烟草广告；不得出现在国家明令禁止吸烟及标识禁止吸烟的场所有吸烟的镜头；不得表现未成年人买烟、吸烟等将烟草与未成年人相联系的情节，不得出现有未成年人在场的吸烟镜头。

（2）严格控制与烟草相关的情节和镜头。严格控制以“艺术需要”、“个性化表达”为名出现的吸烟镜头，应尽量用其他形式代替以吸烟表现人物心理、现场氛围的情节；对确因剧情需要出现的吸烟镜头，应尽可能缩减吸烟镜头的时长和频率。

（3）各省级广播影视行政部门、中央电视台、总政宣传部艺术局要高度重视电影、电视剧控烟对全社会的示范引导作用，切实担负起管理监督职责，积极向所辖电影、电视剧制作机构倡导无烟电视剧，引导导演、演员不拍摄吸烟镜头。各省级电影审查机构、电视剧播出机构要加强电影片审查和电视剧播前审查，尽量删减剧中出现的吸烟镜头。对于有较多吸烟镜头的电影、电视剧，将不纳入总局举办的各种电影、电视剧评优活动。

本通知自公布之日起施行。2009年9月25日国家广电总局电视剧司制定的《广电总局电视剧管理司关于严格控制电视剧中吸烟镜头的通知》（剧审字〔2009〕043号）同时废止。

五、关于卫视综合频道电视剧编播管理

2010年3月，广电总局电视剧司发出《广电总局电视剧司关于进一步规范卫视综合频道电视剧编播管理的通知》，指出：

（1）高度重视卫视综合频道电视剧播出管理工作。电视剧作为当今社会最具影响、最大众化的文艺形式，在传播先进文化、弘扬社会正气、提升人们的精神境界和审美品味方面发挥着十分重要的作用，有着特殊的地位。各省级广播影视行政主管部门和省级卫视综合频道要从坚持社会主义先进文化前进方向、建设社会主义和谐文化的高度，充分认识做好省级卫视电视剧播出管理工作的重要性，进一步增强政治意识、大局意识和责任意识，完善管理制度，健全管理手段，把这项工作抓实抓好。

（2）进一步明确卫视综合频道的职责和性质，始终把社会效益放在首位。全国各级电视播出媒体，是重要的思想文化宣传阵地，必须强化媒体责任，特别是卫视综合频道，要坚持以宣传为中心，坚持新闻立台。不能把卫视综合频道类同于“电视剧频道”和“家庭影院”等性质的频道。要始终把社会效益放在首位。电视剧播出必须首先遵守宣传纪律和宣传要求，全国卫视综合频道在编播电视剧时，必须明确电视剧播出属于宣传管理，不能混同于单纯的商业行为，更不能搞无序的商业竞争。

（3）为进一步规范卫视综合频道电视剧的播出，特对全国卫视综合频道作出如下规定：

①电视剧每天播出时间总量不得超过每天播出电视时间总量的45%；国家法定节假日（元旦、春节、劳动节、清明节、端午节、中秋节、国庆节，以下同）期间，电视剧每天播出时间总量根据本通知的总体精神自行掌握。

②同一部电视剧每天播出总集数（包括重播集数）不得超过6集（每集不超过46分钟，以下同）；双休日同一部电视剧每天播出总集数（包括重播集数）不得超过8集；国家法定节假日期间，同一部电视剧每天播出总集数根据本通知的总体精神自行掌握。

③同一部电视剧在19：00至24：00之间，播出总集数不得超过3集（包括重播集数）。

④任何一级电视播出媒体，均须严格遵守《电视剧审查管理规定》（总局40号令），按电视剧发行许可证批准的长度播出。如有特殊编播需要对剧目长度进行调整，应首先获得电视剧版权方的同意，并征得同时拥有该剧播出权的机构的同意，最后须通过广电总局政府网站的电视剧办事大厅上报广电总局电视剧司认

可备案。

⑤上述规定执行过程中遇有特殊情况，须事先上报总局批准。

⑥总局将对各地执行情况严格监管，违反本规定的，依照《广播电视管理条例》进行处罚。

2010 年 5 月国家广播电影电视总局发布《电视剧内容管理规定》（总局令第 63 号）：

第一章　总　则

第一条　为了规范电视剧内容管理工作，繁荣电视剧创作，促进电视剧产业的健康发展，根据《广播电视管理条例》，制定本规定。

第二条　从事电视剧内容的制作、发行、播出活动，适用本规定。

第三条　本规定所称电视剧是指：

（一）用于境内电视台播出或者境内外发行的电视剧（含电视动画片），包括国产电视剧（以下简称国产剧）和与境外机构联合制作的电视剧（以下简称合拍剧）；

（二）用于境内电视台播出的境外引进电视剧（含电视动画片、电影故事片，以下简称引进剧）。

第四条　电视剧内容的制作、播出应当坚持为人民服务、为社会主义服务的方向和百花齐放、百家争鸣的方针，坚持贴近实际、贴近生活、贴近群众，坚持社会效益第一、社会效益与经济效益相结合的原则，确保正确的文艺导向。

第五条　电视剧不得载有下列内容：

（一）违反宪法确定的基本原则，煽动抗拒或者破坏宪法、法律、行政法规和规章实施的；

（二）危害国家统一、主权和领土完整的；

（三）泄露国家秘密，危害国家安全，损害国家荣誉和利益的；

（四）煽动民族仇恨、民族歧视，侵害民族风俗习惯，伤害民族感情，破坏民族团结的；

（五）违背国家宗教政策，宣扬宗教极端主义和邪教、迷信，歧视、侮辱宗教信仰的；

（六）扰乱社会秩序，破坏社会稳定的；

（七）宣扬淫秽、赌博、暴力、恐怖、吸毒，教唆犯罪或者传授犯罪方法的；

（八）侮辱、诽谤他人的；

（九）危害社会公德或者民族优秀文化传统的；

（十）侵害未成年人合法权益或者有害未成年人身心健康的；

（十一）法律、行政法规和规章禁止的其他内容。

国务院广播影视行政部门依据前款规定，制定电视剧内容管理的具体标准。

第六条　国务院广播影视行政部门负责全国的电视剧内容管理和监督工作。

省、自治区、直辖市人民政府广播影视行政部门负责本行政区域内的电视剧内容管理和监督工作。

第七条　国务院广播影视行政部门和省、自治区、直辖市人民政府广播影视行政部门应当积极建立和完善电视剧审批管理的电子办公系统，推行电子政务。

第二章　备案和公示

第八条　国产剧、合拍剧的拍摄制作实行备案公示制度。

第九条　国务院广播影视行政部门负责全国拍摄制作电视剧的公示。

省、自治区、直辖市人民政府广播影视行政部门负责受理本行政区域内制作机构拍摄制作电视剧的备案，经审核报请国务院广播影视行政部门公示。

按照有关规定向国务院广播影视行政部门直接备案的制作机构（以下简称直接备案制作机构），在将其拍摄制作的电视剧备案前，应当经其上级业务主管部门同意。

第十条　符合下列条件之一的制作机构，可以申请电视剧拍摄制作备案公示：

（一）持有《电视剧制作许可证（甲种）》；

（二）持有《广播电视节目制作经营许可证》；

（三）设区的市级以上电视台（含广播电视台、广播影视集团）；

（四）持有《摄制电影许可证》；

（五）其他具备申领《电视剧制作许可证（乙种）》资质的制作机构。

第十一条　省、自治区、直辖市人民政府广播影视行政部门、直接备案制作机构向国务院广播影视行政部门申请电视剧拍摄制作备案公示，应当提交下列材料：

（一）《电视剧拍摄制作备案公示表》或者《重大革命和重大历史题材电视剧立项申报表》，并加盖对应的公章；

（二）如实准确表述剧目主题思想、主要人物、时代背景、故事情节等内容的不少于 1 500 字的简介；

（三）重大题材或者涉及政治、军事、外交、国家安全、统战、民族、宗教、司法、公安等敏感内容的（以下简称特殊题材），应当出具省、自治区、直辖市以上人民政府有关主管部门或者有关方面的书面意见。

第十二条　国务院广播影视行政部门对申请备案公示的材料进行审核，在规定受理日期后二十日内，通过国务院广播影视行政部门政府网站予以公示。公示内容包括：剧名、制作机构、集数和内容提要等。

电视剧公示打印文本可以作为办理相关手续的证明。

第十三条　国务院广播影视行政部门对申请备案公示的电视剧内容违反本规定的，不予公示。

第十四条　制作机构应当按照公示的内容拍摄制作电视剧。

制作机构变更已公示电视剧主要人物、主要情节的，应当依照本规定重新履行备案公示手续；变更剧名、集数、制作机构的，应当经省、自治区、直辖市人民政府广播影视行政部门或者其上级业务主管部门同意后，向国务院广播影视行政部门申请办理相关变更手续。

第三章　审查和许可

第十五条　国产剧、合拍剧、引进剧实行内容审查和发行许可制度。未取得发行许可的电视剧，不得发行、播出和评奖。

第十六条　国务院广播影视行政部门设立电视剧审查委员会和电视剧复审委员会。

省、自治区、直辖市人民政府广播影视行政部门设立电视剧审查机构。

第十七条　履行电视剧审查职责的广播影视行政部门，应当建立健全审查制度，规范审查程序，落实审查责任；聘请有较高学术水平、良好职业道德的专家对申请审查的电视剧履行审查职责。

第十八条　审查人员应当按照有关规定履行职责，客观公正地提出审查意见。审查人员与送审方存在近亲属等关系、可能影响公正审查，或者参与送审剧目创作的，应当申请回避。

第十九条　国务院广播影视行政部门电视剧审查委员会的职责是：

（一）审查直接备案制作机构制作的电视剧；

（二）审查聘请相关国外人员参与创作的国产剧；

（三）审查合拍剧剧本（或者分集梗概）和完成片；

（四）审查引进剧；

（五）审查由省、自治区、直辖市人民政府广播影视行政部门电视剧审查机构提请国务院广播影视行政部门审查的电视剧；

（六）审查引起社会争议的，或者因公共利益需要国务院广播影视行政部门审查的电视剧。

第二十条　国务院广播影视行政部门电视剧复审委员会，负责对送审机构不服有关电视剧审查委员会或者电视剧审查机构的审查结论而提起复审申请的电视剧进行审查。

第二十一条　省、自治区、直辖市人民政府广播影视行政部门电视剧审查机构的职责是：

（一）审查本行政区域内制作机构制作的、不含国外人员参与创作的国产剧；

（二）初审本行政区域内制作机构制作的、含国外人员参与创作的国产剧；

（三）初审本行政区域内制作机构与境外机构制作的合拍剧剧本（或者分集梗概）和完成片；

（四）初审本行政区域内电视台等机构送审的引进剧。

第二十二条　送审国产剧，应当向省、自治区、直辖市以上人民政府广播影视行政部门提出申请，并提交以下材料：

（一）国务院广播影视行政部门统一印制的《国产电视剧报审表》；

（二）制作机构资质的有效证明；

（三）剧目公示打印文本；

（四）每集不少于500字的剧情梗概；

（五）图像、声音、字幕、时码等符合审查要求的完整样片一套；

（六）完整的片头、片尾和歌曲的字幕表；

（七）国务院广播影视行政部门同意聘用境外人员参与国产剧创作的批准文件的复印件；

（八）特殊题材需提交主管部门和有关方面的书面审看意见。

第二十三条　送审合拍剧、引进剧，依照国务院广播影视行政部门有关规定执行。

第二十四条　省、自治区、直辖市以上人民政府广播影视行政部门在收到完备的报审材料后，应当在五十日内作出许可或者不予许可的决定；其中审查时间为三十日。许可的，发给电视剧发行许可证；不予许可的，应当通知申请人并书面说明理由。

经审查需要修改的，送审机构应当在修改后，依照本规定重新送审。

电视剧发行许可证由国务院广播影视行政部门统一印制。

第二十五条　送审机构对不予许可的决定不服的，可以自收到该决定之日起六十日内向国务院广播影视行政部门提出复审申请。国务院广播影视行政部门应当在收到复审申请五十日内作出复审决定；其中复审时间为三十日。复审合格的，发给电视剧发行许可证；不合格的，应当通知送审机构并书面说明理由。

第二十六条　已经向广播影视行政部门申请审查，但尚未取得电视剧发行许可证的，送审机构不得向其他广播影视行政部门转移送审。

第二十七条　已经取得电视剧发行许可证的电视剧，国务院广播影视行政部门根据公共利益的需要，可以作出责令修改、停止播出或者不得发行、评奖的决定。

第二十八条　已经取得电视剧发行许可证的电视剧，应当按照审查通过的内容发行和播出。

变更剧名、主要人物、主要情节和剧集长度等事项的，原送审机构应当依照本规定向原发证机关重新送审。

第二十九条　国务院广播影视行政部门应当定期将全国电视剧发行许可证颁发情况向社会公告。

第四章　播出管理

第三十条　电视台在播出电视剧前，应当核验依法取得的电视剧发行许可证。

第三十一条　电视台对其播出电视剧的内容，应当依照本规定内容审核标准，进行播前审查和重播重审；发现问题应当及时经所在地省、自治区、直辖市人民政府广播影视行政部门报请国务院广播影视行政部门处理。

第三十二条　国务院广播影视行政部门可以对全国电视台播出电视剧的总量、范围、比例、时机、时段等进行宏观调控。

第三十三条　电视剧播出时，应当在每集的片首标明相应的电视剧发行许可证编号，在每集的片尾标明相应的电视剧制作许可证编号。

第三十四条　电视台播出电视剧时，应当依法完整播出，不得侵害相关著作权人的合法权益。

第五章　法律责任

第三十五条　违反本规定，擅自制作、发行、播出电视剧或者变更主要事项未重新报审的，依照《广播电视管理条例》第四十八条的规定予以处罚。

第三十六条　违反本规定，制作、发行、播出的电视剧含有本规定第五条禁止内容的，依照《广播电视管理条例》第四十九条的规定予以处罚。

第三十七条　违反本规定第二十六条的，省、自治区、直辖市以上人民政府广播影视行政部门对转移申请不予受理；以欺骗等不正当手段取得发行许可证的，由原发证机关撤销电视剧发行许可证；原发证机关有过错的，对直接负责的主管人员和其他直接责任人员，依法给予处分。

第三十八条　广播影视行政部门工作人员违反本规定，滥用职权、玩忽职守、徇私舞弊或者未依照本规定履行职责的，依法给予处分。

第三十九条　审查人员违反本规定第十八条的，由省、自治区、直辖市以上人民政府广播影视行政部门给予警告；情节严重的，不得再聘请其担任审查人员。

第六章　附则

第四十条　重大革命和重大历史题材电视剧的管理，以及合拍剧、引进剧审批和播出管理，分别依照国家有关规定执行。

第四十一条　本规定自2010年7月1日起施行。2004年9月20日国家广播电影电视总局发布的《电视剧审查管理规定》（总局令第40号）、2006年11月14日国家广播电影电视总局发布的《〈电视剧审查管理规定〉补充规定》（总局令第53号）同时废止。

§67. 电影内容有什么主要管理规定？

2001年12月国务院颁布《电影管理条例》（国务院令第342号），规定国家对电影摄制、进口、出口、发行、放映和电影片公映实行许可制度。未经许可，任何单位和个人不得从事电影片的摄制、进口、发行、放映活动，不得进口、出口、发行、放映未取得许可证的电影片。其中第三章“电影审查”规定：

第二十四条　国家实行电影审查制度。

未经国务院广播电影电视行政部门的电影审查机构审查通过的电影片，不得发行、放映、进口、出口。

供科学研究、教学参考的专题片进口和中国电影资料馆进口电影资料片，依照本条例第三十二条的规定办理。（附第三十二条　进口供科学研究、教学参考的专题片，进口单位应当报经国务院有关行政主管部门审查批准，持批准文件到海关办理进口手续，并于进口之日起30日内向国务院广播电影电视行政部门备案。但是，不得以科学研究、教学的名义进口故事片。中国电影资料馆进口电影资料片，可以直接到海关办理进口手续。中国电影资料馆应当将其进口的电影资料片按季度向国务院广播电影电视行政部门备案。除本条规定外，任何单位或者个人不得进口未经国务院广播电影电视行政部门审查合格的电影片。）

第二十五条　电影片禁止载有下列内容：

（一）反对宪法确定的基本原则的；

（二）危害国家统一、主权和领土完整的；

（三）泄露国家秘密、危害国家安全或者损害国家荣誉和利益的；

（四）煽动民族仇恨、民族歧视，破坏民族团结，或者侵害民族风俗、习惯的；

（五）宣扬邪教、迷信的；

（六）扰乱社会秩序，破坏社会稳定的；

（七）宣扬淫秽、赌博、暴力或者教唆犯罪的；

（八）侮辱或者诽谤他人，侵害他人合法权益的；

（九）危害社会公德或者民族优秀文化传统的；

（十）有法律、行政法规和国家规定禁止的其他内容的。

电影技术质量应当符合国家标准。

第二十六条　电影制片单位应当依照本条例第二十五条的规定，负责电影剧本投拍和电影片出厂前的审查。

电影制片单位依照前款规定对其准备投拍的电影剧本审查后，应当报电影审查机构备案；电影审查机构可以对报备案的电影剧本进行审查，发现有本条例第二十五条禁止内容的，应当及时通知电影制片单位不得投拍。具体办法由国务院广播电影电视行政部门制定。

第二十七条　电影制片单位应当在电影片摄制完成后，报请电影审查机构审查；电影进口经营单位应当在办理电影片临时进口手续后，报请电影审查机构审查。

电影审查收费标准由国务院价格主管部门会同国务院广播电影电视行政部门规定。

第二十八条　电影审查机构应当自收到报送审查的电影片之日起30日内，将审查决定书面通知送审单位。审查合格的，由国务院广播电影电视行政部门发给《电影片公映许可证》。

电影制片单位或者电影进口经营单位应当将《电影片公映许可证》证号印制在该电影片拷贝第一本片头处。审查不合格，经修改报送重审的，审查期限依照本条第一款的规定重新计算。

第二十九条　电影制片单位和电影进口经营单位对电影片审查决定不服的，可以自收到审查决定之日起30日内向国务院广播电影电视行政部门的电影复审机构申请复审；复审合格的，由国务院广播电影电视行政部门发给《电影片公映许可证》。

2006年5月国家广播电影电视总局发布《电影剧本（梗概）备案、电影片管理规定》（总局令第52号）规定：国家实行电影剧本（梗概）备案和电影片审查制度。未经备案的电影剧本（梗概）不得拍摄，未经审查通过的电影片不得发行、放映、进口、出口。本规定适用于在中华人民共和国境内公映的各类故事片、纪录片、科教片、动画片、专题片（含以上各类型的中外合拍片）等的电影剧本（梗概）备案、电影片审查和进口片审查。国家广播电影电视总局负责电影剧本（梗概）备案和电影片审查的管理工作。广电总局电影审查委员会和电影复审委员会负责电影片的审查。省级广播影视行政部门，经申请可以受广电总局委托，成立电影审查机构，负责本行政区域内持有《摄制电影许可证》的制片单位摄制的部分电影片的审查工作（简称属地审查）。其中第三章“电影片审查”规定：

第十二条　国家提倡创作思想性、艺术性、观赏性统一，贴近实际、贴近生活、贴近群众，有利于保护未成年人健康成长的优秀电影。大力发展先进文化，支持健康有益文化，努力改造落后文化，坚决抵制腐朽文化。

第十三条　电影片禁止载有下列内容：

（一）违反宪法确定的基本原则的；

（二）危害国家统一、主权和领土完整的；

（三）泄露国家秘密，危害国家安全，损害国家荣誉和利益的；

（四）煽动民族仇恨、民族歧视，破坏民族团结，侵害民族风俗、习惯的；

（五）违背国家宗教政策，宣扬邪教、迷信的；

（六）扰乱社会秩序，破坏社会稳定的；

（七）宣扬淫秽、赌博、暴力、教唆犯罪的；

（八）侮辱或者诽谤他人，侵害他人合法权益的；

（九）危害社会公德，诋毁民族优秀文化的；

（十）有国家法律、法规禁止的其他内容的。

第十四条　电影片有下列情形，应删剪修改：

（一）曲解中华文明和中国历史，严重违背历史史实；曲解他国历史，不尊重他国文明和风俗习惯；贬损革命领袖、英雄人物、重要历史人物形象；篡改中外名著及名著中重要人物形象的；

（二）恶意贬损人民军队、武装警察、公安和司法形象的；

（三）夹杂淫秽色情和庸俗低级内容，展现淫乱、强奸、卖淫、嫖娼、性行为、性变态等情节及男女性器官等其他隐秘部位；夹杂肮脏低俗的台词、歌曲、背景音乐及声音效果等；

（四）夹杂凶杀、暴力、恐怖内容，颠倒真假、善恶、美丑的价值取向，混淆正义与非正义的基本性质；刻意表现违法犯罪嚣张气焰，具体展示犯罪行为细节，暴露特殊侦查手段；有强烈刺激性的凶杀、血腥、暴力、吸毒、赌博等情节；有虐待俘虏、刑讯逼供罪犯或犯罪嫌疑人等情节；有过度惊悚恐怖的画面、台词、背景音乐及声音效果；

（五）宣扬消极、颓废的人生观、世界观和价值观，刻意渲染、夸大民族愚昧落后或社会阴暗面的；

（六）鼓吹宗教极端主义，挑起各宗教、教派之间，信教与不信教群众之间的矛盾和冲突，伤害群众感情的；

（七）宣扬破坏生态环境，虐待动物，捕杀、食用国家保护类动物的；

（八）过分表现酗酒、吸烟及其他陋习的；

（九）违背相关法律、法规精神的。

第十五条　电影片的署名、字幕等语言文字，应按《中华人民共和国著作权法》、《中华人民共和国国家通用语言文字法》等有关规定执行。

§68. 民族宗教节目有什么主要管理规定？

国家广播电影电视总局2002年4月3日发布了《关于切实把握民族宗教宣传正确导向的通知》（广发编字〔2002〕268号）。《通知》说，广播影视机构作为党和政府的喉舌，必须高度重视民族宗教问题，始终坚持以正面宣传为主的方针，严格遵守党的民族宗教政策和国家有关法律，尊重少数民族的风俗习惯、宗教信仰和民族感情，增进民族团结，维护社会稳定，推动少数民族地区的经济建设和社会进步。广播影视民族宗教宣传要特别注意以下几个方面：

（1）凡涉及民族宗教方面敏感问题的报道，应当送当地党委、政府和有关主管部门审查。对重大事件的报道，事先应报中央批准。需要公开报道的事件，要严格遵守有关部门的统一部署和宣传口径，坚持正确的舆论导向，加强正面引导，防止负面影响。不宜公开报道的事件，可以通过内参反映。

（2）宣传中华文明史要多提“中华民族”的概念，慎用“炎黄子孙”的概念，注意表明是各民族共同创造了中华文明。

（3）必须尊重少数民族的风俗习惯和宗教信仰。对容易引发少数民族和信教群众反感的问题，要慎重把握。对少数民族多样的婚姻习俗和家庭关系也不要探秘、猎奇，肆意渲染。

（4）对国际上的民族纠纷要客观报道，淡化处理，不应渲染。对国际恐怖主义事件的报道，严禁使用“穆斯林恐怖分子”、“伊斯兰恐怖分子”等刺激穆斯林群众感情的词语。

（5）宣传宗教信仰自由的宪法原则，必须兼顾信仰宗教的自由和不信仰宗教的自由，强调宗教在法律范围内活动。宣传无神论和普及科学常识时，要用事实说话，防止批判宗教。

（6）不要助长宗教狂热情绪，对个别地方搞所谓的“宗教搭台，经济唱戏，借佛（神）发财”不要宣传。

（7）宗教宣传应当注意区域性和内外有别，力求报道准确。正常的宗教活动可以对海外进行报道，但不宜渲染；对内宣传要适度，不宜热炒。

（8）对一些广播影视机构违反党的民族、宗教政策，不尊重民族历史、文化、风俗习惯和宗教信仰，伤害少数民族和信教群众感情，引起影响民族团结的问题，应按照《中共中央宣传部、国家广播电影电视总局关于建立违规违纪广播电视播出机构警告制度的意见》精神，严肃处理。

（9）要采取适当方式，对各级广播影视从业人员进行马克思主义民族观、宗教观和党的民族、宗教政策的培训，使他们了解基本的民族宗教常识，切实杜绝影响民族团结和社会稳定的问题发生。要把关于民族宗教方面的宣传纪律和具体要求真正落实到位，让各级领导和第一线工作人员真正了解和掌握。

§69. 统一战线新闻宣传有什么主要管理规定？

2008年1月，中央统战部、中央宣传部等发出《关于统一战线新闻宣传中若干问题的意见》（统发〔2008〕3号）指出：

党中央历来高度重视统一战线和多党合作事业宣传工作。1997年和2003年，中央统战部、中央宣传部、中央对外宣传办公室先后下发《关于大力加强统一战线宣传工作的意见》和《关于加强中国共产党领导的多党合作和政治协商制度宣传的意见》。近年来，党中央颁发了关于巩固壮大新世纪新阶段统一战线、加强多党合作和人民政协工作等一系列重要文件，特别是2006年全国统战工作会议，从构建社会主义和谐社会、推进中国特色社会主义伟大事业的高度，提出必须充分发挥统一战线的优势和作用，正确认识和处理涉及我国社会政治领域的政党关系、民族关系、宗教关系、阶层关系、海内外同胞关系，对做好新世纪新阶段统一战线宣传工作提出了新的要求。各地区、各部门认真贯彻中央精神，统一战线和多党合作新闻宣传取得了重要进展，同时也遇到了一些新情况新问题。为进一步加强统一战线新闻宣传工作，现就若干问题提出具体意见。

一、关于多党合作的新闻宣传

（1）大力加强中国共产党领导的多党合作和政治协商制度的宣传。宣传我国多党合作制度的历史必然性、伟大创造性和巨大优越性，坚定不移地走中国特色社会主义政治发展道路；宣传中国共产党同各民主党派“长期共存、互相监督、肝胆相照、荣辱与共”的方针；宣传各民主党派在我国政治社会生活中充分发挥参政党作用，积极履行参政议政、民主监督职能，为建设中国特色社会主义作贡献的情况，增进全社会和国际上对我国政治制度和政党制度的认识和理解。

（2）重视反映各民主党派和无党派代表人士的重要意见建议。对中共中央和各级党委召开或委托有关部门召开的协商会、座谈会、情况通报会等，中央和地方主要新闻媒体要及时进行报道，对各民主党派和无党派代表人士提出的重要意见建议，适宜公开报道的应适当反映。

（3）新闻报道中要注意体现民主党派成员、无党派代表人士的职务和身份。中共领导人和民主党派领导人、无党派代表人士共同参加的活动，报道中共领导人党内身份和职务时，对民主党派领导人、无党派代表人士的报道也要体现其党派身份和职务。民主党派领导人和无党派代表人士参加各级党委、政府召开的协商会、座谈会、情况通报会，参加政协全体会议、常务委员会会议、主席会议，参加重要考察、调研、视察活动，受邀请参加党和国家领导人迎接国宾、会见外国政党领导人或出国访问，参加重要庆典、纪念、联谊活动等，新闻媒体除了按有关规定报道其在人大、政府、政协和司法部门担任的职务外，还要体现其党派和无党派代表人士身份和职务。报道重大科研成果的主要研究人员，有民主党派成员和无党派代表人士时，应体现其党派和无党派代表人士身份和职务。对重要外事活动的电视新闻报道，应统筹考虑，注意编播民主党派领导人和无党派代表人士的画面。

（4）加强和规范多党合作重要活动的新闻报道。对各民主党派中央和无党派代表人士围绕经济社会发展开展的重大考察调研、扶贫开发、社会服务等活动，中央主要新闻媒体要注意做好报道。有关地方新闻媒体也要报道当地开展的重要活动。

（5）重视做好党外领导干部积极履行职责的新闻报道。目前，各级政府和司法部门有一大批党外干部担任领导职务，他们对其分管的工作享有行政管理的指挥权、处理问题的决定权、人事任免的建议权，这是多党合作的重要内容。新闻媒体要加大报道力度，对突出典型和事例进行报道，增进全社会对我国多党合作制和党外领导干部的了解。

（6）加强对无党派代表人士的新闻报道。无党派人士是指没有参加任何党派、对社会有积极贡献和一定影响的人士，其主体是知识分子，是我国政治生活中的一支重要力量。要大力宣传无党派人士在多党合作中的地位、职能和作用，宣传他们对经济社会发展的积极贡献，宣传无党派代表人士中的先进典范，扩大其社会影响。新闻报道中要注意不要把一般的党外知识分子等同于无党派人士。

二、关于各民族、宗教和西藏工作的新闻宣传

（7）坚持不懈地开展党的民族宗教理论政策和国家有关法律法规的宣传。牢牢把握各民族“共同团结进步、共同繁荣发展”的民族工作主题，运用多种手段和方式，广泛宣传党和国家关于民族工作的一系列方针政策，广泛宣传民族区域自治制度和《民族区域自治法》及相关的法律法规，不断巩固和发展平等、团结、互助、和谐的社会主义民族关系。广泛宣传党的宗教工作基本方针、《宗教事务条例》和相关政策规定，积极引导宗教与社会主义社会相适应，营造民族团结、宗教和谐的良好社会氛围。

（8）尊重少数民族的风俗习惯和信教群众的宗教信仰。对少数民族和民族地区发生的一些问题，不要随意将其与民族关系和民族问题联系在一起。对涉及少数民族风俗习惯和信教群众宗教感情的问题，在报道中要慎重把握。对一些少数民族特有的生活习俗不要探秘、猎奇，不要主观臆断，肆意渲染，更不能丑化侮辱；不要随意阐释宗教教规教义，不能触及宗教禁忌问题；宣传无神论和普及科学常识时，要用事实说话，不对宗教妄加评论，不要将宗教与封建迷信及邪教混为一谈，避免伤害少数民族和信教群众的感情。

（9）注意掌握宗教方面新闻报道的原则和分寸。对宗教信仰自由政策的报道，要全面准确地宣传我国公民既有宗教信仰的自由，也有不信仰宗教的自由；对依法管理宗教事务的报道，既要宣传制止非法、打击违法，也要宣传保护合法；对宗教活动的报道，既要宣传宗教中有益于促进社会和谐的积极因素和宗教界正常的对外交流交往，又不能刻意渲染、炒作。不得报道“宗教搭台，经济唱戏，借佛（神）发财”之类的活动，防止助长宗教狂热情绪。

（10）对国际上的民族、宗教纠纷的新闻报道要慎重。要严格按照中央精神，对国际恐怖主义事件的报道，严禁使用“穆斯林恐怖主义”、“伊斯兰恐怖主义”等涉及民族宗教的语句。对国际社会发生的、有可能对我国民族团结和社会稳定造成不利影响的民族宗教事件，要特别注意掌握好分寸。报道中涉及梵蒂冈和教皇活动时要十分慎重，不要渲染。未经批准一般不要报道有关中梵关系方面的内容。坚决抵御境外势力在新闻领域利用宗教对我国进行渗透。

（11）进一步加大西藏工作的新闻报道力度。坚持以正面宣传西藏和揭批达赖集团为主要任务，大力宣传西藏民族团结、社会稳定的好形势，宣传中央关于

西藏工作的方针政策，宣传西藏经济社会发展取得的巨大成就，宣传西藏文化保护与发展的新成果，宣传西藏各族人民团结奋斗的精神风貌。涉及对达赖集团斗争的新闻报道，要严格执行中央的有关规定，不得擅自组稿和转载境外媒体的报道。对藏传佛教有影响的活佛及其亲属的报道要按程序报批。中央外宣媒体以及“中国西藏信息中心”等网络要加大对外宣传西藏的力度，澄清境外对西藏的各种偏见和误解。对于涉藏敏感、突发问题的报道，原则上要淡化处理、避免炒热。对境外敌对势力涉藏造谣污蔑、挑拨离间的言论，要及时予以批驳。

（12）严格民族、宗教和西藏新闻报道的程序和纪律。对涉及民族、宗教和西藏工作有关重要活动的报道，由统战部会商民族、宗教工作部门提出意见。对涉及民族、宗教和西藏工作方面敏感问题的报道和转载稿件，必须事先征求统战、民族、宗教工作部门的意见，并将稿件送有关部门审查。新闻媒体要严格遵守宣传纪律，对涉及民族分裂和暴力恐怖活动等重大问题，对涉及民族、宗教方面的重大突发事件的新闻报道，要严格执行中央的统一部署和宣传口径。违反宣传纪律造成严重后果的，要严肃处理。

三、关于非公有制经济人士等新的社会阶层人士的新闻宣传

（13）积极宣传鼓励、支持和引导非公有制经济发展的方针政策。要通过多种形式宣传非公有制经济发展的新成绩、新经验、新举措，宣传非公有制经济在推动经济建设、社会发展、解决就业问题、维护社会稳定等方面的重要贡献，引导社会各界更加深刻地领会中央有关精神，坚持毫不动摇地巩固和发展公有制经济，坚持毫不动摇地鼓励、支持和引导非公有制经济发展，积极为非公有制经济健康发展创造良好舆论环境。

（14）宣传非公有制经济人士、自由择业知识分子等新的社会阶层人士“爱国、敬业、诚信、守法、贡献”的风貌。宣传他们积极履行社会责任、投身光彩事业、智力支边等社会慈善公益活动的义举，宣传他们实施“走出去”战略的成绩，宣传他们关爱员工、实现双赢、构建和谐劳动关系的实践，引导新的社会阶层人士健康成长。报道时要尊重他们的个人意愿，对他们的财富和个人生活不宜渲染、炒作。

（15）加大“优秀中国特色社会主义事业建设者”的宣传力度。宣传、统战部门要密切配合，有计划、有步骤地组织新闻报道。宣传一批长期以来与党同心同德、政治上可靠，在强国富民、促进经济社会发展中有突出贡献、个人形象好、社会影响大、各方面素质优良的非公有制经济代表人士和其他新的社会阶层代表人士典型。

（16）妥善做好非公有制经济领域热点问题的新闻报道。对社会上有关非公

有制经济和非公有制经济人士的争议热点，要在理性分析的基础上做好舆论引导；对非公有制企业出现的违法违规问题，要进行必要的舆论监督。同时，报道中要遵守新闻宣传纪律，坚持实事求是，把握好分寸和时机。

（17）在对新的社会阶层人士特别是非公有制经济人士的新闻报道中，新闻媒体和从业人员要严格遵守有关规定，秉持新闻职业道德，不得强拉广告、赞助，禁止搞有偿新闻。

四、关于港澳台和海外统战工作的新闻宣传

（18）加强党和国家关于港澳台和海外统战工作的大政方针的宣传。宣传“一国两制”、“港人治港”、“澳人治澳”、高度自治方针和香港特别行政区基本法、澳门特别行政区基本法；宣传“和平统一、一国两制”的基本方针和现阶段发展两岸关系、推进祖国和平统一进程的八项主张，以及新形势下发展两岸关系的四点意见，贯彻《反分裂国家法》，坚决反对和遏制“台独”分裂势力及其活动；宣传凝聚侨心、汇集侨智、发挥侨力的方针，鼓励和支持广大海外侨胞关心和参与祖（籍）国现代化建设，推动和平统一事业，增进中国人民和各国人民的友谊，促进和谐世界建设。

（19）加强对祖国认同感、民族自豪感的宣传。坚持不懈地宣传爱国主义精神，宣传中华文化，宣传国家对港澳台同胞、海外侨胞的关怀，增进港澳台同胞、海外侨胞对中华民族同根同源、血脉相连的认同，对坚持一个中国原则、反对“台独”分裂的认同，增强中华民族凝聚力和向心力。

（20）加强特色活动、品牌活动的新闻报道力度。对港澳台和海外统战工作中的重要品牌活动，中央和地方主要新闻媒体要抓住亮点、突出特色，做好新闻报道。

（21）注意讲究宣传艺术和方式。在报道港澳台同胞、海外侨胞在大陆投资、就业、求学、生活等方面内容时，要注意体现祖国内地（大陆）与港澳台地区经济发展、文化交流、人员往来的互利双赢，体现同胞之间血浓于水的亲情。涉及港澳台和海外统战工作方面的重大事件和敏感问题，要严格按照中央统一部署进行报道。海外侨胞在大陆的投资规模、投资数量以及在国家经济建设中的作用与影响，要报道适当，不能造成负面影响。涉及敏感问题的报道要请示，重要稿件要送审。

五、关于统一战线的对外宣传和网络宣传

（22）重视统一战线的对外宣传工作。统一战线的对外宣传是党的对外宣传

工作的重要内容。要从对外宣传的实际和特点出发，按照党的对外宣传方针政策的要求，利用多种渠道和载体，积极介绍和说明我国的政党制度、民族宗教政策、对新的社会阶层政策和港澳台海外工作方针，增进外界对中国的了解，不断扩大我国国际影响，为全面建设小康社会、实现祖国统一大业营造良好的外部环境。

(23) 加大对外宣传报道的力度并增强针对性。统一战线的对外宣传，一方面要注意介绍有关情况并进行说明，增进外界对我国政党制度、民族宗教政策的认识和理解。为此中央和地方涉外媒体要增加报道统一战线的版面和时段。另一方面，要不断增强针对性，根据国际舆论形势的变化，特别是针对境外反华势力对我国政治制度、政党制度、民主、民族、宗教、西藏、港澳台等方面的攻击和歪曲，按照我国方针政策旗帜鲜明地进行批驳，并组织有说服力的报道。

(24) 统一战线的对外宣传要讲究方式方法。按照外宣“三贴近”的要求，坚持内外有别、外外有别，讲究方法策略，根据不同国家、不同民族、不同地域和不同价值取向，因人因事因地制宜。要以介绍和说明为主，以事实说话，做到入情入理。

(25) 充分发挥网络宣传的重要作用。中央和地方重点新闻网站、专业网站以及统一战线系统网站，要充分发挥传播迅速、信息量大、互动性强的特点和优势，广泛宣传统一战线工作；对涉及统一战线的敏感问题和突发事件等，要力争在第一时间发布权威信息，主动引导社会舆论，积极开展舆论斗争，牢牢掌握工作主动权；对于网上出现的不良或有害信息，要及时封堵删除。

§70. 对境外广播电视频道频率和节目有什么管理规定?

其一，国家广播电影电视总局2004年6月18日发布的《境外卫星电视频道落地管理办法》(总局令第27号)规定：

国家广播电影电视总局负责对境外卫星电视频道落地实行归口管理，对境外卫星电视频道落地实行审批制度。经广电总局批准，境外卫星电视频道可以在三星级以上涉外宾馆饭店、专供境外人士办公居住的涉外公寓等规定的范围及其他特定的范围落地。

第四条规定，申请落地的境外卫星电视频道，应具备下列条件：(一) 所播放的内容不违反中国法律、法规、规章的规定；(二) 在本国(地区)为合法电视媒体；（三）具备与中国广播电视互利互惠合作的综合实力，承诺并积极协助中国广播电视节目在境外落地；（四）申请落地的频道及其直接相关机构对中国友好，与中国有长期友好的广播电视交流和合作；（五）同意通过广电总局指定的机构统一定向传送其频道节目，承诺不通过其他途径在中国境内落地；（六）同意并委托指定机构独家代理其在中国境内落地的所有相关事宜。

第六条规定，对于一个境外广播电视机构，原则上只批准其所属的一个卫星电视频道在规定的范围内落地；原则上不批准新闻类境外卫星电视频道在境内落地；不批准境内广播电视机构及其他有关部门、团体、企业、个人在境外开办、合办的卫星电视频道在境内落地。特殊情况，须报广电总局特殊批准。

经批准落地的境外卫星电视频道，必须遵守中国有关境外卫星电视管理的各项规定。经批准落地的境外卫星电视频道，应按照指定机构的要求相应调整原卫星信号的播出覆盖范围、方式等；履行与指定机构的协议；不得擅自在中国境内开展其电视频道及其品牌和有关接收设备的推广活动。

第十二条规定，经批准落地的境外卫星电视频道，禁止播放载有下列内容的节目：（一）危害中国国家统一、主权和领土完整的；（二）危害中国国家安全，损害中国荣誉和利益，泄露中国国家秘密的；（三）煽动中国民族分裂、民族仇恨、民族歧视，破坏中国民族团结，侵害中国民族风俗习惯的；（四）危害中国社会稳定，宣扬淫秽、暴力、迷信、邪教，教唆犯罪的；（五）诽谤、侮辱他人，侵犯他人合法权益的；（六）危害中国社会公德，诋毁中华民族优秀文化传统的；（七）其他违反中国法律、法规、规章规定的。

经批准落地的境外卫星电视频道的下列事项变更，须事先向指定机构通报协商，并由指定机构报广电总局：（一）频道及其直接相关机构的股份结构、经营权、投资人、主要管理人员的变化；（二）频道名称、频道类别、节目构成、播音语言、字幕等《卫星电视频道备忘录》所列重要事项的改变；（三）频道播出信号加密与否的变化、信号传送卫星及其覆盖区域等有关技术参数的变化；（四）涉及本办法第四条和第六条规定内容事项的变更。广电总局认为因上述事项变更，经批准落地的频道已不符合本办法规定的，可予以相应处理直至停止其落地资格。

各级广播电视行政部门依照《卫星电视广播地面接收设施管理规定》（国务院第129号令）及有关规定，管理有关境外卫星电视的接收活动。指定机构应采取必要的措施，协助广播电视行政部门对所代理的境外卫星电视频道的有关行为和播放内容进行监督，配合广电总局实施相关处理，对所发现的问题及时报告。经批准落地的境外卫星电视频道播出违反本办法第十二条规定内容的，指定机构应即时停止违规内容的传送。经批准落地的境外卫星电视频道违反本办法规定，情节轻微的，由广电总局给予警告，要求其陈述情况和纠正；情节严重的，暂停其特定内容传送、暂停或取消有关频道落地资格。经批准落地的境外卫星电视频道造成不良影响的，除接受相应处理外，应按照广电总局的要求在相同的传播范围内消除不良影响。

经广电总局批准在境内特定地区落地的境外电视频道，参照本办法管理。

其二，国家广播电影电视总局2004年9月23日发布的《境外电视节目引进、播出管理规定》（总局令第42号）规定：

境外电视节目是指供电视台播出的境外电影、电视剧（电视动画片）（以下称境外影视剧）及教育、科学、文化等其他各类电视节目（以下称其他境外电视节目）。不引进时事性新闻节目。

国家广播电影电视总局负责境外影视剧引进和以卫星传送方式引进境外其他电视节目的审批工作。省级广播电视行政部门受广电总局委托，负责本辖区内境外影视剧引进的初审工作和其他境外电视节目引进的审批和播出监管工作。地（市）级广播电视行政部门负责本辖区内播出境外电视节目的监管工作。未经广电总局和受其委托的广播电视行政部门审批的境外电视节目，不得引进、播出。

1. 引进境外影视剧和以卫星传送方式引进其他境外电视节目

引进境外影视剧和以卫星传送方式引进其他境外电视节目，由广电总局指定的单位申报。广电总局对引进境外影视剧的总量、题材和产地等进行调控和规划。引进境外影视剧和以卫星传送方式引进其他境外电视节目，应符合广电总局的总体规划和本规定第十五条的要求。引进境外影视剧和以卫星传送方式引进其他境外电视节目，由引进单位向省级广播电视行政部门提出申请。

申请引进境外影视剧，应提交《引进境外影视剧申请表》、引进合同（中外文）、版权证明（中外文）、具备完整的图像、声音、时码的大1/2录像带一套、每集不少于300字的剧情梗概和与样带字幕一致的片头、片尾中外文字幕等材料。

申请以卫星传送方式引进其他境外电视节目，应提交《引进其他境外电视节目申请表》、引进合同（中外文）和版权证明等材料。同意以卫星传送方式引进其他境外电视节目的，引进单位凭广电总局批复办理《接收卫星传送的电视节目许可证》等相关手续。

2. 引进其他境外电视节目

地（市）级电视台、省级电视台申请引进其他境外电视节目，报省级广播电视行政部门审查批准；题材涉及重大、敏感内容的，由省级广播电视行政部门报广电总局审批。

引进其他境外电视节目，应提交《引进其他境外电视节目申请表》、引进单位对节目内容的审查意见、引进合同（中外文）、版权证明等申请材料。

引进境外电视节目应严格把握导向和格调，确保内容健康、制作精良。境外电视节目中不得载有以下内容：（一）反对中国宪法确定的基本原则的；（二）危害中国国家统一、主权和领土完整的；（三）泄露中国国家秘密、危害中国国家安全或者损害中国荣誉和利益的；（四）煽动中国民族仇恨、民族歧视，破坏中国民族团结，或者侵害中国民族风俗、习惯的；（五）宣扬邪教、迷信的；（六）扰乱中国社会秩序，破坏中国社会稳定的；（七）宣扬淫秽、赌博、暴力或者教唆犯罪的；（八）侮辱或者诽谤他人，侵害他人合法权益的；（九）危害中国社会公德或者中国民族优秀文化传统的；（十）其他违反中国法律、法规、规章规定的内容。

经批准引进的其他境外电视节目，应当重新包装、编辑，不得直接作为栏目在固定时段播出。节目中不得出现境外频道台标或相关文字的画面，不得出现宣传境外媒体频道的广告等类似内容。电视台播出境外影视剧，应在片头标明发行许可证编号。各电视频道每天播出的境外影视剧，不得超过该频道当天影视剧总播出时间的百分之二十五；每天播出的其他境外电视节目，不得超过该频道当天总播出时间的百分之十五。未经广电总局批准，不得在黄金时段（19：00～22：00）播出境外影视剧。

其三，2004 年 10 月 26 日广电总局发布《关于加强译制境外广播电视节目播出管理的通知》指出：

近来，一些广播电视播出机构播出了用地方方言译制的境外广播电视节目，有违广播电视推广使用普通话的重要任务和使命。根据《广播电视管理条例》“广播电台、电视台应当使用规范的语言文字。广播电台、电视台应当推广全国通用的普通话”的规定精神，为进一步加强译制境外广播电视节目播出管理工作，就有关事项通知如下：

（1）各级广播电视管理部门和广播电视播出机构必须高度重视译制广播电视节目的播出管理工作，牢记广播电视所承担的推广使用普通话的重要任务和使命，牢固树立政治意识、大局意识、责任意识，牢牢把握正确导向，切实做好广播影视译制境外节目的播出工作。

（2）各级广播电视播出机构一律不得播出用地方方言译制的境外广播电视节目。正在播出的用地方方言译制的境外广播电视节目必须立即停播，妥善处理。

（3）各省、区（市）广播影视局（厅）要切实履行管理职责，立即对所属播出机构播出用地方方言译制的境外广播电视节目情况进行一次全面检查和梳理，按照上述规定精神严格管理，认真履行好广播电视推广使用普通话的重要任务和使命，为广大未成年人的健康成长营造良好的语言环境。

§71. 对境外人员参与节目有什么主要管理规定？

一、关于外国人参加广播影视节目制作活动

国家广播电影电视总局1999年5月21日发布《关于外国人参加广播影视节目制作活动管理规定》（广发外字〔1999〕269号）对外国人参加广播影视节目制作活动进行了规定：

（1）所称外国人指不具有中国国籍的下列人员：①经批准受聘来华从事各种工作的外国人及其在我国境内居住的外籍亲属；②各国驻华使领馆人员；③外国企业、组织驻华机构工作人员及随行家属；④国际组织驻华机构工作人员及随行家属；⑤应邀专门来华参加广播影视节目制作的外籍人员；⑥外国留学生及其他临时来华人员。所称广播影视节目制作活动包括除新闻类以外的广播电视节目（含专题、综艺、外语教学类等）、电视剧、电影片的制作以及以制作广播电视节目为目的的各类文艺演出。

（2）在有特殊需要或国内缺少相关人员的情况下，可聘请外国人参加广播影视节目制作活动。被聘用参加广播影视节目制作活动的外国人，必须具有相关的工作技能、专业资格或工作经历。聘用外国人参加广播影视节目制作的单位限定于中央和各省、自治区、直辖市、省会市、计划单列市的广播电台、电视台和其他广播电视节目制作单位，以及电影制片厂和具有摄制电影许可证或电视剧制作许可证的单位。

（3）聘用外国人参加广播影视节目制作活动，由广播影视行政部门审批。邀请外国人参加临时性不支付报酬的广播影视节目制作活动，报广播影视行政部门备案。中央级部门聘请的，报国家广播电影电视总局审批、备案；省级以下（含省级）部门聘请的，报省级广播电视（影视）厅（局）审批、备案。聘用外国人参加电影制作活动，一律报广播电影电视总局（电影局）审批、备案。

（4）广播电台、电视台不得聘请外国人主持新闻类节目，包括新闻、新闻评论、新闻专题等。

（5）广播电台、电视台经批准聘请外国人以专家身份参加外语教学节目并付给报酬的，纳入聘请外国文教专家系列管理，并按国家有关规定办理相关手续。具有电视剧制作许可证或摄制电影许可证的单位，经批准可聘请外国人参加电视剧或电影片的制作。中外合作制作电视剧或电影片聘请外国演职员依照合作制作电视剧和电影片的有关规定执行。聘请与其他单位签有聘用合同的外国人制作广播影视节目，需事先征得外国人所在工作单位或归口管理部门的同意后，报广播影视行政部门审批。原则上外国留学生不得参加广播影视节目制作活动。因节目制作需要邀请外国留学生参加临时性广播影视节目制作的，制作单位应事先征得学生所在学校同意。广播电台、电视台邀请外国驻华使领馆人员参加广播影视节目制作活动，按照《广播影视系统地方外事工作管理规定》执行。

（6）广播电台、电视台不得播放违反上述规定制作的广播影视节目。

二、关于港、澳、台从业人员参与广播电视节目制作

为加强对聘请港澳台从业人员参与广播电视节目制作的管理，确保广播影视对港澳台交流在以我为主、对我有利的原则下，健康、有序地开展，国家广电总局 1999 年发出《关于加强对聘请港澳台从业人员参与广播电视节目制作管理的通知》（广发外字〔1999〕518 号）指出：

（1）广播电台、电视台、有线电视台及广播电视节目制作经营单位聘请港澳台从业人员担任主持人、导演、演员、编剧、摄影师等，参与广播节目、境内电视剧、电视综艺类节目及专题片的制作，须经各省、自治区、直辖市广播电视行政部门审核后报国家广播电影电视总局审批。总局直属单位直接报国家广播电影电视总局审批。

（2）广播电台、电视台、有线电视台不得聘请港澳台人员主持包括新闻评论、新闻专题等在内的新闻类节目。

（3）一般不得聘请港澳台人员参与广播节目的制作。部分文艺、科教类节目，如有特殊需要，确有必要聘请港、澳、台从业人员的，须事先报批。但要求：①不得参与制作固定栏目和系列性播出的节目。②不得单独主持节目；节目主持应以我方人员为主。③不得参与主持直播节目。

（4）不得将境内电视剧委托给港、澳、台电视制作机构或从业人员制作。如确有必要聘请港、澳、台从业人员参与境内电视剧拍摄的，须事先报批。但要求：①一部境内电视剧中，港、澳、台从业人员担任导演、主要演员、编剧、摄像等主创人员的，不得超过五人。②剧中男女主角不得同时由港、澳、台演员担任。③港、澳、台演职人员每人受聘参与境内电视剧制作的次数，一年内不得超过两部。④不得聘用港、澳、台从业人员担任监制、制片人（含执行制片、总制片人等）、出品人、顾问等职务。

（5）一般不得聘请港、澳、台从业人员参与电视综艺类节目的制作。如某期节目有特殊需要，确有必要聘请港、澳、台从业人员的，须事先报批。但要求：①聘请的港、澳、台从业人员人数，每次一般不得超过三人。②不得由港、

澳、台从业人员单独担任主持人；节目主持应以我方人员为主。③节目一般应在室内演播厅进行，以录制的方式播出。

（6）一般不得聘请港、澳、台从业人员参与系列性的电视专题片的制作。非系列性的风光、民俗、艺术、教学等类专题片，如确有必要聘请的，须事先报批。

（7）上述各项报批时须同时提交：①省（自治区、直辖市）广播影视厅（局）申报文件。②广播电视节目制作经营许可证；电视剧制作许可证。③港、澳、台从业人员简历。④制作单位与港、澳、台从业人员或所属单位签订的聘用合同或协议书。须注明所聘用职位、期限、报酬等情况。⑤节目制作计划、拍摄大纲、串联词等。

（8）聘请港、澳、台从业人员参与救灾募捐演出、重要庆典晚会等有特殊社会效益的活动，仍须事先报批，但上述规定可酌情放宽。

（9）各省（自治区、直辖市）广播影视厅（局）和直属各单位须加强对聘请港、澳、台从业人员参与制作广播电视节目的管理，对节目内容要严格把关，防止出现政治敏感问题。

2002年，为进一步加强对聘请港澳台从业人员参与广播电视节目制作的管理，确保广播电视对外特别是对港澳台交流正常、有序、健康地开展，根据以我为主、于我有利的原则，再次重申有关规定，并将对违规行为进行必要的处罚。国家广电总局又发出《关于进一步加强港澳台从业人员参与广播电视节目制作管理的通知》（广发外字〔2002〕99号），通知如下：

（1）继续严格执行“广发外字〔1999〕518号”文的有关规定，切实加强对聘请港澳台从业人员参加广播电视节目制作的管理。各单位要重视涉外工作的管理，加强外事法规和外事纪律的宣传教育。单位主要领导、负责宣传和外事工作的人员，以及节目策划人员等都需了解有关规定，加强责任心。

（2）确因需要聘请港澳台演艺人员参与节目制作的，应坚持以我为主的原则，注意节目的导向和格调。在制作中不得改变节目内容，不能办成港澳台演艺人员个人专场演唱会或商业性演出活动。

（3）严格遵守申报程序，按规定提前报广电总局审批。所附资料需齐备。获总局批准后，方可开始制作节目。如未获批准而先期制作的，将不予补办批准手续。

（4）有港澳台演艺人员参与制作，要在电视台、电台播放的文艺晚会或综艺节目，无论电视台、电台是否是主办单位，在录播前必须按规定向国家广电总局进行申报。

（5）为加强监管的力度，总局“收听收看中心”将负责对节目进行监看，并及时向有关部门通报信息。

（6）坚决制止违规、违纪行为。对违反规定的单位，一经查实，将根据违规、违纪情节予以处罚：①警告；②暂停聘用境外演艺人员参与节目制作资格；③停办该栏目；④全系统通报批评。

§72. 涉法涉案类节目（涉案剧）有什么主要管理规定？

涉法涉案类节目（涉案剧）在新闻传播活动中居于重要的地位，对促进社会主义民主与法制建设，维护政治稳定和社会安定，提高全民族的法律意识和法治观念具有十分重要的作用。有关部门曾经下达过不少行政规章和规范性文件，加强对此类节目的管理。包括：

第一，遵循新闻传播活动的基本方针。如：遵循为人民服务、为社会主义服务的宪法原则，坚持在政治上同中共中央保持一致，团结、稳定、鼓劲，正面宣传为主等方针，努力以正确的舆论引导人，正确处理社会效益和经济效益的关系，把社会效益放在首位等。

第二，要注意社会效果。案例报道要选择各种类型中有典型性的、教育意义的案例，取得积极的社会效果。叙述案情要避免“黄”、“暴”情节。不得过细描写或渲染作案手段。不得渲染凶杀场面和涉及色情内容的案件过程和细节。

第三，保守检察、公安侦查的秘密。司法公开，是指对依法公开审理的案件在进入审判程序以后予以公开审理，侦查事项不得公开。《保守国家秘密法》把“维护国家安全活动和追查刑事犯罪中的秘密事项”明文列为国家秘密，所以正在侦查的案件一般不作报道，个别影响较大、必须报道的，经案件侦查部门及上级主管机关审核同意后，可先发消息，案件终结后再作详细报道。但是，不得暴露侦查手段，特别是使用特情和技术侦查措施的情况，不得使用公安工作内部用语。不得过细描写审讯方案、策略、技巧。不得具体报道看管关押犯罪嫌疑人场所的建筑格局、安全和警戒设施以及安装、使用监控技术的情况。不得透露这些场所警力、武装兵力、值班、执勤情况和处置突发事件的预案。不得报道这些场所关押人员数字及情况。

第四，尊重案件当事人权利。根据刑事诉讼法确立的原则，任何人未经法院判决，不得确定有罪，任何公民涉及刑事案件，在交付法庭审判之前称“犯罪嫌疑人”，在交付法庭审判以后称“被告人”，判决有罪后称“被判刑人”，交付执行后称“被执行人”，判决有罪生效后才能称“罪犯”。在侦查期间的包括已经采取强制措施的犯罪嫌疑人一律不准用“罪犯”、“犯罪分子”、“案犯”、“人犯”等称谓。对当场抓获的作案者除用“犯罪嫌疑人”外，可以酌情用“歹徒”、“凶手”、“暴徒”、“作案者”等词语。不得公开未成年犯罪嫌疑人和犯罪人姓名、住址及图像等资料。在未征得被害人、检举人、证人同意之前不得公开他们的姓名、住址、工作单位及图像。不得刊播卖淫妇女以及被拐、被骗的受害女性的照片（正面）、姓名及图像。

2007年，广电总局办公厅发出《关于认真贯彻落实关于进一步加强和改进广播电视法制宣传工作意见的通知》（广办发宣字〔2007〕46号）指出：

《广电总局关于进一步加强和改进广播电视法制宣传工作意见》（广发〔2006〕43号）下发以来，各级广播影视行政部门和播出机构认真学习，统一思想，检查清理，整改规范，广播电视法制节目总体情况良好。但是，仍有个别电视台没有很好把握文件精神，有的频道偏离定位，擅自引进播出涉及刑事犯罪案件的纪录片等节目；个别非法制类节目扩大选题范围，擅自播出刑事犯罪案件节目，内容含有凶杀、暴力、恐怖情节和场景。为认真贯彻落实《意见》精神，严肃宣传纪律，纠正违规行为，现通知如下：

（1）各级广播影视行政部门和播出机构要正确认识广播电视法制宣传的重要性和必要性，牢固树立政治意识、大局意识、责任意识和阵地意识，认真贯彻落实《意见》精神，切实增强责任感和使命感，切实考虑广播电视法制节目的社会效果，严格防止追求猎奇刺激和娱乐化倾向，为构建社会主义和谐社会营造良好的法治环境和舆论氛围。

（2）各频道（频率）尤其是青少年频道、少儿频道，要正确定位，牢牢把握正确舆论导向，加强选题管理。要严肃宣传纪律，规范宣传行为，对未成年人的面部图像要做彻底的技术掩盖处理，对其声音也必须作严格的技术处理。不得炒作个别恶性案件；不得渲染凶杀、暴力、色情、恐怖等情节和场景；不得对犯罪行为、作案手段、犯罪心理做过细描写和分析；不得使用隐蔽拍摄、录音的表现手法，不得对犯罪细节进行情景再现。

（3）经济类、生活类、服务类、娱乐类等非法制类宣传节目，要准确把握节目宗旨，不得擅自扩大选题范围，一般情况下，不得引进、制作、播出涉及刑事犯罪案件的节目。

（4）不得全文引用案卷内容，不得披露政法机关办案细节，不得暴露侦查手段，不得描述审讯方法、策略、技巧，未经许可，不得公开侦查人员的照片、图像、姓名、家庭住址及其亲属的有关情况。严禁泄露情报来源、获取手段、交换方法以及侦查（侦破）工作思路及方案，通过秘密手段获取的证据和技术鉴定工作等情况；严禁泄露行动技术、勘验对比、堵截警力部署、互联网技术侦控和网络定位技术手段等内容。

（5）各级广播影视行政部门要加强对法制宣传工作的领导，切实履行管理职责，及时掌握工作动态，深入调查研究，完善规章制度，明确管理责任。要加大广播电视法制类节目的收听收看工作力度，及时监督检查，及时发现问题，及时采取措施。

（6）各省（区、市）广播影视行政部门和中央三台、中国教育电视台要严格按照《意见》要求，对所属广播电视播出机构的节目进行一次检查清理，发现问题，及时整改，并将检查清理情况上报于总局宣传管理司。

对于涉案剧，2004年4月19日国家广播电影电视总局发出《关于加强涉案剧审查和播出管理的通知》（总局部委号49号）指出：

为了贯彻落实中共中央、国务院《关于进一步加强和改进未成年人思想道德建设的若干意见》，为未成年人健康成长营造良好的舆论氛围，进一步净化荧屏，把涉案题材的警匪剧的负面作用减少到最低限度，进一步规范对这类题材电视剧的审查和播出工作，现通知如下：

（1）所有电视台的所有频道（包括上星频道和非上星频道）正在播出和准备播出的涉案题材的电视剧、电影片、电视电影，以及用真实再现手法表现案件的纪实电视专题节目，均安排在每晚23：00以后播放，特殊需要的需向总局专项报批。

（2）各省级电视剧审查机构对涉案题材的电视剧、电影片、电视电影要加强审查把关，特别是对表现大案要案，或表现刑事案件的电视剧、电影片、电视电影、电视专题节目中展示血腥、暴力、凶杀、恐怖的场景和画面，要删减、弱化、调整。

（3）各级电视播出机构对以真实再现手法表现案件的纪实电视专题节目要严格控制，对涉案题材的影视作品的播出数量要大幅度削减。

（4）各有关管理部门要严格控制引进境外涉案题材的电视剧和电影片数量。

（5）各级广播电视行政部门要加强对涉案题材的电视剧、电影片、电视电影的题材规划审查，严格控制题材数量。

2008年9月广电总局电视剧司发出《关于涉案剧播出时段范围的说明》（剧审字〔2008〕38号）指出：

今年初广电总局下发关于涉案剧报总局终审的通知后，为切实做好涉案题材电视剧的审查工作，总局电视剧司根据当前各类涉案电视剧创作的实际情况和内容特点，结合以往的审查经验，经研究将涉案剧大致划分为三种类型，以便更有针对性地加强和规范对涉案剧的审查和播出管理。现就涉案剧播出范围时段有关问题说明如下：

(1) 经总局审查甄别为典型案件剧的，发行许可证上填写“涉案剧规定时段”播出。这类电视剧一律按总局2004年4月发出的《关于加强涉案剧审查和播出管理的通知》规定，在所有电视频道的19：00～23：00以外播出。

(2) 经总局审查甄别为司法、普法、法制宣传类电视剧的，发行许可证上不做限定，按一般题材电视剧播出发行。

(3) 经总局审查甄别为一般涉案剧的，发行许可证上填写“规定时段”播出。这类电视剧在地面频道可由制播双方协商确定适当时段，上星频道黄金时段不得播出。

此外，涉案剧收归总局终审前各地审查发证的涉案剧，凡在发行许可证上注明“规定时段”播出的，仍按2004年总局《关于加强涉案剧审查和播出管理的通知》规定，在所有电视频道的19：00～23：00以外播出。如有特殊需求，可向总局申请重新审查。

2009年，国家广电总局试行《涉法涉案类节目监管细则》：

(涉法涉案类节目监管细则适用于所有涉及民事、刑事和行政案件及其诉讼的节目内容，具体包括普法宣传、法制报道，涉法、涉案的故事类及讲述类节目。对危害公共安全或涉及人权保护的报道底线进行了较为详细的规定。本细则(1)～(6)项为基本要求，(7)～(35)项为具体规定。其中，(7)～(11)项为有关侦查，(12)～(16)项为有关诉讼，(17)～(20)项为有关严重危害公共安全案件，(21)～(26)项有关于血腥、淫亵及不雅，(27)～(28)项有关个人隐私，(29)～(35)项有关报道手法。

一、基本要求

(1) 宣传国家宪法和法治精神，普及法律知识。全面、系统地报道国家法制建设进程、成果以及政法英模事迹；维护法律权威性和严肃性；不得干扰司法机关独立办案；不得片面报道法制进程中的问题。

(2) 提高公民的法制意识、维权观念与防护能力；揭露、打击违法犯罪行为。维护社会稳定。不得炒作和过度渲染某些恶性案件，造成公民安全感缺失。

(3) 弘扬社会正气，树立和传播社会主流价值观。不得违背公共利益、传统美德和优良的社会习俗。

(4) 把握报道尺度，防止诱导犯罪。不得具体描述违法犯罪过程、细节、手段和技巧。

(5) 严守客观、公正、真实、均衡的原则。不得充当法官、警察的角色，不得做诉讼任何一方的代言人。

(6) 完整、准确地诠释法规。不得片面、错误地解读或传播法制信息，造成法律概念和维权意识的混乱。

二、具体规定

（一）关于侦查

（7）不得泄露公检法、安全、监察等有关机关办案细节、侦查手段、审讯方法、策略及技巧。严禁泄露涉案情报来源、获取手段和交换方式，严禁泄露侦破工作思路及方案，严禁泄露通过秘密手段获取的证据和技术鉴定工作，严禁泄露行动技术、勘验对比、警力部署、互联网技术侦控等。

（8）严禁报道属于国家秘密的信息。确需报道不属于国家秘密的其他秘密信息，须经宣传主管部门和掌管此项秘密信息的主管部门批准。

（9）不得公开办案人员的照片、图像、姓名、住址及其亲属的有关情况，确需报道须经案件主管部门许可。

（10）与警方合作的纪实类节目，须经省级以上（含省级）公安部门同意。

（11）涉及国家安全、民族、宗教、港澳台及国际关系的重大案件的报道、新闻稿件和影像资料须经办案部门和宣传主管部门审核同意方可播出。

（二）关于诉讼

（12）在侦破、检控、审理阶段，媒体不得通过给案件定性，给嫌疑人定罪，或以倾向性的报道和评论干扰、干预法院的判决。

（13）报道一般不应对法院判决公开质疑，对法院判决明显失当的案例，可适当进行舆论监督。

（14）媒体应尊重被告人的合法权利，不得违反无罪推定原则，不得越位评判。

（15）不得干预民事纠纷和经济纠纷的调解。

（16）不得报道不公开审理的案件。

（三）关于严重危害公共安全案件

（17）突发恶性案件未经政府相关职能部门和新闻主管部门批准不得擅自报道。经有关部门批准后，应当报道政府职能部门发布的权威信息。

（18）严格控制对绑架、劫持人质、爆炸、投毒、纵火等事件的报道，不得与当地新闻主管部门规定的统一口径相悖。

（19）不得就使用违禁药物、伤害性化学制品、枪支弹药做详细报道。

（20）不得描述黑恶组织内部的术语、仪式、手势等。

（四）关于血腥、淫亵及不雅

（21）不得渲染暴力、血腥、性犯罪或其他变态、虐待、极端痛苦等情节和场景，不得出现死难者的特写镜头。

（22）涉及虐待妇女、儿童、老人等的施暴题材，不得采用渲染手法进行过度描述。

（23）禁止展示以虐待、杀戮动物取乐的情节、场景。

（24）不得展示男女性器官，不得宣扬性挑逗、性暗示、淫亵、下流等内容，不得表现群交、乱伦、同性恋等不正当性行为和性取向。

（25）不得以揭露赌博、吸毒为由展现赌博、吸毒的过程。

（26）不得以揭示人物命运、社会矛盾、家庭冲突等为由，传播暴力文化。

（五）关于个人隐私

（27）不得侵犯公民的隐私权、名誉权和肖像权。未经当事人允许，不得披露住址、婚姻关系、电话、手机短信等个人信息。不得披露性侵害案件的受害人、艾滋病病人、收养关系当事人的身份。不得出现卖淫妇女及被拐骗女性的姓名、肖像、声音。不得公开报道被害人、报案人、控告人、举报人、证人的姓名、家庭住址、工作单位、肖像、声音等。如播出需要，对他们的肖像和声音必须经过必要的技术处理。

（28）庭审直播节目除征得法院同意外，还要征得当事人的同意。

（六）关于报道手法

（29）不得采取非法和不道德手段进行涉案采访报道。在通常情况下不得采用隐蔽拍摄、录音等“隐形采访”手段。

（30）在通常情况下，禁止对犯罪细节和破案细节采用“情景再现”的手段。

（31）不得美化犯罪。不得以娱乐、同情的手法描绘罪行，避免渲染犯罪分子犯罪手段的高明，讥讽执法部门的无能。对犯罪心理不做过细描述。

（32）不得以戏剧化、游戏化的手法模拟法庭控辩，混淆庭审概念。

（33）涉及自杀的题材，不得详细介绍自杀的手段。现场报道自杀案件应注意立场和态度，不得反复播放自杀过程的慢镜头。

（34）不得违背客观、公正的报道原则。不得使用虚假信息，不得编造虚假案例（事件）。不得为提高宣传影响力而夸大法制建设成绩。

（35）不得对案件的直接或间接关系人采用讥讽或侮辱性的报道方式。

§73. 谈话故事类节目有什么主要管理规定？

2009年，国家广电总局试行《谈话故事类节目监管细则》：

谈话故事类节目监管细则适用于访谈、讲述、情感、故事类节目，就谈话故事等类节目的选题范围、节目形式、嘉宾素质等应掌握的最基本要求进行了规定。本细则（1）~（6）项为基本要求，（7）~（30）项为具体规定。其中，（7）~（15）项有关话题及内容，（16）~（19）项有关表现手法，（20）项有关权益保护，（21）~（24）项有关嘉宾，（25）~（29）项有关主持人，（30）项有关节目互动。

一、基本要求

（1）坚持正确的价值取向，用社会主义荣辱观引领时代风尚。关注与广大群众密切相关的国计民生及社会热点问题，传播人间真情、爱心、公义、公理，促进社会和谐进步。

（2）提高政治意识，坚持“守土有则”，不给观点错误的言论提供讲坛。

（3）自觉发挥党、政府与人民群众之间联系的桥梁作用，正确、全面地宣传、解读党的方针政策，不得激化社会矛盾，放大负面消极的社会情绪。

（4）严格遵守报道真实性原则，节目中表现的真实人物和事件应客观、准确，不得以各种形式造假。

（5）坚守媒体伦理准则、维护媒体公信力。坚持善意表达、不得恶意炒作、不得任由场面失控。对于有意见分歧的事件，应公平、公正地尊重各方的表达权。

（6）采取正面、生动、多样的表达方式弘扬优秀文化、优良品格和美好情感。反对迎合低级趣味、猎奇心理，展现人性之中阴暗、不雅、畸形、变态的部分。

二、具体规定

（一）关于话题及内容

（7）选题要正确，不得涉及与党的政策和宣传口径相悖的观点、信息及其他不适宜公开讨论和传播的话题。

（8）不得在政治性访谈节目中加入娱乐元素，破坏节目的严肃性；涉及国际关系的谈话不得随意点评或调侃国际事件、他国领导人与公民。

（9）选题要健康。不得无批判地渲染错误的思想、观点，正不压邪。不得传播丑恶、迷信、下流、无耻，不得模糊是非、荣辱的基本界线，不得无益于全社会形成良好道德风尚。

（10）杜绝低俗、无聊。不得猎奇，不得设置“同性恋”、“性解放”、“一夜情”等违背传统道德的话题。不得炒作“包二奶”、“闪婚”、“婚外恋”、“早恋”“代孕”、“变性人”等话题。不得渲染家庭暴力，报道上述话题必须予以道德引导。

（11）不得持续、反复地使用反映社会负面现象的话题素材。杜绝展示因亲情矛盾、家庭纠纷导致的极端行为、过激言论、“揭伤疤”或恶性案件。不得过分渲染悲情、绝望等颓废的人生观或灰暗情绪等精神垃圾，不得放大不良社会情绪。

（12）不得带有炫富色彩和渲染仇富心理。不得歧视弱势群体。

（13）不得炒作有争议的网络热点人物和热点事件，对网络上传播的畸形价值观和畸形审美观要有正确的态度和立场。

（14）故事类栏目不得展示血腥、暴力和色情，涉案类话题表达需遵循涉法类节目监管细则。不得只讲故事情节和人物命运，而忽视法制宣传和道德引导。

（15）不得播出涉及性生活、性经验、性体会、性器官和性药功能等内容。

（二）关于表现手法

（16）不得在讲述真实人物与事件时添加虚假、离奇的故事情节，摆拍经过导演的对话，模糊真实本质、愚弄受众。

（17）为节目需要，运用“情景再现”手法，要有明确标注，不得在“情景再现”环节展示丑恶、颓废、血腥、暴力、污言秽语、性放纵。经过“情景再现”改编、演绎的真实人物的故事，不得再使用真人原型及发生地画面和真实姓名。

（18）不得无批判地转述网络上的垃圾文化及信息，渲染不雅内容。

（19）不得使用超大字幕和怪异音响。

（三）关于权益保护

（20）尊重和保护公民权利。未经允许，不得偷拍、暴露、侵犯个人隐私。避免给当事人身心、名誉、生活造成不良影响甚至伤害。

（四）关于嘉宾

（21）不得邀请有丑闻、劣迹或持不健康价值观的人为嘉宾。不宜选择变性人、同性恋者、偏执型性格者等边缘人物为嘉宾。对曾经有过犯罪记录的人作为嘉宾要从严掌握，需报总局批准。

（22）严禁嘉宾讲粗话、讥讽、谩骂、诋毁他人甚至进行人身攻击。嘉宾间不得互相吹捧，互冠不实称谓。

（23）不允许嘉宾在节目现场出现公然冒犯社会基本道德准则的行为、出现斯打或其他过激行为。

（24）嘉宾不得穿着过分暴露或样式怪异的服装，蓄样式怪异的发型。

（五）关于主持人

（25）不得偏离媒体角色定位。不得以自我为中心或自我炒作，以个人好恶取代公众的普遍要求。

（26）言谈举止、服饰造型不得偏离节目定位。不得任意表现、喧宾夺主、转移观众视线、偏离节目主题。

（27）不得故意刺激、为难嘉宾，不得强迫他人回答隐私和难堪问题，或设置谈话陷阱。

（28）在有境外嘉宾参加的节目中，要尊重其人格，尊重其文化风俗习惯，不得以国别、民族差异、肤色特点、语言差异等随意调侃。

（29）不能随心所欲，乱开玩笑，或口无遮拦、随意评论。更不得讲脏话、下流话。

（六）关于节目互动

（30）新闻访谈节目一律不得开设电话和手机短信参与的有奖竞猜活动。

§74. 综艺娱乐类节目有什么主要管理规定？

（2009年，国家广电总局试行《综艺娱乐类节目监管细则》：

（综艺娱乐类节目监管细则适用于各种形式的综艺和娱乐类的节目，具体包括综艺栏目类、群众参与的选拔类节目、比赛类、竞技类、娱乐谈话、纪念颁奖晚会、栏目剧、情景剧及其他真人秀等。本细则（1）~（6）项为基本要求，（7）~（48）项为具体规定。其中，（7）~（15）项有关选题及内容，（16）~（19）项有关表现手法，（20）~（27）项有关主持人与嘉宾，（28）~（31）项有关互动方式，（32）~（35）项有关栏目剧，（36）~（42）项有关群众参与的选拔类节目，（43）~（48）项有关其他真人秀。

一、基本要求

（1）坚持正确健康的价值取向、审美取向和优秀文化传统。要有利于振奋民族精神、陶冶高尚情操、提高审美情趣、培养文明生活方式、引导人们追求真善美。

（2）坚持用社会主义核心价值体系，融会贯通各类节目形态，传承优秀传统文化和民族文化。反对偏离现实生活主流。坚决禁止颠覆优秀传统、歪曲历史事实、恶搞英雄人物、亵渎文化经典、调侃崇高精神。

（3）坚持社会效益第一原则，反对过度商业炒作和商业化。不得以高额奖金、物质刺激诱发社会博彩投机心理。

（4）以多样化的艺术形式愉悦身心，营造和谐向上的社会文化氛围。要寓教于乐，反对“娱乐至死”等错误思潮；反对迎合少数人的窥私、猎奇与审丑心理等低级趣味。

（5）要坚决抵制拜金主义、享乐主义和极端个人主义。不得表现奢靡铺张、豪华排场、畸形感官刺激、空虚无聊、阴暗心理及人性弱点。禁止开设麻将类、网络游戏类节目。

（6）要尊重少数民族的风俗习惯和宗教信仰，严禁以各种形式恶搞、调侃、讥讽。

二、具体规定

（一）关于选题及内容

（7）不得以窥探、挖掘明星或他人隐私为节目基本定位，严禁炒作名人绯闻秘史，艺人丑闻及网络垃圾，不得有侮辱、歧视他人和侵犯他人隐私的内容。不得炒作名人及艺人的婚恋、生育、纠纷以及奢华的生活方式。不得宣扬“追星”、“一夜成名”、“一夜暴富”、“急功近利”、“厚颜无耻”等观念。不得把荧屏声频变成个人表现平台和私人聊天室。不得为艺人商业炒作推波助澜。

（8）不得以不雅话题互相调笑，毫无顾忌地谈论性话题。不应设计包含不健康举止的、性骚扰和冒犯人格的游戏和节目。

（9）除少数民族展示本民族特色活动外，不得播出光脚踩热铁片、吞竹扦、上刀山、下火海、咬烧红的铁扦等画面残忍的特技。不得播出危险程度高、恶意整人、易被青少年模仿的游戏项目。

（10）不得开办“魔术揭秘”类节目，对表现危险、血腥的真人魔术不得在黄金时间播出。

（11）不得侵犯电影、电视剧及其他文艺作品的知识产权。

（12）不得恶意评价广播影视节目。不得播出不利于广播影视事业形象的言论或引用不负责任的网络论点和未经证实的消息流言。不得专门截取影视片断及差错，加以恶意夸张放大、贬损他人、抬高自己，吸引观众注意。

（13）在歌曲歌词与舞蹈语汇中不得表现颓废、消极情绪，不得渲染另类爱情观和不健康的生活态度。严禁播出带有性挑逗、色情含义的内容。

（14）不得播出未经批准引进的境外娱乐节目，包括完整节目或节目片段。

（15）不得将戏曲表演中明显带有或暗含色情、暴力、粗俗、审丑、下流的台词、动作未加删改，直接播出。

（二）关于表现手法

（16）不得以恶搞、整人娱乐观众。不得故意刺激、为难嘉宾，不得在节目中打闹、闲聊、讽刺他人、相互吹捧或粗俗地反串。禁止用粗俗恶搞字幕和夸张怪异音响来增加娱乐性。

（17）不得有视觉不雅、言语粗俗、审丑环节、以暗示和象征引起观众不快与反感的言语举止。杜绝造成强烈感官刺激和精神刺激并致老年人、青少年身心不适的背景音乐、音效及画面。不得出现污言秽语的影视剧片断和过度惊悚镜头。

（18）不得颠覆、歪曲、戏说、胡编乱演红色经典、文学名著、寓言典故和正面历史人物等。

（19）不得播出参演人员带有文身的画面。不得使用特写、慢镜头、定格等手法凸显粗俗不雅画面。杜绝有性挑逗、性暗示性质的画面与音效。

（三）关于主持人与嘉宾

（20）主持人之间不得有性暗示、性挑逗或打情骂俏的动作和语言。

（21）要讲普通话，不得刻意模仿港台主持风格和语言，一般不得使用方言，不得随意夹带不必要的外语及外语缩写；不得滥用网络用语。

（22）不得穿着过分暴露和样式怪异的服装；避免佩戴带有明显不良含义标识图案的服饰。主持人的发型不得古怪夸张，不得将头发染成五颜六色。

（23）不得片面追求播出轰动效应，设立丑陋、怪异的虚拟节目主持人。

（24）未经总局批准，不得邀请港澳台及外国演艺人员、文化名人作为节目主持人与嘉宾。

（25）在有外国演员、选手、嘉宾参加的节目中，要尊重其人格，尊重其文化风俗习惯，不得以肤色特点等随意调侃。

（26）主持人要定位准确，增强社会责任意识，善于处理节目中的突发问题。主持人不得在节目中表达私人感情、好恶，不得刻意表现自己，主持词要简短，不得对选手、嘉宾、评委或其他表演者使用过于亲昵的私人称谓。主持人之间不得相互挖苦、吹捧、调情。

（27）评委、嘉宾要具备权威性和专业性，要业界公认，要具备良好的个人品德和文化涵养。评委嘉宾点评要公正、专业、恰当、简短，要引导观众提高艺术鉴赏水平，不得谈论与选拔本身无关的内容，不得利用评委或嘉宾身份自我炒作、相互吹捧、借机诉苦、发泄不满。着装、发型要得体。

（四）关于互动方式

（28）不得以高额奖金奖品刺激听众观众收听收看节目。

（29）不得设立带有博彩性质的短信问答。互动回答问题不得过于简单幼稚，要有文化、智力含量。详细竞猜规定参与科教文化类节目监管细则。

（30）不得以滚动字幕等方式播出粗俗或带隐私性的短信内容。

（31）不得以高额奖金奖品吸引群众报名参与节目。

（五）、关于栏目剧

（32）栏目剧的题材要防止“边缘题材主流化”。不得宣传与普遍伦理道德相悖的不健康情感、另类生活方式，不得讥讽遵纪守法、反腐倡廉，不得歪解优秀的传统文化和历史事实。不得播出颠覆传统家庭观、基本社会价值观的剧情。

（33）不得有不雅、不文明或引起观众视、听觉反感的语言动作，要注意符合公众的审美习惯，原则上演员要使用普通话。

（34）涉案栏目剧不得在黄金时段播出。

（35）不得将负面新闻、极端事件原样翻拍为栏目剧，甚至添枝加叶，扩散负面影响。

（六）关于群众参与的选拔类节目

（36）群众参与选拔类节目包括各级电台、电视台制作播出的面向社会招募、组织选手参与的各类大赛、比赛、评奖、竞技及其他公布排名、获奖结果的广播电视活动和节目。

（37）各省级、副省级电视台上星频道举办、播出群众参与的选拔类活动原则上每年不超过一项，每项活动播出时间不超过两个月，播出场次不超过 10 场，每项活动播出时间不超过 90 分钟。其中决赛的最后一场可以采用现场直播方式，并至少延时 1 分钟播出。各省级、副省级电视台上星频道所有群众参与的选拔类活动不得在 19：30 至 22：30 时段播出。举办群众参与的选拔类活动的后续巡演等各类活动，不得在各级电视台上星频道播出。

（38）环节设计必须紧扣选拔内容，主持人的主持词、评委点评、选手感言、亲友抒怀、插播画面等内容要大量减少，总时长不得超过整个节目的 20%。选拔本身内容必须占整个节目时长的 80% 以上。歌唱类（外国歌曲专题比赛除外）比赛中，每场演唱国内歌曲比例要占 75% 以上。

（39）选手的台风、语言、发型、服饰要符合大众审美观念。要对选手进行严格筛选，不得选用品德低劣、素质低下的选手。要表现选手坚强、成熟、自立、健康、向上等精神风貌。不得制造噱头、刻意煽情和渲染悲切情绪，不得在节目中传播或暗示选手的负面消息和流言。选手年龄必须在 18 周岁以上。举办有未成年人参与的选拔类活动必须向总局单独报批。

（40）各级电视台上星频道或地面频道邀请境外人士作为嘉宾主持、评委、演员和策划加入群众参与的选拔类活动和节目制作，需按规定单独报总局批准。

（41）要设立科学的评选标准和赛事规则。不得采用手机投票、电话投票、网络投票等任何场外投票方式。不得利用手机短信发表感言等互动方式，制造有利于或不利于某些选手的舆论，影响评选最终结果。场内投票方式要公开、公平、公正，不得以各种方式误导、诱导观众投票。各种群众参与的选拔类活动一律不得设奖金奖品。

（42）以上播出时段、节目内容、选手、主持人、评委、嘉宾、投票方式等要求适用于各级电视台凡有群众选拔、嘉宾互动、评委参与、设置排名、晋级的固定栏目。

（七）关于其他真人秀

（43）不得侵犯知识产权，不得照搬西方真人秀的模式。不得引进违背我国优秀传统伦理道德、描写阴暗心理、表现人性丑陋以及伤风败俗的等西方真人秀节目。对境外真人秀节目进行本土化的改造，必须符合中国人的欣赏习惯。

（44）游戏环节设置不得离奇、走偏。不得用贬损、歧视的词语和动作表现宗教信仰、民族习俗、婚丧嫁娶等热闹。不得有表现夫妻性生活或暗含暧昧内容的语言、字幕、动作。

（45）挑战类节目不得设置超过一般人行为能力的体验或比赛环节。

（46）禁止播出群众参与的整容变性类真人秀节目。

（47）脱口秀表演不得出现不端仪态、污言秽语等不文明行为。

（48）体验类情景剧与体验类野外活动环节设置不得超出常人所能接受的心理、生理底线，不得过分为难选手；不得涉及暴力、血腥、凶杀、黑社会、吸烟、吸毒、酗酒、赌博、恐怖、颓废、性爱、滥情等。

§75. 未成年人节目有什么主要管理规定?

2009 年，国家广电总局试行《未成年人节目监管细则（讨论稿）》：

未成年人节目监管细则适用于所有涉及未成年人收听收看的节目内容。本细则（1）~（10）项为基本要求，（15）~（49）项为具体规定。其中，（11）~（14）项有关世界观，（15）~（16）项有关行为、仪态，（17）~（26）项有关暴力和危险动作，（27）~（30）项有关情爱话题，（31）~（34）项有关保护未成年人隐私，（35）~（44）项有关未成年人节目导向，45 项有关语言文字，（46）~（49）项有关少儿节目主持人。

一、基本要求

（1）自觉遵守国家保护未成年人法律法规，从培养中国特色社会主义事业合格建设者和可靠接班人的高度，从对社会家庭和广大未成年人切实负责的高度，贯彻落实净化社会文化环境工作任务，切实保护未成年人各项合法权益，促进未成年人健康成长。

（2）教育引导未成年人增强爱国情感，树立崇高理想，确立远大志向，培养健全人格，全面提高思想道德素质、科学文化素质和身体心理素质。坚决抵制一切不利于形成健康向上的社会环境和舆论氛围的内容。

（3）积极反映未成年人乐观向上的精神面貌，提倡和推介良好的社会公德和个人品德，培养未成年人良好的生活习惯和行为规范。坚决抵制一切有害于未成年人健康成长的思想倾向、价值取向、人生态度的内容以及与爱国主义、集体主义、社会主义和中华民族精神相悖的思想观念、道德标准和生活理念。

（4）根据未成年人的年龄、性别、心理特征、收看习惯等精心编排不同年龄段的未成年人节目。不得偏离未成年人节目的定位，播出迎合成人观众趣味的节目。

（5）节目内容和整体氛围应健康、积极、美好，节目形式和人物形象应美丽、可爱、有亲和力，体现健康、高雅的审美情趣，慎重使用时尚前卫的服装、服饰、发型等。

（6）要注意保障未成年人的合法权益，尊重未成年人的人格尊严，不得出现损害未成年人享有的生存权、发展权、受保护权、参与权、隐私权等权利的内容。不得播出带有任何民族歧视、地域歧视、宗教歧视、性别歧视内容的节目。致力于促进社会各界对未成年人的持续关注，尤其要在经济、文化、心理和生理上保护处于弱势的未成年人。

（7）防止渲染血腥和暴力，避免出现未成年人易于模仿的危险动作和技巧，谨慎处理可能使未成年人惊恐、丧失勇气或者令其情绪不安、感到痛苦的情节、声音和画面。坚决禁止含有暗喻色情、猥亵等不雅的语言和动作。避免出现诱发未成年人吸毒、赌博的情节内容。

（8）要注意维护祖国语言文字的纯洁和规范，坚持使用标准普通话和规范汉字。语言应直白、简洁、自然，让未成年人易于理解和接受。

（9）不得播出电脑网络游戏节目。

（10）在少儿频道播出的动画节目监管参照本细则执行。

二、具体规定

（一）关于世界观

（11）不得宣扬利己主义、拜金主义、享乐主义，以及娱乐至上、游戏人生等消极颓废的思想观念。

（12）不得宣扬与优良传统伦理道德相悖的情感内容，不得表现不良的家庭观和婚恋观。

（13）不得宣扬奢靡铺张、豪华排场等有可能误导未成年人形成不正确金钱观、利益观的内容。

（14）节目中给予未成年人的物质奖励不宜过高，应注意防止助长未成年人的投机心理。

（二）关于行为、仪态

（15）不得播出未成年人赌博、吸毒、吸烟、酗酒的情节、画面和声音，严禁烟酒广告。

（16）不得表现仪态不端、随地吐痰、乱扔垃圾、污言秽语等不良行为举止。

（三）关于暴力和危险动作

（17）对于高处攀爬、水上活动等需经安全培训方可进行的活动应提供防护、安全指导和说明。

（18）对具有危险性或潜在安全风险的行为、活动要明确警示并告知必须在特定安全防护条件下方可进行，并提示严禁未成年人模仿。

（19）不得出现自缢、玩火、捆绑、反锁、闭气、潜水等危险内容；不得描述或展示非正当使用家庭用品，如刀、锤子、剪子、绳索等工具；严禁出现自残、自杀的情节、画面和声音。

（20）不得播出打架斗殴、杀人强奸等动作暴力，不得播出谩骂、侮辱、诋毁等言语暴力和离奇荒诞、有悖人性的残酷行为。

（21）不得详细描写各类犯罪过程，不得渲染帮会、黑社会组织的各类仪式，包括磕头结拜、歃血盟誓等。

（22）在未告知的情况下，不得让未成年人参与模拟走失、盗窃、纵火等有可能给未成年人造成心理阴影的情境。

（23）不得播出可能引起未成年人恐惧联想的心理变态和精神疾病的节目。

（24）不得播出恐怖的妖魔灵异、骇人的自然现象、惨烈的战争场景、悲惨的疾病场景、死刑酷刑场景等。

（25）必须含蓄、简短地表现“死亡”相关内容。

（26）尽可能减少描写抑郁、悲伤等不愉快的画面、声音、文字。

（四）关于情爱话题

（27）应婉转表现“爱情”相关内容，无须过分突出“爱情”的独特之处，不得渲染未成年人早恋、未婚先孕等话题。

（28）不得出现与性爱相关、描写男欢女爱的情节、画面和声音。

（29）坚决制止各类性暗示、性挑逗以及打情骂俏等低俗内容，不得宣扬性自由、婚外恋、一夜情、同性恋等行为。

(30) 坚决制止在保健、药品等专栏节目中谈论性内容，广告节目不得让未成年人陈述带有性暗示的广告词。

(五) 关于保护未成年人隐私

(31) 未成年人犯罪案件一般不予公开报道，特殊情况需要报道的，要严格保护未成年人的姓名和肖像隐私权，要采取必要的技术手段加以处理。不得披露未成年人的姓名、住所、照片、声音、图像以及可能推断出该未成年人的资料。

(32) 采访作为涉案见证人、知情人的未成年人时，不得施压甚至逼迫他们接受采访。

(33) 采访未成年人不得质问或引诱未成年人说出家庭隐私，不得要求未成年人表达超出他们判断能力的观点。

(34) 不得过度渲染未成年人的痛苦、悲伤、绝望，不得迫使心情悲伤者参与节目或接受采访，不得刻意暴露人性弱点、人生悲剧和性格阴暗面。

(六) 关于未成年人节目导向

(35) 不得播出没有任何现实基础或科学基础，展示漫无边际、琐碎无聊的夸张与想象的节目，不得胡编乱造妖魔鬼怪、上天入地、得道成仙、灵异现象等。

(36) 国产原创少儿节目除剧情需要外，不得使用国外人名、地名、服装、形象、背景等。

(37) 人物形象、动画形象、人偶形象，包括节目中出现的反面形象，不可过于丑陋、怪异、恶心、恐怖。

(38) 不得出现对动物施予暴力行为的情节、画面，避免展示动物受伤害或受虐待的场景。

(39) 不得出现颠覆优良传统、恶搞英雄人物、亵渎文化经典、调侃崇高精神的语言、画面和情节。不得调侃、歪曲、戏说、篡改红色经典、文学名著、寓言典故。

(40) 不宜播出各类低俗恶搞、戏弄整人的无聊游戏节目。不得出现迎合少数观众不健康猎奇、窥探、审丑心理的情节和画面。

(41) 要防止演出内容成人化、形象设计成人化、风格走向戏谑化等不良倾向。谨慎处理前卫、另类的装扮、装饰，如文身、鼻环、露脐、彩妆等。未成年人参与节目不得浓妆艳抹、过度妆饰。

(42) 要正确引导未成年人的明星梦，不得营造“众星捧月”的氛围，不得过度宣扬童星效应。

(43) 不鼓励未成年人作为观众参与与其年龄不符的成人节目。

(44) 不得以各类游戏的名义诱导未成年人通过收费短信和电话盲目参与节目。

(七) 关于语言文字

(45) 净化语言文字环境，不能使用粗话脏话。倡导文明用语、规范用语，对各种流行、时尚用语的运用要仔细审核，各类亚文化词语要谨慎使用。

(八) 关于少儿节目主持人

(46) 少儿节目主持人的主持风格、语言应符合未成年人心理特征，避免成人化。

(47) 少儿节目主持人不宜穿着过分暴露和样式怪异的服装，发型不宜古怪夸张，不宜将头发染成五颜六色。

(48) 少儿节目主持人不得模仿不雅的主持风格，更不得为迎合少数观众的猎奇心理、畸形心态而极尽夸张怪诞的言行与表情。

(49) 除特殊需要外，少儿节目主持人必须使用普通话，不要以追求时尚为由，在普通话中夹杂外文。

§76. 科教文化类节目有什么主要管理规定？

2009 年，国家广电总局试行《科教文化类节目监管细则（讨论稿）》：

科教文化类节目监管细则适用广播电视科技、教育、文化、体育、专题、纪录片类节目，包括自然与社会科学知识普及、技术创造发明成果、社会、人文、历史、文化、文物、民族、教育和体育等内容。本细则（1）~（6）项为基本要求，其中，（7）~（38）项为具体规定。（7）~（9）项有关民族、宗教问题，（10）~（15）项有关科普宣传，（16）项有关文化遗产节目，（17）~（21）项有关体育节目，（22）~（24）项有关讲坛类节目，（25）~（27）项有关国防教育节目，（28）~（38）项为有关知识问答和竞猜类节目。

一、基本要求

(1) 科教文化类节目要宣传国家科教兴国战略，普及科学知识、倡导科学方法、传播科学思想、弘扬科学精神，致力于提高全民族科学文化素质和精神文明程度。

(2) 大力宣传辩证唯物主义和唯物史观，传播科学的世界观和方法论，划清唯物论与唯心论、无神论与有神论、科学与迷信、文明与愚昧的界线，在全社会营造追求真理崇尚科学、反对愚昧、抵制各种歪理邪说的良好氛围。

（3）坚持严肃、认真的科学态度，用科学的手段和方法来揭示自然现象和事物。积极展现科学技术的巨大作用。努力培养全民族对科学创造的浓厚兴趣与探求精神。反对非理性盲从与非系统思维。

（4）积极推进社会主义先进文化建设。从民族生存和发展的高度，挖掘、整理、传承和弘扬民族优秀传统文化资源。反对无视传统地解构历史。

（5）积极吸收世界优秀文化成果，借鉴各个国家民族与地区的文化发展模式，去粗取精，去伪存真，不得盲目崇拜西方文化。

（6）将弘扬民族文化和建设和谐文化有机结合起来，将提升国家文化软实力与整合发展文化创新样式有机结合起来，大力弘扬民族自信心、民族文化认同感和优秀民族文化传承的历史责任感。在全社会倡导爱学习、爱读书的良好风气。不得在多元文化中缺失主导引领。

二、具体规定

（一）关于民族、宗教问题

（7）不得违背国家民族政策，不得伤害少数民族的风俗和感情。不得对少数民族的生活习惯、婚姻习俗进行随意恶搞和调侃。严禁使用穆斯林、伊斯兰恐怖分子等伤害穆斯林群众感情的词语。

（8）不得过度宣传宗教文化，不宜炒作宗教活动和宗教人物。

（9）不得违背宗教信仰自由的政策，不要擅自宣传法事等宗教活动，不得搞所谓“宗教搭台、经济唱戏、借神（佛）发财”等宣传活动。

（二）关于科普宣传

（10）不得宣扬封建迷信思想、亵渎科学文明，播出有关巫术、星相、占卜、算命算卦等内容的节目。

（11）不得以赢利为目的播出涉及性生活、性经验、性体会、性器官和性药功能等内容的节目。性知识、性教育节目不得在黄金时间播出，不得直接展示性器官，不得直白描述性行为、性感受等细节，不得反映性变态心理。

（12）防止宣传伪科学，不得报道类似“水变油”等所谓的科学发明。

（13）不得将测谎仪等仪器植入人文类节目，避免对家庭、婚姻、情感等复杂的社会问题进行简单、机械的“裁决”，造成是非不分、善恶不明。

（14）不得偏离科普定位，片面追求视听率，不恰当运用惊悚的配乐、画面及解说词，人为制造神秘、恐怖气氛，削弱科普宣传效果。

（15）不得在实验演示过程中添加无关的、非理性的娱乐元素。

（三）关于文化遗产

（16）不得刻意渲染文化遗产和艺术品的商业价值、商业用途和市场价格。

（四）关于体育

（17）不得只聚焦竞技体育赛事。体育节目要宣传全民健身计划，倡导多样化的群众体育活动，为增强人民体质服务。

（18）不得违背体育精神和道德，不得偏离公平竞赛的原则。不得炒作体育比赛中黑哨、黑幕和暗箱操作等敏感话题。

（19）全面、均衡、客观、理性报道和转播各类体育竞赛和活动。体育报道和评论不得有过激言论，不得煽动体育爱好者的狂热情绪。

（20）不得对运动员和裁判员恶意贬损和侮辱，尊重参赛人员的人格。

（21）不得侵犯体育转播权、干扰重大体育赛事的报道秩序，尊重体育知识产权。

（五）关于讲坛类节目

（22）讲坛类节目不得集中讲述封建社会制度、帝王将相生活、宫廷权术等内容。

（23）不得颠覆唯物史观、解构文化经典和歪曲历史事实，不得人为地贬损或拔高历史人物。慎重处理历史宣传和历史研究的关系。

（24）不得邀请缺乏权威性、专业性的人士担任社科类节目的主讲嘉宾，各类讲坛、论坛节目禁止播出有争议人物的另类观点。

（六）关于国防教育

（25）不得夸大或过度渲染某些军事装备和武器的威力，避免造成负面影响。

（26）不得猜测并炒作军队内部事务，如人员变动、部队换防等敏感话题。

（27）不得照搬国外专题片的画面、解说词，不得出现与我立场相反的观点和内容。

（七）关于知识问答和竞猜类节目

（28）开设电话和手机短信参与的有奖竞猜类节目，须出自节目自身内容需要，须与节目整体风格一致，不得随意编造，不得含有虚假不实内容。

（29）开设电话和手机短信参与的有奖竞猜类节目，应当维护国家尊严、荣誉和利益，弘扬我国优良传统文化，不得含有危害国家统一、主权和领土完整的内容。

（30）不得涉及政治性、敏感性内容。要慎重把握民族、宗教等敏感问题。不得含有煽动民族分裂、亵渎民族风俗习惯、伤害民族感情的内容。

（31）不得冒犯公众利益和人格尊严，不得围绕灾难事件、伤亡事件等负面信息内容设置竞猜题目。

（32）不得含有侮辱、歧视、调侃妇女、儿童、老人、残疾人等内容。

（33）不得含有格调不高、内容不雅、庸俗无聊的内容。必须杜绝色情、淫秽、性暗示和含有暴力、血腥、凶杀、有教唆犯罪之嫌的内容。

（34）不得就法制类节目和涉案、恐怖、凶杀类影视剧设置案件细节、侦破手段、恐怖内容等的竞猜题目。

（35）不得涉及迷信、邪教、伪科学的内容。不得含有解析姓名、出生日期，测算命运等迷信无聊内容。

（36）不得单纯以赢利为目的，设置竞猜题目要体现科学性、知识性、益智性。

（37）在介绍相关奖品时，不能对商品作除名称、商标展示播出之外的其他任何形式宣传。题目设置不得由赞助企业决定。

（38）不得以赈灾、募捐等公益名义开设电话和手机短信参与的有奖竞猜活动。

2009 年 4 月，国家广电总局发出《关于不得播出各类魔术揭秘节目的通知》（广办发宣字〔2009〕73 号）指出：近日，一些电视播出机构制作和播出有关涉及魔术内容的节目，其中一些节目揭秘魔术，以此作为吸引观众的手段，不仅严重伤害了魔术的艺术创作和魔术师的合法权益，而且在社会上造成了不良影响。魔术要给观众带来神奇的艺术享受，其表演方法的隐秘是必要条件，魔术揭秘会伤害魔术创作和魔术师的生存，误导观众对魔术的欣赏。为此，各广播电视播出机构一律不得播出各类含有魔术揭秘内容的节目，并认真清理现有节目，已开播的要立即停播，今后也不得开办此类节目。

§77. 生活服务类节目有什么主要管理规定？

2009 年，国家广电总局试行《生活服务类节目监管细则（讨论稿）》：

生活服务类节目监管细则适用于广播电视财经、生活、服务等节目，具体包括理财、购物、旅游、餐饮、休闲、美容、置业、家装和医疗保健等节目。本细则（1）~（8）项为基本条款，（9）~（31）项为具体规定。其中，（9）~（18）项有关消费服务，（19）~（24）项有关财经资讯，（25）~（27）项有关医疗保健，（28）~（31）项有关其他生活服务类节目。

一、基本要求

（1）要树立积极健康的生活理念，有利于形成科学文明的生活方式，有利于国家经济社会良性运行与协调发展，有利于营造社会主义市场经济发展的良好舆论环境。

(2) 要为人民群众的生产生活服务，把社会效益放在首位，充分体现公益性，避免纯商业化倾向。

(3) 严格遵守党和国家的改革、经济、金融、医疗改革等政策，准确解读和宣传国家改革与发展的各项制度建设。避免政策与制度建设宣传中的片面性或不连贯性等。

(4) 遵循社会主义精神文明建设的各项准则，努力营造稳定和谐、幸福安康的社会氛围。避免诱发社会心理与百姓生活的消极因素。引领文明健康的时代风尚。

(5) 以对消费者高度负责的态度，提供各类生活资讯和生活服务，要严格遵守客观、公正、诚信、专业的原则，杜绝传播虚假、片面和误导性的信息。

(6) 正确引导消费时尚，注重俭朴实用，提倡科学消费观念与消费行为，弘扬艰苦奋斗、勤俭节约的作风。反对铺张浪费，不鼓励高消费和超前消费。

(7) 大力弘扬我国优良文化传统和民族风俗习惯，宣传我国传统节日、民族节日和革命节日。对已经形成民俗的带有宗教色彩的节日，应侧重介绍优良民风，淡化宗教内容。

(8) 坚持权威性、专业性、服务性、娱乐性统一，打造高质量的公共服务平台。防止专业服务内容中夹带过度娱乐元素。

二、具体规定

(一) 关于消费服务

(9) 反对炫富消费、攀比消费、盲目消费等不健康、不文明的消费行为。

(10) 购物、旅游、餐饮、休闲、娱乐等消费资讯，不得超越普通百姓的生活水平，不得渲染贵族式的豪华生活。

(11) 电视购物节目不得弄虚作假、误导消费，不得含有雇佣商托、夸大商品功能和用途、虚假炒作、虚假承诺、虚假演示等欺诈行为。

(12) 介绍衣食住行、休闲娱乐、年节礼俗等各个方面的生活知识，不得渲染消极、悲观、颓废、厌世等不良情绪；不得推崇另类、畸形、怪诞的生活习惯。

(13) 禁止播出群众参与的各种整容、整形、变性手术节目。

(14) 美容时尚节目不得张扬不良癖好、展示怪异装扮，不得炒作人造美女、变性人等个案。

(15) 不得提倡饲养毒虫猛兽等可能影响他人正常生活的宠物，不宜宣传宠物的高消费。

（16）不得宣扬没落腐朽生活方式，不得变相展示“黄、赌、毒”等方面内容。

（17）不宜推崇圣诞节、复活节、情人节、愚人节等各种洋节，不盲目崇拜西方生活方式和生活习俗。

（18）不得宣传不健康的节日陋俗，不应渲染送大礼、馈赠高额礼金和奢侈品等节日气氛。

（二）关于财经资讯

（19）理财资讯节目不得传播未经证实甚至虚假的消息，误导投资者，不得夸大投资回报率，引诱、刺激投资者的暴富欲望和赌博心理。

（20）不得弄虚作假，发布文物鉴赏和收藏方面的错误信息。

（21）证券节目内容不得违反证券投资咨询相关法律法规、行业自律规范以及证券监管部门的管理要求和标准。

（22）慎重处理关系国计民生的企业信息披露。不得集中连续披露有关食品安全的信息，造成社会恐慌。

（23）不得向股民推荐个股或变相荐股，突出宣传其业绩、产品、咨询机构和人员能力等；不得传播虚假片面和误导性信息；不得播出有关招揽客户等方面的内容。

（24）置业、家装节目不得宣扬摆阔气、讲排场、追明星、学贵族、浪费资源、影响生态环境的消费观念和消费行为。

（三）关于医疗保健

（25）医疗健康节目不得隐含保证治愈内容，夸大诊疗效果，利用专家、患者名义吹嘘诊断疗效，误导患者。

（26）介绍医疗保健知识，不得危言耸听，夸大疾病危害，加剧患者的恐惧心理。不得宣传未经医疗界认定和采用的医疗保健方法。不得传播迷信方术，欺骗受众。

（27）医疗保健中涉及的性知识教育，不得含有暴露、不雅内容，不得涉及性生活、性经验、性体会、性器官和性药功能等细节内容。

（四）关于专项服务

（28）辅导求职，不得无视对德才的培养，片面强调职场技巧，更不得宣扬不择手段的求职方法。

（29）气象、交通资讯应当准确、及时，使用的地图应严格规范，具有权威性，尤其是国家边界的绘制和标注必须与国家正式公布的地图相一致。

（30）介绍防疫防灾知识，不得夸大疫灾危害程度，引发社会恐慌。灾害预报应按国家权威部门发布的预报为准，发布时间和方法要遵从国家权威部门的安排。

（31）婚介节目不得宣扬不正确的择偶观、畸形的恋爱观和家庭婚姻观，不得渲染豪华婚庆、名人艺人主持等场面。

§78. 电话和手机短信参与的有奖竞猜类节目有什么主要管理规定？

广电总局 2005 年 4 月 26 日发布《关于进一步加强电话和手机短信参与的有奖竞猜类广播电视节目管理的通知》，要求如下：

（1）各级广播电视管理部门和广播电视播出机构，必须高度重视加强电话和手机短信参与的有奖竞猜类节目的管理工作，时刻牢记广播电视是党和人民的喉舌，牢固树立政治意识、大局意识、责任意识和阵地意识，将电话和手机短信参与的有奖竞猜类节目，纳入群众参与的广播电视直播节目的管理，切实采取措施，加强管理，把好关口，牢牢把握正确的舆论导向。

（2）电话和手机短信参与的有奖竞猜类广播电视节目包括：以奖品或奖金等各种奖励手段吸引听众、观众通过电话和手机短信，参与节目、参与评选、竞猜问题、抽选幸运听众、观众等广播电视节目或栏目；在一定范围内随机抽取电话和手机号码作为幸运听众、观众，并给予奖品或奖金的广播电视节目或栏目；广播、电视机构播出的以有奖竞猜活动为内容的广告；各广播电视播出机构所属网站设立的有奖竞猜板块及作为节目外延的互联网平台等。

（3）电话和手机短信参与的有奖竞猜类节目，要符合社会主义精神文明建设和思想道德建设的要求，导向正确，内容健康，遵守社会公德和职业道德；要有利于帮助人民群众树立正确的世界观、人生观、价值观，有利于在全社会形成良好的道德风尚。

（4）广播电视新闻和新闻类节目（含访谈类节目），一律不得开设电话和手机短信参与的有奖竞猜节目。

（5）广播电视播出机构开设电话和手机短信参与的有奖竞猜类节目，须出自节目自身内容需要，须与节目整体风格一致，不得随意编造，不得含有虚假不实内容。

（6）广播电视播出机构开设电话和手机短信参与的有奖竞猜类节目，应当维护国家尊严、荣誉和利益，弘扬我国优良传统文化，不得含有危害国家统一、主权和领土完整的内容。

（7）广播电视播出机构开设电话和手机短信参与的有奖竞猜类节目，不得涉及政治性、敏感性内容。要慎重把握民族、宗教等敏感问题。不得含有煽动民族分裂、亵渎民族风俗习惯、伤害民族感情的内容。

（8）广播电视播出机构开设电话和手机短信参与的有奖竞猜类节目，必须尊重人格尊严和公民的合法权益。不得围绕灾难事件、伤亡事件等负面信息内容设置竞猜题目。

（9）广播电视播出机构开设电话和手机短信参与的有奖竞猜类节目，必须尊重妇女、儿童、老人和残疾人，不得含有侮辱、歧视、调侃妇女、儿童、老人、残疾人等内容。

（10）广播电视播出机构开设电话和手机短信参与的有奖竞猜类节目，要维护健康文明的社会风尚，不得含有格调不高、内容不雅、庸俗无聊的内容。必须杜绝色情、淫秽、性暗示和含有暴力、血腥、凶杀、有教唆犯罪之嫌的内容。法制类节目和涉案、恐怖、凶杀类影视剧，不得竞猜案件细节、侦破手段、恐怖内容等；不得涉及迷信、邪教、伪科学的内容，不得含有解析姓名、出生日期，测算命运等迷信无聊内容；不得含有赌博及酒精、麻醉品和烟草消费等内容，不得宣扬摆阔、奢侈浪费等行为。

（11）广播电视播出机构开设电话和手机短信参与的有奖竞猜类节目，不得影响正常节目的播出。竞猜题目设置要体现科学性、知识性、益智性，不能单纯以赢利为目的。

（12）广播电视播出机构开设电话和手机短信参与的有奖竞猜类节目，不得以高额奖品和奖金迎合或诱发听众、观众的投机、博彩心理。一般节目单个竞猜奖项的奖品、奖金价值总额不得超过一万元。

（13）广播电视少儿节目设置电话和手机短信参与的有奖竞猜活动，以及现场举办的益智竞赛类少儿节目，要注意正确引导，防止刺激少年儿童的投机心理，影响少年儿童正常的学习生活以及正确人生观、世界观、价值观的树立。其奖品不得采用现金形式，奖品价值不得高于其他节目奖品价值，奖品用途应与少儿学习和生活密切相关。

（14）必须严格控制电话和手机短信参与竞猜内容的播出次数。含有电话和手机短信参与有奖竞猜内容的广播电视节目，30 分钟以下的节目（含 30 分钟），有奖竞猜内容的广播或字幕只能播放 1 次，每次播出时间电视不得超过 15 秒，广播不得超过 20 秒；30 分钟以上 60 分钟以下的节目，有奖竞猜内容的广播或字幕可以出现 2 次，每次播出时间电视不得超过 15 秒，广播不得超过 20 秒；60 分钟（含 60 分钟）以上节目，每超出 20 分钟，可出现一次有奖竞猜内容的广播或字幕，但总次数最多不能超过5次，每次播出时间电视不得超过15秒，广播不得超过20秒。

电视剧只能在播完一集之后，播出一次电话和手机短信参与的有奖竞猜内容，每次播出时长不得超过20秒。

（15）广播电视播出机构开设的各类节目、栏目，不得以赈灾、募捐等公益名义开设电话和手机短信参与的有奖竞猜活动。

（16）有奖竞猜类节目在介绍相关奖品时，不能对商品作除名称、商标展示播出之外的其他任何形式宣传。题目设置由广播电视播出机构决定，而非赞助企业决定。

（17）广播电视播出机构开设电话和手机短信参与的有奖竞猜类节目，要向听众、观众说明参与方式、参与程序、资费标准、资费收取方式，表述不得产生歧义。

（18）开设电话和手机短信参与有奖竞猜类节目要按程序报批，开设这类节目的广播电视播出机构，负有电话和手机短信的选择、编辑、审查和播出责任。

（19）各级广播电视播出机构要建立健全各项管理制度，严格把关。县级以上广播电视行政管理部门，应当建立对广播电视机构开设电话和手机短信参与有奖竞猜类节目的监听监看制度和受理公众投诉制度，及时发现和处理有关问题。

§79. 婚恋交友类电视节目有什么主要管理规定？

2010年6月，国家广电总局发出《关于进一步规范婚恋交友类电视节目的管理通知》（明电广电总局〔2010〕16号）指出：

今年以来一些电视台上星频道开办了《非诚勿扰》、《为爱向前冲》、《缘来是你》、《爱情来敲门》等婚恋交友类电视节目。这些节目为适婚男女青年提供相识和交往机会，体现了电视媒体的引导功能和服务功能，但也存在较为严重的问题，如一些嘉宾身份造假、自我炒作、言论低俗、行为失检、恶意嘲讽，主持人引导乏力，部分节目盲目追求收视率，放任拜金主义、虚荣、涉性等不健康、不正确的婚恋观。这些做法严重背离了社会主义核心价值体系，违反了广电总局关于广播电视净化社会文化环境、抵制低俗之风的有关要求，损害了广播电视媒体的形象。为进一步规范管理，现将有关事项通知如下：

（1）各级广播影视行政管理部门和播出机构要进一步增强政治意识、大局意识和责任意识，坚持社会主义核心价值体系，坚持正确舆论导向，牢牢把握思想政治底线和道德价值底线，严格遵守广电总局关于净化社会文化环境、抵制低俗之风的各项要求。要严格按照本通知有关精神，认真做好节目预案、环节设计、嘉宾选择、话题引导和播出审查等工作，切实办好婚恋交友类电视节目，引导广大青年树立正确的人生观和婚恋观。

（2）婚恋交友类电视节目要把好嘉宾关。要认真核实嘉宾的真实身份，严禁伪造嘉宾身份，欺骗电视观众；要扩大嘉宾的选择范围，面向各行业、各领域、各阶层，增强嘉宾的代表性，不能由演员、模特、节目主持人、“富二代”、“成功人士”等身份的嘉宾占据荧屏；要事先了解嘉宾的个人品德、价值观念、婚恋观念，不得邀请个人品德有问题或有争议、持不正确或非主流价值观、婚恋观的人物参加节目；嘉宾不得互相嘲讽、攻击。要坚决杜绝嘉宾利用参加节目自我炒作，嘉宾在节目中的不当言行一律不得播出，今后也不得再邀请持有不当言行的嘉宾。

（3）婚恋交友类电视节目要把好主持人关。主持人要具有良好的社会公德、个人品德，文化修养、公众形象，不得选择社会形象不佳或有争议的人物担当主持人。主持人应增强社会责任意识和导向意识，对话题及时进行正面引导；对嘉宾言论不能失控。要传递积极、健康、美好的人生观和婚恋观，不得在节目中刻意自我表现。

（4）婚恋交友类电视节目要把好话题关。婚恋交友类电视节目的讨论话题要符合党和国家的各项政策，符合社会主义核心价值观，符合社会道德评价标准。节目中不得讨论与社会主义主流价值取向相悖的话题；不得以婚恋的名义对参与者进行羞辱或人身攻击，甚至讨论低俗涉性内容，不得展示和炒作拜金主义等不健康、不正确的婚恋观。各婚恋交友类节目不得在节目中互相诋毁、攻击。

（5）婚恋交友类电视节目要把好内容关。婚恋交友类节目要明确服务宗旨，环节设计应从增进男女嘉宾相互尊重和相互了解的目的出发，要有助于展现男女嘉宾健康向上的精神风貌和择偶观念，不得设计出位环节。节目要坚持真实原则，不得为了追求轰动效应事先安排话题人物，设计场上表现。

（6）婚恋交友类电视节目要把好审查关。开办婚恋交友类电视节目的广播电视台主要领导同志要亲自审定播出内容，一律不得播出错误观点、低俗内容、不雅画面；不得以“原生态”为借口，对嘉宾的错误言论、失当行为不作任何处理直接播出，为错误思想和言论提供传播渠道、炒作平台。

（7）婚恋交友类电视节目要把好播出关。各婚恋交友类节目必须采取录播方式，一律不得现场直播；要严格执行播前审查和重播重审制度，对有问题的内容和错误的观点必须删除。

（8）在婚恋交友类节目现场表现及社会反响差、公众批评多的嘉宾，其他婚恋交友类节目不得再邀请其参加节目，其他电视节目也一律不得邀请其担任嘉宾或评委，一经发现，将予以严肃处理。

（9）各级广播影视行政管理部门要对所辖区域内举办的婚恋交友类电视节目进行认真清查，对有问题的节目及时处理，清查结果请于6月15日前报送至国家广电总局宣传管理司；要建立相应的节目监督、警告、停播制度，并将执行情况随时上报总局。

（10）对于婚恋交友类电视节目的管理规定，以本通知为准。

§80. 情感故事类电视节目有什么主要管理规定？

2010年5月，广电总局办公厅发出《关于加强情感故事类电视节目管理的通知》（广办发宣字〔2010〕106号）指出：

目前，一些情感故事类电视节目为了追求“收视率”吸引眼球，把造假编假变成真人真事的访谈，炒作边缘题材，热衷情感窥私，展示阴暗心理。一些主持人和嘉宾在节目中情绪激动，言辞激烈，行为不端，不仅严重违反了情感故事类电视节目应真实客观的原则，而且肆意传递负面情绪和不健康的价值观，对广大观众进行了严重误导，甚至造成心理困扰，群众意见极大，社会影响极坏。这种错误倾向必须立即纠正。为进一步规范情感故事类电视节目，现将有关事项通知如下：

（1）各级广播电视行政部门和播出机构要牢固树立政治意识、大局意识和责任意识，坚持正确舆论导向，坚持广播电视情感故事类节目真实性原则，不得标榜绝对真实而胡编乱造。

（2）情感故事类电视节目不得猎奇、炒作边缘题材，展示丑恶、迷信；不得展示因亲情矛盾、家庭纠纷导致的极端行为、过激言论、“揭伤疤”或恶性案件；不得过分渲染悲情、阴暗、颓废心态；杜绝低俗、无聊、导向不正以及不适宜公开讨论和传播的话题。

（3）情感故事类电视节目主持人应对话题进行正面引导，传递积极、健康、美好的人生观和正确的伦理道德观。要增强对嘉宾、专家谈话内容的正确引导，对现场嘉宾和观众的言论不能失控，特别是对错误观点和言论要及时批驳，不能听之任之；不得强迫他人回答隐私和难堪问题。对嘉宾要严格把关，不得选择变性人、同性恋者等边缘人物做嘉宾。

（4）各级广播电视播出机构要加强对情感故事类电视节目的管理。选题必须经开办这类节目的广播电视台主要领导同志亲自审定。要严格执行播前审查和重播重审制度，对有问题的内容和错误观点必须删除，一律不得播出含有虚假内容的情感故事类电视节目，杜绝一切造假行为。情感故事类电视节目不得现场直播。

（5）各省级广播影视行政部门要对所辖区域内举办的情感故事类电视节目进行认真清查。对有问题的节目要予以严肃处理，清查结果请于 6 月 15 日前报送至国家广电总局宣传管理司。

2009 年，广电总局发出《关于不得在电视情感类节目中使用测谎仪或同类仪器的通知》（广办发宣字〔2009〕67 号）指出：

（1）要准确把握电视情感类节目的宗旨和定位。电视情感类节目要广泛、深入、持久宣传社会主义核心价值体系，大力宣传社会公德、职业道德、家庭美德、个人品德，帮助广大受众形成正确的婚姻观、家庭观、爱情观，推动知荣辱、讲正气、促和谐良好氛围的形成。

（2）坚决杜绝在电视情感类节目中使用测谎仪或同类仪器。婚姻、家庭、爱情是复杂的情感和社会关系，借助测谎仪这种专业仪器，也不能确保测试结果的正确，不仅无助于达到理顺情绪、化解矛盾的目的，而且还可能加剧对立、激化矛盾。故此，各级电视台在情感类节目中严禁使用测谎仪或同类仪器。

§81. 群众参与的直播节目有什么主要管理规定?

1999 年 12 月国家广播电影电视总局印发《群众参与的广播电视直播节目管理暂行办法》（广发编字〔1999〕746 号），主要内容有：

第一条　为加强对群众参与的广播电视直播节目的管理，确保广播电视宣传的正确导向，根据《广播电视管理条例》以及中宣部、国家广电总局《关于加强广播电视群众参与的直播节目管理的通知》，制定本办法。

第二条　群众参与的广播电视直播节目包括：①听众、观众通过热线电话等形式参与的电台、电视台、有线广播电视台、广播电视台的直播节目或栏目；②有听众、观众现场参与的广播电视直播节目或栏目；③现场转播其他部门的有听众、观众参与的节目。

第三条　广播电台、电视台、有线广播电视台、广播电视台开设群众参与的直播节目，必须符合以下条件：①具备“延时装置”、“储存电话”等技术保障设施；②具有较高政策水平、熟练掌握有关操作技能的相对固定的编播人员；

③电台、电视台的导演、导播、主持人必须经过培训，持证上岗；电话编辑、节目监制等编播人员必须具有中级以上的专业技术职务；④有比较完善的节目操作程序和管理规定；⑤有处理不测情况的应对预案。

第四条　广播电台、电视台、有线广播电视台、广播电视台开设群众参与的直播节目，须经广播电视行政部门批准。中央人民广播电台、中国国际广播电台、中央电视台开设群众参与的直播节目，须经本台台长签署同意意见后，报国家广播电影电视总局审批；省级广播电台、电视台、有线广播电视台开设群众参与的直播节目，须经本台台长签署同意意见后，报省级广播影视厅（局）审批，并报国家广播电影电视总局备案；地（市）、县级广播电台、电视台、有线广播电视台、广播电视台开办群众参与的直播节目，须经本台台长签署同意意见后，报地（市）广播电视局按照有关规定审批，报省级广播影视厅（局）备案。

第五条　广播电台、电视台、有线广播电视台、广播电视台申请开设群众参与的直播节目，须提交包括下列内容的书面材料：①节目或栏目的名称、使用频率（频道）、时段及300字左右的内容介绍；②节目或栏目的负责人、编辑、导演、导播及主持人的姓名、职务、专业技术职务；③“延时装置”、“储存电话”等保证播出安全的技术保障设施的型号和数量。

第六条　开设群众参与的直播节目的报批单位的负责人要对所报批的节目或栏目负责，审批单位要对所批节目或栏目进行监督管理。

第七条　对未经批准擅自开设群众参与的直播节目，由县级以上广播电视行政部门按规定责令播出单位立即停止播出，并予通报批评。

第八条　群众参与的广播电视直播节目发生政治性事故的，由县级以上人民政府广播电视行政部门按规定责令其暂停该栏目，进行整改，并依据《广播电视管理条例》等有关规定进行行政处罚，对单位负责人和直接责任人给予行政处分。对暂停的栏目可视整改情况决定是否恢复播出。

第九条　广播电台、电视台、有线广播电视台、广播电视台已经开办的群众参与的直播节目，须于1999年12月31日前依照本办法办理报批手续。

第十条　本办法自发布之日起施行。

为确保广播电视宣传的舆论导向和播出安全，进一步加强对群众参与的广播电视直播节目的管理，国家广电总局2007年2月发布《关于群众参与的广播电视直播节目必须延时播出的通知》就有关问题通知如下：

（1）各级广电部门要高度重视群众参与的广播电视直播节目管理工作，严格执行中宣部、国家广电总局《关于加强广播电视群众参与的直播节目管理的通知》（广发编字〔1999〕703号）和国家广电总局《群众参与的广播电视直播节目管理暂行办法》（广发编字〔1999〕746号）的有关规定，健全完善有关制度，确保群众参与的广播电视直播节目导向正确和播出安全。

（2）从现在起，群众参与的各类广播电视直播节目（包括新闻、体育、文艺等），一律延时播出。没有延时设备的电台、电视台，不得播出群众参与的广播电视直播节目。所有群众参与的电视直播节目一律延时 20 秒以上播出。群众参与的广播直播节目，如果与当地电视台直播同一活动，需与电视台同步延时 20 秒以上；如果单独直播，需延时 6 秒以上。

（3）开办群众参与的广播电视直播节目的电台、电视台，要充分考虑现场和技术等方面可能出现的意外情况，事先做好预案，确保紧急情况下能够及时处理。

（4）开办群众参与的广播电视直播节目的电台、电视台，必须对有关人员进行宣传纪律教育和岗前业务培训，增强有关人员特别是主持人的政治意识、大局意识、责任意识和把关意识，并确保其能够熟练使用延时设备，并根据事先制订的预案作出果断处理。

（5）各级广播电视行政管理部门要对所属各级电台、电视台开办的群众参与的广播电视直播节目情况作一次全面检查，对不符合条件的，一律责令其停播整改。

§82. 群众参与的选拔类广播电视活动有什么主要管理规定？

国家广播电影电视总局 2007 年 2 月 7 日印发《关于加强群众参与的选拔类广播电视活动管理的通知》（广发〔2007〕7 号）指出：

近期来，广播电视播出机构大量举办、播出各种群众参与的选拔类活动。大多数群众参与的选拔类活动能坚持正确导向，把握健康格调，取得了较好效果。但同时也存在群众参与的选拔类活动过多过滥，有的内容粗俗、格调不高等问题。根据中央有关指示精神，为进一步加强对此类节目的管理，现将有关事项通知如下：

（1）各级广播影视行政部门和播出机构要把群众参与的选拔类活动尤其是全国性或跨省（区、市）群众参与的选拔类活动作为重要节目内容加强管理。要坚持政治意识、大局意识和责任意识，坚持正确的舆论导向，坚持三贴近原则，严格把好节目的审查、播出关，要为党的十七大的召开营造良好的舆论氛围。

（2）各级广播电视播出机构要本着少而精的原则，严格控制各种群众参与的选拔类活动的数量，切实提高群众参与的选拔类活动的质量，把社会效益放在首位，防止群众参与的选拔类活动粗制滥造，拖沓冗长。各类群众参与的选拔类活动的内容、品味、格调都要积极向上，健康高雅，愉悦身心，陶冶情操，体现正确的世界观、人生观和价值观。

（3）面向社会招募、组织参赛选手（包括各类专业人员）参加并通过广播电视播出机构播出的各类大赛、比赛、选拔、评奖、排行、竞技及其他公布排名、获奖结果的活动均属群众参与的选拔类广播电视活动。

（4）经总局批准的地方上星频道、上星频率举办、播出各种群众参与的选拔类活动须报省级广播影视行政部门审核后，提前三个月报国家广电总局批准；中央人民广播电台、中国国际广播电台、中央电视台、中国教育电视台举办、播出各种群众参与的选拔类活动，提前三个月报国家广电总局批准。

（5）在各级电视台上星频道播出群众参与的选拔类活动，由国家广电总局负责调控。分赛区活动不得在各省级电视台上星频道播出。

（6）省级广播电视播出机构举办本省（区、市）范围内的群众参与的选拔类活动须报省级广播电视行政部门审批后，在本省地面频道播出，不得在省级电视台上星频道播出。

（7）各种群众参与的选拔类活动在电视上星频道的播出时间原则上不得超过两个半月。

（8）各种群众参与的选拔类活动参与者年龄原则上必须在18岁以上。

（9）举办、播出群众参与的选拔类活动的广播电视播出机构要严格执行广电总局关于群众参与的选拔类活动管理的要求，对参赛选手、评委、嘉宾、主持人、现场观众进行严格把关，发型、饰品、服装不能低级媚俗，要符合大众审美观念；赛制、评语、主持人言行不能随意、低俗、褊狭，要体现公平、公正、公开和时代人文关怀。

（10）有关群众参与的选拔类活动的节目要力戒庸俗、低俗的现象，不能迎合少数观众的猎奇心理、审丑心态，不得随意炒作，避免追星逐利等负面效应。

（11）凡在群众参与的选拔类活动中违反以上规定和出现低俗问题者，总局将追究相关广播电视机构和组织审查者的责任。

2007年8月23日广电总局下发通知，禁止策划、制作和播出群众参与的各类整容变性节目。

《通知》指出，近期个别电视台制作播出了整容节目《美莱美丽新约》和其他涉及变性的节目。这些节目导向意识不强，画面血腥、恐怖、暴露、格调低下，活动组织奢华铺张，审查把关不严，片面追求收视率，引起观众强烈不满。

为确保广播电视宣传导向正确、健康向上、切实抵制低俗，进一步提高广播电视的影响力、感染力和公信力，维护广播电视良好的社会形象和声誉，广电总局要求：

（1）自《通知》发出之日起，各级广播电视播出机构一律不得策划、制作和播出群众参与的各类整容、变性节目（包括涉及变性的新闻、专题、访谈等各类节目），正在制作、播出的必须立即停止。

（2）不得以任何理由和名目策划、制作和播出违背伦理道德、亵渎科学与文明、侵犯个人隐私的节目和活动，违者追究广播电视行政部门和制作播出机构的责任。

（3）各级广播电视播出机构要切实按照《广电总局关于加强群众参与的选拔类广播电视活动管理的通知》要求，严格报批程序。

《通知》要求，各级广播电视播出机构要牢固树立政治意识、大局意识、责任意识，牢牢把握社会主义先进文化的前进方向，大力建设社会主义核心价值体系。要明确媒体的社会责任，要大力宣传社会主义荣辱观，把社会效益放在首位。要倡导正确的世界观、人生观、价值观，引导青少年树立正确的审美观和道德观，抵制片面追求收视率的错误做法，抵制与社会主义核心价值体系相违背的、与建设和谐文化不相符的思想观念、生活方式和审美取向。《通知》还要求各级广播电视行政机构要切实履行监督管理职责，严格执行广电总局各项管理规定，科学管理、大胆管理，严肃纪律，做到令行禁止。《通知》还要求全国各级广播电视行政部门按照《通知》精神，对所辖区域内广播电视播出机构的此类节目进行集中检查清理，发现问题，立即纠正，疏于管理者要承担失察责任。各级播出机构要认真执行宣传管理规定，切实加强对编播人员的教育和管理，落实好从节目策划到审查把关各项职责，以营造良好的荧屏环境和舆论环境。

§83. 广播电视证券节目有什么主要管理规定？

近年来，部分证券投资咨询机构在借助国内媒体开展证券投资咨询业务时，出现明示或者暗示投资效益，传播虚假信息、误导甚至欺诈投资者等违背证券法规的现象，损害了投资者利益。为进一步规范和加强对证券投资咨询业务和广播电视播出证券节目的管理工作，维护投资者的合法权益，根据《证券法》、《广播电视管理条例》、《关于加强证券期货信息传播管理的若干规定》和《会员制证券投资咨询业务管理暂行规定》，中国证券监督管理委员会、国家广播电影电视总局 2006 年 9 月 15 日联合发布《关于规范证券投资咨询机构和广播电视证券节目的通知》(证监发〔2006〕104 号)，提出如下主要要求：

(1) 中国证监会及其派出机构、各级广播电视行政部门和播出机构必须高度重视证券信息传播监管和广播电视播出证券节目管理工作，牢固树立政治意识、大局意识和责任意识，切实增强社会责任感，坚决服从和服务于我国资本市场改革开放和稳定发展的大局，切实督促咨询机构严格遵守客观、公正、诚信、专业的原则，为我国证券市场的健康发展提供积极的舆论支持。

(2) 广播电台、电视台开办证券节目的，应符合国家广电总局批准的节目设置范围，应按照《广播电视管理条例》及相关规定报经广播电视行政部门批准。同时，证券监管部门应就咨询机构参与广播电视证券节目开展证券咨询业务提出具体的管理要求和标准。杜绝传播虚假、片面和误导性信息。

咨询机构只能参与经国家有关部门批准的广播电视播出机构开办的证券节目。咨询机构参与广播电台、电视台相关证券节目之前，应向广播电台、电视台提供中国证监会颁发的证券投资咨询相关资格证书和注册地证监局就该机构合规经营、业务投诉等情况出具的书面意见。广播电台、电视台应就咨询机构所提供资料向当地证监局核实。广播电台、电视台不得准许材料不实、证监局提出异议的咨询机构和任何个人参与证券节目。广播电台、电视台与咨询机构续签协议时，也应严格遵守上述规定。

(3) 广播电台、电视台不得准许咨询机构工作人员以广播电视从业者身份从事采访活动。参与广播电视证券节目的咨询机构和节目分析师必须具备证券投资咨询机构相关资格，证券节目编辑、记者、主持人、播音员应具有广播电视相关从业资格。

(4) 广播电台、电视台应加强对证券节目的审查与管理，节目内容必须符合广播电视管理规定、证券投资咨询相关法律法规、行业自律规范以及证券监管部门的管理要求和标准，提高资讯含量，不得宣传过往荐股业绩、产品、咨询机构和人员的能力，不得传播虚假、片面和误导性信息。不得在证券节目中播出客户招揽内容。未按《暂行规定》的要求履行报备程序并取得当地证监局同意的，咨询机构不得在证券节目中播出电话、传真、短信及网址等联络方式。

证券节目须按《暂行规定》要求，以显著、清晰的方式进行风险提示，公示（公告）相关机构全称及业务资格证书号码、参与节目的执业人员姓名及执业证书号码。

(5) 各证监局、广播影视局应加强沟通协作，及时通报有关信息，按照本通知要求，加强对咨询机构及其人员、证券节目播出（包括以广告等形式推销证券咨询类软件、杂志等产品和服务的节目）的管理。

（6）广播电台、电视台违反本通知要求的，依据《广播电视管理条例》及国家广电总局的规定予以处罚。咨询机构和执业人员违反本通知规定或提供虚假材料的，由中国证监会责令改正、没收违法所得、罚款、暂停或者撤销证券投资咨询相关资格。咨询机构及其执业人员利用广播电台、电视台，提供、传播虚假或者误导投资者的信息的，依法承担相应责任。

2010年7月，广电总局发出《关于切实加强广播电视证券节目管理的通知》（广发〔2010〕59号），《通知》说，据有关部门调查反映，2007年以来，个别地方卫视的股评栏目与企业实行商业化合作，收费播出这些企业提供的股评内容，且这些企业均无证券投资咨询业务资格，甚至为空壳企业。上述行为严重违反了2006年中国证监会和总局联合下发的《关于规范证券投资咨询机构和广播电视证券节目的通知》的有关规定。为确保广播电视宣传导向正确，切实维护广大群众的切身利益和广播电视节目的公信力、影响力，现就广播电视证券节目有关规定重申如下：

（1）各级广播电视行政管理部门和播出机构要牢固树立政治意识、大局意识、责任意识，坚决服从和服务于我国资本市场改革开放和稳定发展大局，坚持把证券节目的社会效益放在首位，严格按照《广播电视条例》、《通知》及有关规定，加强管理，进一步规范广播电视证券节目，切实维护广大人民群众利益，为我国证券市场的健康有序发展提供积极的舆论支持。

（2）各级广播电台、电视台所办证券节目须为播出机构自制自播，不得出租、转让时段，不得播出咨询机构提供的节目，不得在证券节目中与咨询机构进行商业化合作。

（3）各级广播电台、电视台对参与证券节目的咨询机构和人员要严格把关。要按照《通知》有关规定，向证监部门详细核实咨询机构和人员的资质、资格、合规经营、业务投诉等，并在节目中明确公示相关信息。无证券投资咨询相关资格的机构和人员不得参与证券节目，材料不实、证监部门提出异议的咨询机构和个人不得参与证券节目。证券节目编辑、记者、主持人、播音员应具有广播电视从业资格，咨询机构工作人员不得以广播电视从业者身份从事采访活动。

（4）广播电视证券节目的内容必须符合广播电视节目管理规定、证券投资咨询相关法律法规、证券监管要求和行业自律规范，不得宣传虚假、片面和误导性信息，不得播出客户招揽内容，不得播出参与证券节目的机构和人员的电话、传真、短信平台、网址等联络方式，不得宣传过往荐股业绩、产品、参与机构和人员的能力，不得对具体证券或者证券相关产品的价格涨跌或者市场走势作出确定性判断。节目中须以显著、清晰的方式进行风险提示。

（5）各级广播电台、电视台应当按照《广告法》、《广播电视广告播出管理办法》的规定，加强对提供证券信息的软件、终端等证券信息类产品广告的管理。在广播电台、电视台播出证券信息类产品广告前，相关产品的运营机构应当向当地证监局报告有关广告内容，播出证券信息类产品广告，应当含有“投资有风险”等警示内容。广播电台、电视台不得播出未经证监局审查的证券信息类产品广告。

（6）各级广播电台、电视台应当加强证券节目档案管理，妥善保存播出的证券节目和证券信息类产品广告的音像资料，保存期限至少3年。

（7）各级广播电视行政管理部门和当地证监局应当建立沟通协作工作机制，及时通报广播电视证券节目管理信息和相关证券监管信息，认真核实相关机构和人员资格，及时停播违规证券节目，妥善处理投资者投诉事宜，维护社会稳定。

（8）违反《通知》等有关广播电视证券节目管理的规定和本通知要求，出租或转让时段、播出咨询机构所提供证券节目的，或者播出证券节目内容违反有关规定的，将依据《广播电视管理条例》等有关规定予以处罚。

（9）各级广播电视行政管理部门要切实履行职责，加强对播出机构证券节目的管理和违规行为的查处力度。各级广播电视播出机构要提高认识，严肃纪律，严格把关，杜绝证券节目中的违规行为。

（10）自接到本通知之日起，各级广播电视行政管理部门和播出机构要对照相关规定，对本辖区内播出机构证券节目情况进行全面自查，发现问题，立即整改并向总局报告。

§84. 地图编制和发布有什么主要管理规定？

地图的编制和发布，关系到国家的主权、安全和利益，关系到国内不同地区之间的联系和交往。同时，地图又是一项智力成果即测绘成果，受著作权法的保护。国家对地图工作制定了相当完整的法律规范，包括《测绘法》（1992年通过，2002年修订）、《测绘成果管理规定》（1989年，行政法规）、《地图编制出版管理条例》（1995年，行政法规）、《地图审核管理规定》（2006年，部门规章）等，对使用地图的审核办法作了规定。

按照上述规定，国务院测绘行政主管部门（即国家测绘局）主管全国的地图编制工作。各省、自治区、直辖市相应设立负责管理地图编制出版的部门。地图作为测绘成果，属于国家所有。测绘成果实行有偿提供，不得擅自复制、转让或出借。测绘成果按公开（使用、出版）和未公开（内部使用、保密）的不同性质，分别管理。中华人民共和国地图的国界线标准详图，由外交部和国务院测绘行政主管部门制定，报国务院批准发布。省、自治区、直辖市和自治州、县、自治县、市的行政区域界线的绘制，按已经划定、虽未划定但无争议、有争议三种情况分别处理。

《地图编制出版管理条例》规定，各出版社、报社、杂志社可以根据需要，在图书、报刊中插附地图。出版或者展示未出版的绘有国界线或者省、自治区、直辖市行政区域界线地图（含图书、报刊插图、示意图）的，在地图印刷或者展示前，应当依照下列规定送审试制样图一式两份：①绘有国界线的地图，跨省、自治区、直辖市、行政区域的地图，以及台湾、香港、澳门地区地图，报国务院测绘行政主管部门审核；②省、自治区、直辖市行政区域范围内的地方性地图，报有关省、自治区、直辖市人民政府负责管理测绘工作的部门或者国务院测绘行政主管部门审核；③历史地图、世界地图和时事宣传图，报外交部和国务院测绘行政主管部门审核。

按照《地图审核管理规定》，地图审核的范围包括公开出版地图、引进地图、展示、登载地图以及在生产加工的产品上附加的地图图形。在地图出版、展示、登载、引进、生产、加工前，或者使用官方提供的标准画法地图而对地图内容进行编辑改动的，都应当向地图审核部门提出地图审核申请。直接使用官方提供的标准画法地图未对其地图内容进行编辑改动的，可以不送审，但应注明地图制作单位名称。“规定”对由国务院测绘行政主管部门审核和委托省级测绘行政主管部门审核、省级测绘行政主管部门负责审核作了具体区分，历史地图、世界性地图和时事宣传地图等无明确的审核标准和依据，由国务院测绘行政主管部门受理商请外交部进行内容审查。地图审核自受理之日起30日内完成。电视、报刊及其他媒体上使用的时事宣传地图，原则上实行即送即审。

《地图编制出版管理条例》还规定，印刷或展示地图未按规定送审的，国界线或行政区域界线不符合国家规定的，地图内容的表示不符合国家规定造成严重错误的，要予以行政处罚。

§85. 广播电视广告播出20个不准碰的红线是什么？

广告播出有20个不准，分别是：

一、危害国家尊严、国家和民族利益（3条）

（1）危害祖国统一、主权和领土完整的。

（2）宣扬民族分裂、亵渎民族风俗习惯的。

（3）在商业广告中出现国旗、国徽、国歌、国家领导人的形象、声音，利用或篡改领袖人物名言、字体作为商业广告用语的。

二、关系树立科学精神和优秀民族文化传承（3条）

（4）宣扬迷信、邪教、伪科学内容的。

（5）故意使用错别字或谐音，乱改成语的。

（6）解析姓名、人生、生日、新年运气等短信服务及交友、聊天等声讯类广告。

三、关系青少年、妇女、残疾人权益保护（2条）

（7）可能引发青少年不良行为举止，不利于对青少年进行正确教育的。

（8）歧视、侮辱妇女、残疾人等的。

四、关系社会良好风尚建设（4条）

（9）含有色情或性暗示内容的。

（10）宣传赌博、暴力或教唆犯罪的。

（11）内容低俗、画面不雅的成人用品广告和性保健品广告及同类医疗资讯、电视购物节目。

（12）含有性暗示、性挑逗等不良、不雅语言和画面的女性塑身内衣、丰胸广告及介绍塑身内衣产品的电视购物节目。

五、关系群众切身利益（4条）

（13）相关审批文件及证明材料不全、内容虚假和擅自篡改审批内容的药品、医疗、保健品广告。

（14）以医患、专家、公众人物做疗效证明的，专家与患者现场或热线沟通交流的医疗、药品、保健品广告及同类医疗资讯、电视购物节目。

（15）夸大功能、保证疗效、宣传治愈率的医疗、药品、保健品广告及同类医疗资讯、电视购物节目。

（16）由药品、保健品生产、经销企业和医疗机构制作或提供的医疗、健康类的医疗资讯、电视购物节目。

六、关系人与自然和谐（1条）

（17）乱扔废弃物、践踏草地、毁坏花草破坏环境，不利于自然生态、珍稀野生动物保护的。

七、关系广播电视自身形象（3条）

（18）宣传治疗性疾病、泌尿系统、生殖系统疾病的医疗资讯节目。

（19）以性药品、性保健品，治疗肝病、皮肤病、艾滋病、肿瘤、癫痫、痔疮、脚气、生殖系统、泌尿系统的药品和医疗机构名称作剧场、栏目冠名。

（20）转播传输节目时，插播自行组织的游动字幕、叠加字幕、挂角广告等广告。

§86.《广播电视广告播出管理办法》对广告内容有什么主要规定？

国家广播电影电视总局于2010年1月1日实施的《广播电视广告播出管理办法》第二章对广告内容有如下主要规定：

（一）广播电视广告是广播电视节目的重要组成部分，应当坚持正确导向，树立良好文化品位，与广播电视节目相和谐。

（二）广播电视广告禁止含有下列内容：

（1）反对宪法确定的基本原则的；

（2）危害国家统一、主权和领土完整，危害国家安全，或者损害国家荣誉和利益的；

（3）煽动民族仇恨、民族歧视，侵害民族风俗习惯，伤害民族感情，破坏民族团结，违反宗教政策的；

（4）扰乱社会秩序，破坏社会稳定的；

（5）宣扬邪教、淫秽、赌博、暴力、迷信，危害社会公德或者民族优秀文化传统的；

（6）侮辱、歧视或者诽谤他人，侵害他人合法权益的；

（7）诱使未成年人产生不良行为或者不良价值观，危害其身心健康的；

（8）使用绝对化语言，欺骗、误导公众，故意使用错别字或者篡改成语的；

（9）商业广告中使用、变相使用中华人民共和国国旗、国徽、国歌，使用、变相使用国家领导人、领袖人物的名义、形象、声音、名言、字体或者国家机关和国家机关工作人员的名义、形象的；

（10）药品、医疗器械、医疗和健康资讯类广告中含有宣传治愈率、有效率，或者以医生、专家、患者、公众人物等形象作疗效证明的；

（11）法律、行政法规和国家有关规定禁止的其他内容。

（三）禁止播出下列广播电视广告：

（1）以新闻报道形式发布的广告；

（2）烟草制品广告；

（3）处方药品广告；

（4）治疗恶性肿瘤、肝病、性病或者提高性功能的药品、食品、医疗器械、医疗广告；

（5）姓名解析、运程分析、缘分测试、交友聊天等声讯服务广告；

（6）出现“母乳代用品”用语的乳制品广告；

（7）法律、行政法规和国家有关规定禁止播出的其他广告。

（四）时政新闻类节（栏）目不得以企业或者产品名称等冠名。有关人物专访、企业专题报道等节目中不得含有地址和联系方式等内容。

（五）投资咨询、金融理财和连锁加盟等具有投资性质的广告，应当含有“投资有风险”等警示内容。

（六）除福利彩票、体育彩票等依法批准的广告外，不得播出其他具有博彩性质的广告。

§87.《广播电视广告播出管理办法》对广告播出有什么主要规定？

国家广播电影电视总局于2010年1月1日实施的《广播电视广告播出管理办法》第三章对广告播出有如下主要规定：

（一）广播电视广告播出应当合理编排。其中，商业广告应当控制总量、均衡配置。

（二）广播电视广告播出不得影响广播电视节目的完整性。除在节目自然段的间歇外，不得随意插播广告。

（三）播出机构每套节目每小时商业广告播出时长不得超过12分钟。其中，广播电台在11：00至13：00之间、电视台在19：00至21：00之间，商业广告播出总时长不得超过18分钟。在执行转播、直播任务等特殊情况下，商业广告可以顺延播出。

（四）播出机构每套节目每日公益广告播出时长不得少于商业广告时长的3%。其中，广播电台在11：00至13：00之间、电视台在19：00至21：00之间，公益广告播出数量不得少于4条（次）。

（五）播出电视剧时，可以在每集（以45分钟计）中插播2次商业广告，每次时长不得超过1分30秒。其中，在19：00至21：00之间播出电视剧时，每集中可以插播1次商业广告，时长不得超过1分钟。

播出电影时，插播商业广告的时长和次数参照前款规定执行。

（六）在电影、电视剧中插播商业广告，应当对广告时长进行提示。

（七）除电影、电视剧剧场或者节（栏）目冠名标识外，禁止播出任何形式的挂角广告。

（八）电影、电视剧剧场或者节（栏）目冠名标识不得含有下列情形：

（1）单独出现企业、产品名称，或者剧场、节（栏）目名称难以辨认的；

（2）标识尺寸大于台标，或者企业、产品名称的字体尺寸大于剧场、节（栏）目名称的；

（3）翻滚变化，每次显示时长超过5分钟，或者每段冠名标识显示间隔少于10分钟的；

（4）出现经营服务范围、项目、功能、联系方式、形象代言人等文字、图像的。

（九）电影、电视剧剧场或者节（栏）目不得以治疗皮肤病、癫痫、痔疮、脚气、妇科、生殖泌尿系统等疾病的药品或者医疗机构作冠名。

（十）转播、传输广播电视节目时，必须保证被转播、传输节目的完整性。不得替换、遮盖所转播、传输节目中的广告；不得以游动字幕、叠加字幕、挂角广告等任何形式插播自行组织的广告。

（十一）经批准在境内落地的境外电视频道中播出的广告，其内容应当符合中国法律、法规和本办法的规定。

（十二）播出商业广告应当尊重公众生活习惯。在6：30至7：30、11：30至12：30以及18：30至20：00的公众用餐时间，不得播出治疗皮肤病、痔疮、脚气、妇科、生殖泌尿系统等疾病的药品、医疗器械、医疗和妇女卫生用品广告。

（十三）播出机构应当严格控制酒类商业广告，不得在以未成年人为主要传播对象的频率、频道、节（栏）目中播出。广播电台每套节目每小时播出的烈性酒类商业广告，不得超过2条；电视台每套节目每日播出的烈性酒类商业广告不得超过12条，其中19：00至21：00之间不得超过2条。

（十四）在中小学生假期和未成年人相对集中的收听、收视时段，或者以未成年人为主要传播对象的频率、频道、节（栏）目中，不得播出不适宜未成年人收听、收视的商业广告。

（十五）播出电视商业广告时不得隐匿台标和频道标识。

（十六）广告主、广告经营者不得通过广告投放等方式干预、影响广播电视节目的正常播出。

另外还规定：播出机构从事广告经营活动应当取得合法资质，非广告经营部门不得从事广播电视广告经营活动，记者不得借采访名义承揽广告业务。药品、医疗器械、医疗、食品、化妆品、农药、兽药、金融理财等须经有关行政部门审批的商业广告，播出机构在播出前应当严格审验其依法批准的文件、材料。不得播出未经审批、材料不全或者与审批通过的内容不一致的商业广告。制作和播出药品、医疗器械、医疗和健康资讯类广告需要聘请医学专家作为嘉宾的，播出机构应当核验嘉宾的医师执业证书、工作证、职称证明等相关证明文件，并在广告中据实提示，不得聘请无有关专业资质的人员担当嘉宾。

§88. 广播电视广告审查和监管有什么主要规定？

2010年2月12日，广电总局发出《广电总局关于进一步加强广播电视广告审查和监管工作的通知》说，《广播电视广告播出管理办法》（广电总局61号令）和《广电总局关于加强电视购物短片广告和居家购物节目管理的通知》（广发〔2009〕71号）正式实施以来，大多数播出机构执行情况良好，广播电视广告播出秩序明显好转。但仍有少数播出机构无视总局规定，仍存在播出宣传提高性功能的产品广告，或者电视购物短片广告使用主持人“叫卖”宣传等违规问题，在社会上引起了不良反应。为将总局61号令等规定切实贯彻到位，现将有关事宜通知如下：

（1）坚决禁止涉性广告。各级广播电视播出机构要加强广告内容的审检工作，确保导向正确，坚决抵制并自行清理宣传壮阳、提高性功能的医疗、药品、保健品、医疗器械等不良广告。对仍违规播出的，一经发现，总局将直接给予暂停商业广告播出的严肃处理，并向社会公开曝光。

（2）加强电视购物短片广告的审查把关。各级广播电视播出机构要严格按照61号令和71号文件要求，加强对电视购物短片广告内容的审查把关，要做到：①不得使用主持人作宣传；②不得以“叫卖式”夸张配音、语调、动作等宣传商品；③不得使用新闻报道、新闻采访等形式以及新闻素材、资料等宣传商品。

（3）做好电视购物短片广告投放企业的资质审验工作。各级广播电视播出机构要按照71号文件要求，认真审验投放电视购物短片广告的购物企业资质和条件。对符合要求的企业，应按程序报当地省级广电行政部门备案；对不符合条件或者未备案的企业，一律不得接受其提供的电视购物短片广告。省级广电行政部门应将备案情况于每月5日前报总局传媒司备案。总局将根据各省备案情况核查后，集中向社会公示。

（4）做好春节期间广告播出监管工作。为确保春节期间广播电视广告播出的良好秩序，为广大群众营造一个和谐喜庆的节日气氛，各级广播电视行政管理部门要做好春节期间监管工作，严格依据总局61号令、71号文件和本通知的要求，重点监管广告播出时长、影视剧插播广告、挂角广告、游动字幕广告、医药广告、电视购物短片广告等群众关心的问题，发现违规，及时查处。对屡次违规或者违规情节严重的广播电视播出机构和转播、传输机构，应依法给予通报批评，暂停商业广告播出等严肃处理，并向社会公告，接受广大群众的监督。

总局将继续加强对全国广播电视播出机构和转播、传输机构的监管，对违规情节严重的机构，将直接给予下发《违规播放广告整改通知单》、全国通报批评、暂停商业广告播出，直至撤销其频率（道）许可证等处理，并向社会公开曝光。

§89.《医疗广告管理办法》有什么主要规定？

国家工商行政管理总局，卫生部2006年12月发布《医疗广告管理办法》（国家工商行政管理总局　中华人民共和国卫生部令第26号），主要内容如下：

第一条　为加强医疗广告管理，保障人民身体健康，根据《广告法》、《医疗机构管理条例》、《中医药条例》等法律法规的规定，制定本办法。

第二条　本办法所称医疗广告，是指利用各种媒介或者形式直接或间接介绍医疗机构或医疗服务的广告。

第三条　医疗机构发布医疗广告，应当在发布前申请医疗广告审查。未取得

《医疗广告审查证明》的，不得发布医疗广告。

第四条　工商行政管理机关负责医疗广告的监督管理。卫生行政部门、中医药管理部门负责医疗广告的审查，并对医疗机构进行监督管理。

第五条　非医疗机构不得发布医疗广告，医疗机构不得以内部科室名义发布医疗广告。

第六条　医疗广告内容仅限于以下项目：（一）医疗机构第一名称；（二）医疗机构地址；（三）所有制形式；（四）医疗机构类别；（五）诊疗科目；（六）床位数；（七）接诊时间；（八）联系电话。（一）至（六）项发布的内容必须与卫生行政部门、中医药管理部门核发的《医疗机构执业许可证》或其副本载明的内容一致。

第七条　医疗广告的表现形式不得含有以下情形：（一）涉及医疗技术、诊疗方法、疾病名称、药物的；（二）保证治愈或者隐含保证治愈的；（三）宣传治愈率、有效率等诊疗效果的；（四）淫秽、迷信、荒诞的；（五）贬低他人的；（六）利用患者、卫生技术人员、医学教育科研机构及人员以及其他社会社团、组织的名义、形象作证明的；（七）使用解放军和武警部队名义的；（八）法律、行政法规规定禁止的其他情形。

第八条　医疗机构发布医疗广告，应当向其所在地省级卫生行政部门申请，并提交以下材料：（一）《医疗广告审查申请表》；（二）《医疗机构执业许可证》副本原件和复印件，复印件应当加盖核发其《医疗机构执业许可证》的卫生行政部门公章；（三）医疗广告成品样件。电视、广播广告可以先提交镜头脚本和广播文稿。

中医、中西医结合、民族医疗机构发布医疗广告，应当向其所在地省级中医药管理部门申请。

第九条　省级卫生行政部门、中医药管理部门应当自受理之日起20日内对医疗广告成品样件内容进行审查。卫生行政部门、中医药管理部门需要请有关专家进行审查的，可延长10日。

对审查合格的医疗广告，省级卫生行政部门、中医药管理部门发给《医疗广告审查证明》，并将通过审查的医疗广告样件和核发的《医疗广告审查证明》予以公示；对审查不合格的医疗广告，应当书面通知医疗机构并告知理由。

第十条　省级卫生行政部门、中医药管理部门应对已审查的医疗广告成品样件和审查意见予以备案保存，保存时间自《医疗广告审查证明》生效之日起至少两年。

第十一条　《医疗广告审查申请表》、《医疗广告审查证明》的格式由卫生部、国家中医药管理局规定。

第十二条　省级卫生行政部门、中医药管理部门应在核发《医疗广告审查证明》之日起五个工作日内，将《医疗广告审查证明》抄送本地同级工商行政管理机关。

第十三条　《医疗广告审查证明》的有效期为一年。到期后仍需继续发布医疗广告的，应重新提出审查申请。

第十四条　发布医疗广告应当标注医疗机构第一名称和《医疗广告审查证明》文号。

第十五条　医疗机构发布户外医疗广告，应在取得《医疗广告审查证明》后，按照《户外广告登记管理规定》办理登记。

医疗机构在其法定控制地带标示仅含有医疗机构名称的户外广告，无须申请医疗广告审查和户外广告登记。

第十六条　禁止利用新闻形式、医疗资讯服务类专题节（栏）目发布或变相发布医疗广告。

有关医疗机构的人物专访、专题报道等宣传内容，可以出现医疗机构名称，但不得出现有关医疗机构的地址、联系方式等医疗广告内容；不得在同一媒介的同一时间段或者版面发布该医疗机构的广告。

第十七条　医疗机构应当按照《医疗广告审查证明》核准的广告成品样件内容与媒体类别发布医疗广告。

医疗广告内容需要改动或者医疗机构的执业情况发生变化，与经审查的医疗广告成品样件内容不符的，医疗机构应当重新提出审查申请。

第十八条　广告经营者、广告发布者发布医疗广告，应当由其广告审查员查验《医疗广告审查证明》，核实广告内容。

第十九条　有下列情况之一的，省级卫生行政部门、中医药管理部门应当收回《医疗广告审查证明》，并告知有关医疗机构：（一）医疗机构受到停业整顿、吊销《医疗机构执业许可证》的；（二）医疗机构停业、歇业或被注销的；（三）其他应当收回《医疗广告审查证明》的情形。

第二十条　医疗机构违反本办法规定发布医疗广告，县级以上地方卫生行政部门、中医药管理部门应责令其限期改正，给予警告；情节严重的，核发《医疗机构执业许可证》的卫生行政部门、中医药管理部门可以责令其停业整顿、吊销有关诊疗科目，直至吊销《医疗机构执业许可证》。

未取得《医疗机构执业许可证》发布医疗广告的，按非法行医处罚。

第二十一条　医疗机构篡改《医疗广告审查证明》内容发布医疗广告的，省级卫生行政部门、中医药管理部门应当撤销《医疗广告审查证明》，并在一年内不受理该医疗机构的广告审查申请。

省级卫生行政部门、中医药管理部门撤销《医疗广告审查证明》后，应当自作出行政处理决定之日起5个工作日内通知同级工商行政管理机关，工商行政管理机关应当依法予以查处。

第二十二条　工商行政管理机关对违反本办法规定的广告主、广告经营者、广告发布者依据《广告法》、《反不正当竞争法》予以处罚，对情节严重，造成严重后果的，可以并处一至六个月暂停发布医疗广告直至取消广告经营者、广告发布者的医疗广告经营和发布资格的处罚。法律法规没有规定的，工商行政管理机关应当对负有责任的广告主、广告经营者、广告发布者给予警告或者处以一万元以上三万元以下的罚款；医疗广告内容涉嫌虚假的，工商行政管理机关可根据需要会同卫生行政部门、中医药管理部门作出认定。

第二十三条　本办法自2007年1月1日起施行。

§90.《广告活动道德规范》有什么主要内容？

1997年12月，国家工商行政管理局公布了《广告活动道德规范》（工商广字〔1997〕第310号），内容主要有：

一、总则

第一条　为维护广告市场秩序，促进广告业社会主义精神文明建设，增强广告主、广告经营者、广告发布者及其他参与广告活动的单位和个人的社会公德意识和职业道德观念，依据《中华人民共和国广告法》，制定本规范。

第二条　广告活动道德规范是广告活动的基本准则。凡在中华人民共和国境内从事广告活动的广告主、广告经营者、广告发布者以及其他参与广告活动的单位和个人，均应自觉遵守本规范。

第三条　各级工商行政管理机关在维护广告市场秩序，查处违法广告案件的同时，应当注重广告业职业道德建设，引导广告业树立良好风尚。

第四条　广告行业组织应当在工商行政管理机关指导下，积极开展行业自律，教育其成员单位自觉遵守和维护广告市场公平竞争、公平交易秩序，促进广告业职业道德建设。

二、广告主广告活动道德规范

第五条　广告主应当自觉维护消费者的合法权益，本着诚实信用的原则，真实科学地介绍自己的产品和服务。

第六条　广告主应当自觉遵守国家广告管理法律法规和其他有关规定，与其他广告主进行公平、正当的竞争，不得以不正当的方式和途径干扰、损害他人合法的广告活动。

第七条　广告主发布商业广告，应当自觉遵守和维护社会公共秩序和社会良好风尚，不应以哗众取宠、故弄玄虚、低级趣味等方式，片面追求广告的感官刺激和轰动效应，对社会造成不良影响。

第八条　广告主应当按照国家有关规定，积极参加各类公益事业，响应政府主管部门的号召，参与公益广告活动，树立良好的企业形象。

第九条　广告主应当在国家法律、法规的规范内，按照市场经济规律，根据服务质量，选择广告经营者的服务，自觉抵制各种损害企业利益的人情、关系广告业务。

第十条　广告主实行广告服务招标，应当尊重投标者的劳动成果，自觉履行招标承诺，自觉抵制和纠正以虚假招标形式引诱投标者投标，以及窃用投标者的广告策划和创意的不公平交易行为。

第十一条　广告主应当自觉抵制和纠正下列不正当的广告宣传：

（一）依据科学上没有定论的结论来否定他人的产品和服务，借以突出自己的产品和服务；

（二）片面宣传或夸大同类产品或服务的某种缺陷，以对比、联想等方式影射他人；

（三）未经有关部门认定假冒商标的情况下，在各种声明、启事中涉及他人的商标；

（四）擅自使用他人知名商品和服务标志作为陪衬宣传自己的产品和服务，不正当地利用和享用他人的商品声誉和商业信誉；

（五）使用不规范的行业用语或消费者无法熟知的专业术语表示商品的质量、制作成分、性能、用途、产地以及采用的技术、设备等；

（六）使用含糊不明，易使消费者产生歧义的承诺；

（七）使用不合法、不科学、不公正的评比结果和奖项；

（八）采用隐去主要事实、断章取义、偷换概念的手法使用有关数据、统计资料、调查结果、文摘和引用语，误导消费者。

三、广告经营者广告活动道德规范

第十二条　广告经营者在广告创意、设计、制作中应当依照有关广告管理法律、法规的要求，运用恰当的艺术表现形式表达广告内容，避免怪诞、离奇等不符合社会主义精神文明要求的广告创意。

第十三条　广告经营者在广告创意中使用妇女和儿童形象应当正确恰当，有利于树立健康文明的女性形象，有利于维护未成年人的身心健康和培养儿童良好的思想品德。

第十四条　广告经营者在广告创作中应当坚持创新与借鉴相结合，继承中华民族优秀传统文化，汲取其他国家和地区广告创作经验，自觉抵制和反对抄袭他人作品的行为。

第十五条　广告经营者为同类产品广告主同时或先后提供广告代理服务，应当保守各广告主的商业秘密，不得为自身业务发展的需要泄漏广告主的商业秘密。

第十六条　广告经营者应当注重广告在社会主义精神文明建设中的作用，坚持商业广告创意设计中的社会主义思想文化导向，积极参与公益广告活动，倡导正确的道德观念和社会风尚。

第十七条　广告经营者应当注重提高经营管理水平和服务质量，依靠不断提高服务质量和商业信誉与广告主建立稳定的业务关系，自觉抵制和纠正下列不正当竞争行为：

（一）利用物质引诱或胁迫等不正当手段获取其他广告经营者的商业秘密；

（二）采用给予广告主经办人好处或竞相压价等手段争夺广告客户；

（三）采用暗中给予媒介经办人财物等不正当手段争取有利或紧俏的时间和版面。

四、广告发布者广告活动道德规范

第十八条　广告发布者发布商业广告应当考虑民族传统、群众消费习惯以及广告受众的区别等社会因素，合理安排发布时段、版面，依照各类广告的发布标准和社会主义精神文明建设的要求，认真履行广告审查义务。

第十九条　广告发布者应当严格遵守国家关于禁止有偿新闻的有关规定，坚持正确的经营观念，杜绝新闻形式的广告。

第二十条　广告发布者应当严格执行国家有关广告服务价格的管理规定，根据媒介的发行量、收视率等科学依据制定合理的收费方法和收费标准。广告经营者采用招标等特殊方式确定广告价格的，招标方案和办法应当合法、公正，不得利用不正当手段哄抬广告服务价格。

第二十一条　广告发布者应当自觉执行国家关于公益广告宣传的有关规定，发挥公益广告宣传社会主义精神文明的积极作用，促进社会主义精神文明建设，树立良好的社会道德风尚。

第二十二条　广告发布者在经营活动中应自觉抵制和纠正下列行为：

（一）以不正当理由拒绝广告发布经营者正常客户代理业务，并强制该广告经营者必须通过其有特殊利益关系的代理公司进行代理；

（二）违背广告主、广告经营者的意愿搭售时间、版面或附加其他不合理的交易条件；

（三）对不同客户实行不同的收费标准，强制要求客户预付广告费，不按规定的标准返还代理费。

五、各类市场中介机构参与广告活动的道德规范

第二十三条　从事各类广告出证活动的社会团体和商业调查、技术检测、标志认证等市场中介机构，必须具备合法资格，其广告出证行为必须遵循诚实信用原则，出证内容必须真实、合法，不得助长不正当竞争和不公平交易行为。

第二十四条　各类市场中介机构以广告形式公布其推荐、介绍、调查、检测、认证结果的，应将其从事该项活动的依据，采用的方法、方式等向社会公布，自觉接受社会监督。

第二十五条　各类市场中介机构应当保证广告出证行为的客观、公正性，自觉抵制和纠正以牟利为主要目的的广告出证活动，杜绝以收费多少排名、排序，并用于广告误导消费的现象。

六、附则

第二十六条　违反本道德规范，情节严重、构成违法的，工商行政管理机关依照广告管理法律、法规和国家有关规定予以行政处罚；情节轻微的，工商行政管理机关应对其进行批评、教育，监督改正。

第二十七条　广告行业组织对违反本规范的成员，依照行业自律规则予以批评教育，直至取消其行业组织成员资格。

第二十八条　本规范自发布之日起施行。

§91. 广播电视医疗和药品广告监管有哪四个不准？

2009年2月13日，国家广电总局、卫生部、工商行政管理总局、食品药品监督管理局、中医药管理局五部委联合发出《关于进一步加强广播电视医疗和药品广告监管工作的通知》指出，近一段时期来，一些虚假违法医疗、药品广告又出现反弹，引起社会各界不满，主要有：一是不法分子非法生产销售假冒伪劣药品，并通过广播电视媒体发布广告，欺骗消费者；二是部分医疗机构和药品生产、经销企业在进行广告宣传时，使用演职人员冒充专家、学者作疗效证明甚至是虚假疗效证明，误导消费者；三是少数广播电视媒体片面追求经济利益，审查不严，违规播放广告问题时有发生。这些问题严重危害了人民群众的生命安全和身体健康，损害了医疗机构及相关行业的社会形象和信誉，影响了广播电视媒体的社会公信力。为维护人民群众正当权益，现就进一步加强广播电视医疗、药品广告的监管工作通知如下：

（1）广播电视媒体要做好播前审查把关工作，坚决杜绝虚假违法的医疗和药品广告。各级广播电视媒体要树立政治意识、责任意识，切实做好医疗、药品广告审查和播放工作。要严格依据《广告法》、《医疗广告管理办法》、《药品广告审查办法》、《药品广告审查发布标准》等有关法律规章，认真审核有关证明文件，坚决做到：凡审批证明不符合要求，或擅自篡改审批内容的一律不得播放；凡以专家、患者形象作疗效证明的一律不得播放；凡含有宣传治愈率、有效率及医生与患者进行现场或热线沟通交流内容的一律不得播放；凡由药品生产、经销企业或医疗机构制作的医疗、健康类资讯服务节目一律不得播放。

（2）广播电视媒体要严格审查医疗、健康类节目中嘉宾的资质，避免误导受众。广播电视播出机构自行制作播放宣传普及疾病防控等科学知识的医疗、健康类节目时，需要聘请医学专家作为嘉宾的，播出机构必须认真审核嘉宾的医师执业证书、工作证、职称证明等相关证明。禁止聘请不具备执业资质的人士担当医疗、健康类节目的嘉宾。严禁以演员和社会名人主持医疗、健康类节目。

（3）广播电视媒体要认真自查自纠，清理虚假违法医疗、药品广告。各级广播电视媒体应按本《通知》要求，对本单位拟发布的医疗、药品广告及医疗资讯服务节目进行全面清查，凡不符合要求的，必须立即停播。在自查过程中，对有关广告审批证明的真实性难以确认的，应向当地卫生、药监、中医药等部门进行核实。经确认属实的，方可继续播出。

（4）有关部门应各司其职，标本兼治，加强各个环节的监管。广电、工商、卫生、药监、中医药等行政管理部门应根据“整治虚假违法广告专项行动部际联席会议制度”的要求，加强沟通协调，通力配合，加大对虚假违法医疗、药品广告的整治力度。

工商行政管理部门要依法加强对广告活动主体的监管，要结合企业信用体系建设，将制作、发布虚假违法广告的行为，纳入广告主、广告经营者的不良信用记录；对屡次制作、发布虚假违法广告或发布广告造成严重不良社会影响的，应依法停止或取消其广告经营、发布资格。

卫生行政部门、中医药管理部门应将整治虚假违法医疗广告与打击非法行医结合起来，严格审查医疗广告。对审查通过的医疗广告，应通过政府网站发布公告等方式及时向社会公示；建立制度化的监测体系，定期对媒体发布的医疗广告进行监测；要严肃查处发布虚假违法广告的医疗机构，对未取得《医疗广告审查证明》或擅自篡改其内容发布广告的医疗机构，应及时责令改正，给予警告或责令其停业整顿、吊销有关诊疗科目，并将有关情况通报工商部门。

药品监督管理部门应切实履行药品广告审查管理职能，严格执行药品广告审查发布标准，从严审批药品广告。对审查批准发布的药品广告，应通过政府网站发布公告等方式向社会及时公示；要加强广告发布后监测，对发布违法广告的及时移送工商部门查处；加强对违法发布药品广告企业的治理力度，将违法发布广告行为计入企业不良信息记录，向社会公示，对情节严重的应依法采取暂停其品种销售的行政控制措施，依法撤销广告批准文号。

广电行政管理部门应进一步完善监管系统，加强对广播电视媒体医疗、药品广告播放的监管。对违法违规发布广告的，应责令其立即整改；建立责任追究制度，对出现严重违规问题的，要对直接责任人给予处分，并追究其主要负责人的责任。

（5）狠抓典型，严肃处理重大违法违规问题。各监管部门对制作、发布虚假违法的医疗、药品广告构成犯罪的，应及时移交公安、司法等部门，依法追究其法律责任。对监管过程中发现的典型违法违规问题，应向社会公开曝光。

§92. 电视购物短片广告和居家购物节目有什么主要规定？

2009年9月10日，广电总局下发《关于加强电视购物短片广告和居家购物节目管理的通知》。《通知》指出，近年来，电视购物短片广告和居家购物节目发展迅速，为活跃市场、扩大内需、调整经济结构，发挥了积极作用。但是，一些广播电视播出机构不认真履行审查责任，一些电视购物短片广告中存在的虚假违法、内容庸俗、夸大宣传、误导消费者等现象，造成了不良社会影响，损害了广播电视的社会公信力。为规范电视购物短片广告和居家购物节目制作、审查、播出等环节的管理，建立行业准入和退出机制，促进形成“广电为主，诚信为本，规范发展”的电视购物健康发展格局，维护消费者合法权益，广电总局专门下发通知，提出如下要求：

（1）根据《广播电视广告播出管理办法》，自2010年1月1日起，所有电视购物短片广告作为广告管理，计入广告播出总量，不再执行《广电总局关于禁止播出虚假违法广告和电视“挂角广告”、游动字幕广告的通知》（广发社字〔2005〕547号）中每小时播出此类节目“总长度不得超过15分钟”的规定。新闻、国际等专业频道和电视购物频道，不得播出电视购物短片广告。教育、少儿等专业频道不得播出不宜未成年人收看的电视购物短片广告。上星频道每天18点至24点的时段内，不得播出电视购物短片广告。

（2）在电视购物频道播出的居家购物节目作为广播电视节目管理，广播电视播出机构须严格遵守《广播电视管理条例》等行政法规和规章，加强对节目内容策划和审查把关。主持人必须依法持证上岗。

（3）电视购物短片广告和居家购物节目必须坚持正确导向，坚持良好文化品位。要如实介绍所售商品，标明商品销售企业名称，公布在一定期限内可“无条件退货”和“验货付款”的承诺。特殊类商品，还必须标明相关审批文号等信息。有投资风险或者可能产生副作用的商品，必须在广告或者节目中明确提示。严禁出现以下内容：①内容虚假违法、格调庸俗低下；②夸大、夸张宣传，误导消费；③以公众人物、专家等名义作证明；④虚构断货、抢购、甩货等情形推销商品；⑤谎称商品通过认证、获得奖项或者荣誉称号等；⑥虚构或者伪造科研成果、统计资料等材料作证明；⑦法律、行政法规、规章禁止的其他内容。

（4）严禁播出下列电视购物短片广告和居家购物节目：①含有违反本通知第三条规定内容的；②介绍药品、性保健品和丰胸、减肥产品的；③介绍无产品名称、无生产厂厂名和厂址的产品；④介绍帮助人体增高的器械或者内服产品的；⑤介绍植入人体式的或者需专业人士操作的各类医疗器械的；⑥出现人体性器官解剖图解、动画演示画面的；⑦法律、行政法规、规章禁止的其他广告和节目。

（5）广播电视播出机构应选择市场信誉好、资金实力强、产品质量有保障的电视购物企业所投放的电视购物短片广告。要严格审验在电视台投放电视购物短片广告的电视购物企业资质和条件：①注册资本金不少于1000万元人民币；②具有固定经营场所；③具有不少于100个坐席的呼叫系统、物流配送和结算系统；④具有规范的产品保修、退货、投诉处理等售后服务制度和相应机构、人员；⑤合作前三年内无商业欺诈和虚假违法等不良记录。自2010年1月1日起，广播电视播出机构一律不得播出不具备上述条件的电视购物企业提供的电视购物短片广告。被省级以上工商、卫生、药监等有关行政部门处理或者被司法部门追究刑事责任的电视购物企业，广播电视播出机构在5年内不得接受其投放的广告。

（6）广播电视播出机构应当加强对所播出的电视购物短片广告的审查并对居家购物节目内容负责。要严格依法履行审查义务，坚持播前审查、重播重审等各项审查制度。建立公众投诉制度，向社会公布投诉电话或网址，及时处理公众反映的问题。因审查把关不严，播出违法违规电视购物短片广告和居家购物节目的播出机构，广播影视行政部门应依法给予行政处理，对消费者造成损害的，广播电视播出机构还须承担相应的法律责任。积极支持行业自律组织和社会中介组织实行“保障赔付基金”机制，切实维护消费者合法权益。

《通知》要求，各级广播影视行政部门应加强对电视购物短片广告和居家购物节目日常监管，对违反规定的广播电视播出机构和广播电视有线网络公司（机构），应按照《广播电视管理条例》、《广播电视广告播出管理办法》和《广播电视播出机构违规处理办法（试行）》等规定，给予警告、罚款、责令停播违规节目、广告，直至由批准机关吊销违规频道、播出机构许可等行政处理。对公众投诉量较大，经国家相关部门调查核实，确属存在欺骗消费者行为的，或者违反本通知规定的电视购物短片广告和居家购物节目，应及时责令停播，并向社会公告。

§93. 医疗资讯服务和电视购物节目内容有什么主要管理规定？

国家广电总局2007年7月联合国家工商总局发出《关于整顿广播电视医疗资讯服务和电视购物节目内容的通知》说，近来，一些医疗机构在广播电视医疗资讯服务节目中，隐含保证治愈内容，夸大诊疗效果，利用专家、患者名义做证明，误导患者；一些电视购物公司在电视购物节目中夸大产品功能，特别是一些丰胸、减肥产品，以消费者使用产品前后形象作对比，使用不科学地表示功效的断言，保证使用效果。这些问题损害了消费者合法权益，影响了广播电视媒体的社会公信力。为此，国家广播电影电视总局、国家工商行政管理总局决定对广播电视医疗资讯服务和电视购物节目进行整顿，有关事项通知如下：

（1）医疗资讯服务节目应侧重介绍疾病预防、控制和治疗的科学知识。以医生、药师、专家等专业人士作为特约嘉宾进行健康讲座的，不得在此类节目中宣传治愈率、有效率；不得宣传未经医疗界普遍认定和采用的医疗方法；不得播出专家或医生与患者或家属现场或热线沟通、交流的内容。此类节目可以介绍特约嘉宾的身份、技术职称及其所在医疗机构的名称，除广播电视播出机构设立的听（观）众咨询电话外，不得出现被介绍医疗机构的地址、联系方式。

（2）电视购物节目内容，应当真实、合法，标明推销产品的经营、销售企业名称及有关产品审查批准文号。自 2007 年 8 月 1 日起，所有广播电视播出机构暂停播出介绍药品、医疗器械、丰胸、减肥、增高产品的电视购物节目，待有新通知后按照新规定执行。

（3）各地广播影视局收到本通知后，要立即督促、监督各播出机构按照本通知的要求整改落实，逐条自查自纠。对节目内容审查不严，并造成严重后果的播出机构，由广播电视行政部门依照国家有关法律、法规给予相应行政处罚，同时追究其主要负责人和直接责任人的责任。各地工商行政管理机关要加强广播电视医疗资讯服务和电视购物节目中有关广告内容的监管和监测，对违反法律法规的相关机构和企业依法查处，及时曝光典型案件。

§94. 互联网视听节目内容管理有什么主要管理规定？

为加强网络文化建设和管理，传播社会主义先进文化，抵制互联网视听节目领域的低俗之风，扎实推进互联网视听节目建设，广电总局发出《广电总局关于加强互联网视听节目内容管理的通知》，就加强互联网视听节目内容管理问题通知如下：

（1）根据《互联网视听节目服务管理规定》第十六条规定，互联网视听节目不得含有以下内容：①反对宪法确定的基本原则的；②危害国家统一、主权和领土完整的；③泄露国家秘密、危害国家安全或者损害国家荣誉和利益的；④煽动民族仇恨、民族歧视，破坏民族团结，或者侵害民族风俗、习惯的；⑤宣扬邪教、迷信的；⑥扰乱社会秩序，破坏社会稳定的；⑦诱导未成年人违法犯罪和渲染暴力、色情、赌博、恐怖活动的；⑧侮辱或者诽谤他人，侵害公民个人隐私等他人合法权益的；⑨危害社会公德，损害民族优秀文化传统的；⑩有关法律、行政法规和国家规定禁止的其他内容。

（2）各互联网视听节目服务单位对有下列情节的视听节目要及时进行剪节、删除：①恶意曲解中华文明、中国历史和历史史实的；恶意曲解他国历史，不尊重人类文明、他国文明和风俗习惯的；②蓄意贬损、恶搞革命领袖、英雄人物、重要历史人物、中外名著及名著中重要人物形象的；③恶意贬损人民军队、武装警察、公安和司法形象的；有虐待俘虏、刑讯逼供罪犯或犯罪嫌疑人等情节的；④表现违法犯罪嚣张气焰，具体展示犯罪行为细节，暴露特殊侦查手段，暴露应当受到保护的举报人、证人等形象、声音的；⑤鼓吹宗教极端主义，挑起各宗教、教派之间，信教与不信教群众之间的矛盾和冲突，伤害群众感情的；⑥宣扬看相、算命、看风水、占卜、驱鬼治病等封建迷信活动的；⑦以恶搞方式描绘重大自然灾害、意外事故、恐怖事件、战争等灾难场面的；⑧具体展现淫乱、强奸、乱伦、恋尸、卖淫、嫖娼、性变态、自慰等情节的；⑨表现或隐晦表现性行为、性过程、性方式及与此关联的过多肉体接触等细节的；⑩故意展现、仅用肢体掩盖或用很小的遮盖物掩盖人体隐私部位的；⑪带有性暗示、性挑逗等易使人产生性联想的；⑫宣扬婚外恋、多角恋、一夜情、性虐待和换妻等不健康内容的；⑬以成人电影、情色电影、三级片、偷拍、走光、露点及各种挑逗性文字或图片作为视频节目标题或分类的；⑭有强烈刺激性的凶杀、血腥、暴力、自杀、绑架、吸毒、赌博、灵异等情节的；⑮有过度惊悚恐怖的画面、字幕、背景音乐及声音效果的；⑯具体展示虐杀动物，捕杀、食用国家保护类动物的；⑰带有侵犯个人隐私内容的；⑱以肯定、赞许的基调或引人模仿的方式表现打架斗殴、羞辱他人、污言秽语的；⑲宣扬消极、颓废的人生观、世界观和价值观，刻意渲染、夸大民族愚昧落后或社会阴暗面的；⑳国家广播电影电视总局禁止传播的影视节目以及电影、电视剧的删减片段；㉑违反相关法律、法规精神的。

（3）互联网视听节目服务单位要完善节目内容管理制度和应急处理机制，聘请高素质业务人员审核把关，对网络音乐视频MV、综艺、影视短剧、动漫等类别的节目以及“自拍”、“热舞”、“美女”、“搞笑”、“原创”、“拍客”等题材要重点把关，确保所播节目内容不违反本通知第一、二条规定。同时，对网民的投诉和有关事宜要及时处置。

（4）互联网视听节目服务单位传播的影视剧，必须符合广播电影电视管理的有关规定，依法取得广播影视行政部门颁发的《电影片公映许可证》、《电视剧发行许可证》或《电视动画片发行许可证》；传播的理论文献影视片须依法取得广播影视行政部门颁发的《理论文献影视片播映许可证》。未取得《电影片公映许可证》的境内外电影片、未取得《电视剧发行许可证》的境内外电视剧、未取得《电视动画片发行许可证》的境内外动画片以及未取得《理论文献影视片播映许可证》的理论文献影视片，一律不得在互联网上传播。

（5）从事互联网视听节目服务的单位要完善节目版权保护制度，严格遵守著作权法律、行政法规的规定，所播节目应具有相应版权。要采取版权保护措施，保护著作权人的合法权益。

各地广电管理部门要依法行政，恪尽职守，切实加强互联网视听节目内容管理，督促视听节目网站认真执行、自觉遵守上述规定，积极努力营造和谐、绿色的网络视听节目环境。

§95. 互联网证券期货信息、广告宣传等专业性视听节目服务管理有什么规定？

2009年8月31日，国家广电总局、中国证券监督管理委员会发出《关于加强互联网证券期货信息、广告宣传等专业性视听节目服务管理的通知》，《通知》说，为深入贯彻落实《互联网视听节目服务管理规定》（国家广电总局、信息产业部令第56号），进一步加强互联网视听节目服务管理，规范网站证券期货视听信息传播行为，现就互联网证券期货信息、广告宣传等专业性视听节目服务管理的有关问题通知如下：

（1）互联网站播放证券期货信息类视听节目，节目内容应符合互联网视听节目管理规定，以及《证券法》和证券期货信息传播相关管理规定。网站所播放的证券期货信息类视听节目及涉及国家宏观经济形势、政策和证券期货市场改革监管措施的访谈、评论类视听节目，应由广播电台、电视台或具有证券、期货投资咨询相关资格的机构制作和提供。在节目中分析、预测证券期货市场，证券期货及衍生品种的行情走势，提供投资建议的机构和人员必须具备证券期货投资咨询相关资格。网站应对提供证券期货信息类视听节目的机构和节目中分析、预测证券期货市场，证券期货及衍生品种的行情走势，提供投资建议的机构及人员是否具备证券期货投资咨询相关资格进行审查，并在节目显著位置公示（公告）机构全称、业务资格证书号码，以及参与节目人员姓名、所属机构全称和资格证书号码。互联网站不得播出带有（证券服务及产品类）广告营销和客户招揽信息的证券期货讯息类视听节目，不得为无证券期货相关资格的机构和人员从事非法证券期货活动提供便利。

（2）互联网站利用搜索引擎技术，编辑、集成其他网站上的视音频节目信息并向公众提供互联网视听节目聚合服务的，应按照《互联网视听节目服务管理规定》取得《信息网络传播视听节目许可证》。互联网视听节目聚合服务网站所聚合的节目信息，限于持有《信息网络传播视听节目许可证》网站上的实时节目信息。

（3）互联网站登载、播放产品介绍、服务推介、企业形象宣传等视听节目（如视频看房、汽车实拍、菜肴烹调、游戏视频、景区展示等），按国家关于广告管理的相关法规、规范实施管理。网站在登载、播放广告类视听节目的同时，还播放行业信息、咨询及其他各类视听节目的，或为其他网站或个人提供视听节目上传服务的，须按《互联网视听节目服务管理规定》办理《信息网络传播视听节目许可证》（AVSP）。

§96.《互联网站禁止传播淫秽、色情等不良信息自律规范》有什么内容？

2004年6月10日中国互联网协会互联网新闻信息服务工作委员会发布《互联网站禁止传播淫秽、色情等不良信息自律规范》，内容主要有：

第一条　为促进互联网信息服务提供商加强自律，遏制淫秽、色情等不良信息通过互联网传播，推动互联网行业的持续健康发展，特制定本规范。

第二条　互联网站不得登载和传播淫秽、色情等中华人民共和国法律、法规禁止的不良信息内容。

第三条　淫秽信息是指在整体上宣扬淫秽行为，具有下列内容之一，挑动人们性欲，导致普通人腐化、堕落，而又没有艺术或科学价值的文字、图片、音频、视频等信息内容，包括：

（1）淫亵性地具体描写性行为、性交及其心理感受；

（2）宣扬色情淫荡形象；

（3）淫亵性地描述或者传授性技巧；

（4）具体描写乱伦、强奸及其他性犯罪的手段、过程或者细节，可能诱发犯罪的；

（5）具体描写少年儿童的性行为；

（6）淫亵性地具体描写同性恋的性行为或者其他性变态行为，以及具体描写与性变态有关的暴力、虐待、侮辱行为；

（7）其他令普通人不能容忍的对性行为淫亵性描写。

第四条　色情信息是指在整体上不是淫秽的，但其中一部分有第三条中（1）至（7）的内容，对普通人特别是未成年人的身心健康有毒害，缺乏艺术价值或者科学价值的文字、图片、音频、视频等信息内容。

第五条　互联网站从事登载新闻信息、电子公告服务以及移动电信增值服务等业务，应当依照有关法律法规的规定，履行审批或备案手续，取得合法资格；新闻信息应来源于具有向互联网站提供新闻信息资质的媒体或其他合法的内容提供商。

第六条　不渲染、不集中展现关于性暴力、性犯罪、性绯闻等新闻信息；此类内容须严格控制数量，并不得在多个频道或栏目同时登载。登载这类新闻信息，应有利于弘扬社会正气和维护社会公德，确保导向正确。

第七条　登载有关医学医疗、生理卫生、婚姻家庭、人体艺术和与此相关的自然、社会科学信息内容，应建立信息内容的审核制度，做到内容健康、科学，来源合法、可靠。

第八条　不开设或变相开设为不道德性行为和性交易提供便利的频道或专栏；开设交友类专题频道或栏目，应明确说明该栏目的目的、网友行为规范和公布有关法律警示；非注册用户不得在该类频道或栏目张贴信息，对注册用户上传的信息实行先审后发。

第九条　对利用互联网电子公告服务系统，短信息服务系统传播淫秽、色情等不良信息的用户，应将其IP地址列入“黑名单”，对涉嫌犯罪的，应主动向公安机关举报。

第十条　不与非法网站建立任何性质的合作关系；不与其他网站或企业建立违背政府有关部门规定的联盟或协作关系。

第十一条　不以任何形式登载和传播含有淫秽、色情等不良信息内容的广告；不为含有淫秽、色情等不良信息内容的网站或网页提供任何形式的宣传和链接。

第十二条　违反本自律规范的互联网站，应及时纠正违规行为；经劝说、警告无效的，互联网新闻信息服务工作委员会有义务向政府有关部门建议，取消其提供相关信息服务的资质。

第十三条　互联网信息服务提供商和从业人员均有自觉维护中华人民共和国法律法规、社会主义道德规范的责任和义务，自觉接受政府的管理。

第十四条　加入《互联网站信息服务自律公约》的成员单位应遵守本自律规范。

第十五条　《互联网站禁止传播淫秽、色情等不良信息自律规范》由互联网新闻信息服务工作委员会负责监督执行。

第十六条　本规范从发布之日起执行。

§97. DV片和电脑网络游戏类节目有什么主要管理规定？

国家广电总局2004年5月发出《关于加强影视播放机构和互联网等信息网络播放DV片管理的通知》（广发社字〔2004〕520号），指出：近年来，随着小型数码摄像机（DV机）的普及，一些社会机构和个人制作的各类DV片已经成为电视台和信息网络的视听节目源之一，其中大部分内容是健康有益的，但也有一些DV片题材晦涩，内容消极，有的还将这类DV片送往境外参评参展，造成不良影响。为坚持正确导向，引导DV片创作的良性发展，丰富群众的文化生活，抵制不健康精神产品的传播，现就加强DV片播放管理的有关事宜通知如下。

（1）电视台、互联网站等信息网络机构和数字电影院播放由社会机构和个人制作的各类DV片，必须根据《广播电视管理条例》和《电影管理条例》及有关规定，事先对其内容进行审查。凡违反规定，或格调不高、内容导向存在问题的作品一律不得播放和传播。凡涉及宗教、民族、社会敏感问题的DV作品，应征求当地有关部门的意见。对其中把握不准，或有可能引起社会负面影响的，不得安排播放。

（2）管理部门应加强对电视台开办由社会机构和个人制作DV片的专门栏目的管理。在互联网等信息网络播放DV片，应与播放电影、电视剧等视听节目一样纳入管理，必须取得《网上传播视听节目许可证》后方可传播DV片。数字电影院播放DV片，应符合《电影管理条例》等电影法规的规定。广播影视部门举办区域性、全国性的DV作品评奖或展播活动，主办机构应事先报省级以上广播电视行政管理部门备案，举办国际性的DV作品评奖或展播活动，需按程序报国家广电总局批准。各级广播影视管理部门应切实履行对电视台、互联网站等信息网络机构和数字电影院播放DV片的管理职责，对监管中发现的问题，应及时纠正。对违反规定的，要依据有关规定给予责任者相应的行政处理。

（3）任何机构或个人参加境外影视机构举办的或其他专业影视节展的DV作品评奖、展播活动，其作品应事先取得《电视剧发行许可证》、《电影片公映许可证》，或已经在境内电视台公开播放的证明。对未取得上述证明，擅自将DV作品送境外参展或评奖，并造成不良影响的，一经发现核实，由广电总局向社会公告违规的当事机构或当事人名单，并要求境内所有电视台、互联网站等信息网络机构和数字电影院在三年内不得播放其任何影视和 DV 作品。当事机构或当事人在三年内，不得从事其他广播影视节目制作经营活动。

（4）广播影视播出机构和节目制作机构要积极创作生产思想性、艺术性和观赏性俱佳的各类 DV 作品，促进和推动 DV 作品质量的普遍提高。各级广播影视管理部门和专业影视机构要以适当方式，加强对社会机构和个人制作 DV 作品的正面引导，将社会制作 DV 作品的积极性、关注点引导到健康的轨道上来，既丰富群众业余文化生活，又不断提高其创作水平。

（5）用 DV 机拍摄的 DV 电影或转制成的电影片，凡进入电影院、电影频道等大众传播媒体及其他公共场所，参加境内外电影节（展）等，按电影管理条例和有关电影法规执行。

国家广播电影电视总局 2007 年 2 月发布《关于禁止播出电脑网络游戏类节目的通知》（广发编字〔2004〕331 号）指出：

最近，某些广播电视播出机构设置电脑网络游戏栏目，播出电脑网络游戏节目，给未成年人的健康成长带来不利影响，广大群众对此意见很大。根据中央领导指示精神，为贯彻落实中共中央、国务院《关于进一步加强和改进未成年人思想道德建设的若干意见》，为广大未成年人的健康成长提供良好的文化舆论环境，现就有关问题通知如下：

（1）各级广播电视播出机构要切实提高政治意识、大局意识和责任意识，充分认识做好未成年人思想道德建设工作的重要性，认真贯彻落实中共中央、国务院《关于进一步加强和改进未成年人思想道德建设的若干意见》，采取积极有效措施，努力办好未成年人节目。

（2）各级广播电视播出机构一律不得开设电脑网络游戏类栏目，不得播出电脑网络游戏节目。同时，要在相应的节目中宣传电脑网络游戏可能给未成年人健康成长带来的负面影响，积极引导他们正确利用电脑网络的有益功能，正确对待电脑网络游戏。

（3）各级广播电视行政部门在接到通知后，要对所属各级电台、电视台有关电脑网络游戏宣传情况进行全面清理检查，并建立健全管理制度，加强宣传管理，坚决防止任何有害未成年人健康成长的节目播出。

§98. 车载、楼宇等公共视听载体有什么主要管理规定？

广电总局 2007 年 12 月发出《广电总局关于加强车载、楼宇等公共视听载体管理的通知》（广发〔2007〕118号），《通知》说：

（1）加强公共视听载体播放视听节目管理是一项重要的广播电视管理工作。通过公共视听载体播放新闻、资讯及娱乐等各类视听节目，为广大流动人群提供及时快捷的信息和娱乐服务，逐渐成为一种新的视听节目播出形态，具备了与传统广播电视相同的媒体属性。各级广播影视行政管理部门要采取有效措施加强管理，督促从业机构遵守国家有关法规，同时建立健全内部监管机制，杜绝安全播出隐患。

（2）通过公共视听载体播放视听节目必须经过依法审批。凡通过广播电视网、互联网及其他信息网络在车载、楼宇、机场、车站、商场（商铺）、银行、医院及户外公共载体播放视听节目的，均应按照《广播电视管理条例》（国务院228号令）和互联网视听节目服务管理的相关规定报广电总局批准。未经批准，不得通过广播电视网、互联网及其他信息网络在上述公共载体播放视听节目新闻、影视剧、体育、科技、娱乐等各类视听节目。

（3）不得利用广告载体擅自播放视听节目。采用人工更换硬盘（CF卡、DVD）方式，在公共交通工具、楼宇内及户外设置的广告发布平台，只限于播放广告内容，不得播放新闻和其他各类视听节目。已经擅自播放视听节目的，应立即停止播出。

§99. 各类广播电视节目中属于低俗的有些什么内容？

2010年以来，一些广播电视机构制作和播出的部分节目传播崇尚拜金主义、享乐主义、极端个人主义等价值取向，挑战道德底线，过度追求娱乐效果，迎合不健康的猎奇心理等，引起了不良的社会效果，损害了广播电视媒体的公信力。各类广播电视节目中存在以下低俗的内容：

（1）主持人、嘉宾在节目中展示、宣扬甚至崇尚拜金主义、享乐主义、极端个人主义等价值取向，传播与社会主义核心价值体系相悖的价值观。

（2）节目中挑战道德底线、对见义勇为、尊老爱幼、扶弱济贫等良好品行恣意嘲笑、丑化、戏弄。

（3）婚恋交友类节目中嘉宾散布金钱至上的拜金主义言论，颠覆正确的婚姻观、家庭观、道德观；对性解放、婚前性行为、一夜情、婚外恋等不良行为采取欣赏、炫耀、猎奇态度的言论。

（4）娱乐新闻节目热衷报道名人、明星八卦绯闻、隐私，恶炒网上垃圾新闻和虚假信息。

（5）情感故事类节目编造虚假故事，热衷情感窥私，展示阴暗心理，现场争吵打架，展示低级、扭曲的人生观、道德观。

（6）主持人服装暴露，用情色语言进行挑逗，粗口恶语相加，自损并损人。

（7）邀请有争议的“网络红人”或另类人物参加节目，为他们提供自我吹嘘和炒作的平台，鼓吹推销其错误的价值观和恶俗的审美情趣。

（8）夜间广播节目等露骨地谈论性生活、性体验、性体会、性器官和吹嘘性药功能，猎奇于畸形恋、变性人、性变态等不健康的性取向。

（9）综艺娱乐类节目追求娱乐至死，刻意设置整人环节，展示具有较高危险性的“绝活”，戏弄嘉宾；对身患残疾或有生理缺陷的人讽刺挖苦。

（10）健康保健类节目中宣扬封建迷信和伪科学，宣传不科学的健身保健方法，推销假药和假保健品。

§100. 广播电视涉性下流节目指哪些？

我国法制关于淫秽物品的最权威定义和认定标准为现行《刑法》第三百六十七条，有如下规定：“本法所称淫秽物品，是指具体描绘性行为或者露骨宣扬色情的诲淫性的书刊、影片、录像带、图片及其他淫秽物品。”“有关人体生理、医学知识的科学著作不是淫秽物品。”“包含有色情内容的有艺术价值的文学、艺术作品不视为淫秽物品。”

2004年，最高人民法院、最高人民检察院发布《关于办理利用互联网、移动通信终端、声讯台制作、复制、出版、贩卖、传播淫秽电子信息刑事案件具体应用法律若干问题的解释》，对该条中的“其他淫秽物品”，补充规定“包括具体描绘性行为或者露骨宣扬色情的诲淫性的视频文件、音频文件、电子刊物、图片、文章、短信息等互联网、移动终端电子信息和声讯台语音信息”。

此前，1985年国务院《关于严禁淫秽物品的规定》规定淫秽物品的范围是“具体描写性行为或露骨宣扬色情淫荡形象的录像带、录音带、影片、电视片、幻灯片、照片、图画、书籍、报刊、抄本，印有这类图照的玩具、用品”。这个“规定”也注意到必须划分淫秽物品和非淫秽物品的界限，提出“夹杂淫秽内容的有艺术价值的文艺作品，表现人体美的美术作品，有关人体的生理、医学知识和其他自然科学作品，不属于淫秽物品的范围，不在查禁之列”。这个规定至1997年《刑法》颁布后，遂由《邢法》这个更高位阶的规定所取代。

1988年新闻出版署公布《关于认定淫秽及色情出版物的暂行规定》，其中淫秽出版物被定义为“在整体上宣扬淫秽行为，具有下列内容之一，挑动人们的性欲，足以导致普通人腐化堕落，而又没有艺术价值或者科学价值的出版物”。共列有七种情况：“（一）淫亵性地具体描写性行为、性交及其心理感受；（二）公然宣扬色情淫荡形象；（三）淫亵性地描述或者传授性技巧；（四）具体描写乱伦、强奸或者其他性犯罪的手段、过程或者细节，足以诱发犯罪的；（五）具体描写少年儿童的性行为；（六）淫亵性地具体描写同性恋的性行为或者其他性变态行为。（七）其他令普通人不能容忍的对性行为淫亵性描写。”

2007年9月以来，国家广电总局明确要求：各级广播影视播出机构不得以任何理由和名目策划、制作和播出违背伦理道德、亵渎科学文明的节目栏目。凡涉及性生活、性经验、性体会、性器官和性药功能等内容的节目栏目，一律不得策划、制作、播出，正在制作、播出的必须立即停止。

广电总局又要求，各省、区（市）广播影视局主要负责同志要亲自过问，不折不扣地贯彻执行总局有关宣传管理规定。各省、区（市）广播影视局要成立专门机构，组织专门力量，统一行动，立即对辖区内播出机构，特别是地（市）、县广播电视播出机构进行全面彻底的清理检查。对拒不执行总局规定的，要向当地党委、政府提出处理意见，严肃查处违规机构和人员。广电总局表示，将派人实地调查各地整治广播电视涉性下流节目的情况。凡拒不执行总局规定的，将发现一起，严肃查处一起。

参考文献

1. 中华全国新闻工作者协会．学习马克思主义新闻观．长春：吉林人民出版社，2001

2. 中共广东省委宣传部，广东省新闻工作者协会，广东省新闻学会．马克思主义新闻观学习读本．广州：南方日报出版社，2001

3. 中共广东省委宣传部，广东省新闻工作者协会，广东省新闻学会．“三项学习教育活动”辅导读本．广州：南方日报出版社，2003

4. 童兵．马克思主义新闻经典教程．上海：复旦大学出版社，2009

5. 陈力丹．马克思主义新闻思想概论．上海：复旦大学出版社，2003

6. 林枫．马克思主义新闻观．北京：新华出版社，2005

7. 陈富清．马克思主义新闻观与广播电视业．北京：中国广播电视出版社，2002

8. 陈富清．江泽民舆论导向思想研究．北京：新华出版社，2003

9. 十七大报告学习辅导百问编写组．十七大报告学习辅导百问．北京：党建读物出版社，学习出版社，2007

10. 十七大党章修正案学习问答编写组．十七大党章修正案学习问答．北京：党建读物出版社，2007

11. 金炳华．新闻工作者必读．上海：文汇出版社，2001

12. 黄瑚．新闻法规与职业道德教程．上海：复旦大学出版社，2003

13. 中华新闻报社．记者·编者·作者必备．北京：新华出版社，1999

14. 国家广电总局．广播影视管理实用手册．北京：法律出版社，2010

15. 广电总局人教司法规司．广播电视法规选编．北京：北京广播学院出版社，2003

16. 中国广播电视学会，神州电视有限公司．中国广播影视法规政策实用手册．北京：中国广播电视出版社，1996

17. 广电总局法规司．广播影视法规汇编．北京：中国广播电视出版社，2006

18. 广电总局社管司．广播电视行业管理手册．北京：中国广播电视出版社．2001

19. 朱虹，王蓓．广播电影电视依法行政读本．北京：红旗出版社，2004

20. 魏永征．新闻传播法教程（第二版）．北京：中国人民大学出版社，2006

21. 魏永征，李丹林．影视法导论．上海：复旦大学出版社，2005

22. 陈绚．大众传播法规案例教程．北京：中国人民大学出版社，2009

23. 郭娅莉，孙江华，龚灏．媒体政策与法规．北京：中国传媒大学出版社，2006

24. 涂昌波．广播影视法律案例编析．北京：中国广播电视出版社，2010

25. 吴飞．大众传播法论．杭州：浙江大学出版社，2004

26. 广电总局人教司，北京广播学院新闻传播学院．新闻传播学基础知识．北京：北京广播学院出版社，2003

27. 朱虹．中国广播影视发言人答问录．北京：中国传媒大学出版社，2010

28. 汪兴明，李希光．政府发言人 15 讲．北京：清华大学出版社，2006

29. 汤李梁．把握舆论导向七百例．北京：人民日报出版社，2001

30. 何富麟．舆论导向学．乌鲁木齐：新疆人民出版社，2003

31. 蔡铭泽．新闻学概论新编．广州：暨南大学出版社，2000

32. 陆晔，赵民．当代广播电视概论．上海：复旦大学出版社，2008

33. 郑保卫．新闻理论新编．北京：中国人民大学出版社，2007

34. 郭庆光．传播学教程．北京：中国人民大学出版社，1999

35. 何梓华．新闻理论教程．北京：高等教育出版社，1999

36. 支庭荣．媒介管理．广州：暨南大学出版社，2000

37. 郑兴东．受众心理和传媒引导．北京：新华出版社，1999

38. 李幸，冯小宁．南方媒体领袖．广州：南方日报出版社，2005

39. 王克曼，冯令沂．中国广电体制改革南方模式．广州：广东省出版集团·广东人民出版社，2008

40. 谭天等．港澳台广播电视．广州：暨南大学出版社，2010

41. 区念中，余瑞金，张中南，陈欢乡，杨德健．电视传播与边界跨越．广州：羊城晚报出版社，2006

42. 徐光春．新闻纵横谈．杭州：浙江教育出版社，2000

43. 童兵．童兵自选集．上海：复旦大学出版社，2004

44. 喻国明．喻国明自选集．上海：复旦大学出版社，2004

45. 陈汝东．传播伦理学．北京：北京大学出版社，2006

46. 广东电视台总编室．电视宣传工作手册．2001

47. 广东省广播电视节目监听监看中心．广播电视节目监管文件汇编．2010

48. 中华全国新闻工作者协会，新闻战线“三项学习教育”活动领导小组办公室. 中国新闻工作法律手册．北京：新华出版社，2010

49. 南方电视台总编室．宣传管理工作制度汇编．2009

50. 广播影视业务教育培训丛书编写组．广播电视综合知识．北京：中国国际广播出版社，2007

51. 广电总局宣管司．广播电视宣传管理手册（试用版）．2010

后　记

2011年，是中国共产党成立九十周年，在各有关方面的关心和支持下，我们编写了这本小册子，内容主要由“马克思主义新闻观与坚持正确导向”、“党的纪律与职业道德”和“节目管理法律规范”三个方面组成。而这三个方面各自都汇聚了许多经典论著及权威学术人士的心血和成果，并出版了许多专辑或汇编作品，这对我们汇编这本小册子，无疑提供了很多的方便。对此，我们特向相关的编辑、出版单位和相关人员谨表谢忱，不周之处请和我们联系并批评指正。联系邮箱 wenbz26@ sina. com，QQ：553514915。

本书能够出版，离不开广东省委宣传部副部长、广东省广播电影电视局局长杨健，局党组书记黄小玲，副局长曾培贤，纪检组组长管焱君、总工程师郄小斌，副局长丘敬平，副巡视员高林，以及有关部门负责人杨首瓦、罗剑萍、谭奋博、周建文、李志强、陈强等的巨大支持与帮助。局办公室林巧俊、朱烨、林宇穗和监听监看中心李琳、张骥芳、彭丹以及其他人员也做了大量文字编排和校对工作。对此，我们表示衷心的感谢！

此书是在我国广播影视事业先行者倾囊相授以及后继者的推敲钻研基础上所得出的成果，是群体智慧的结晶，可作为广播电影电视系统广大从业者和有关大专院校师生工作学习内部交流参考资料使用。希望对确保社会主义广播影视事业正确导向，推动广播影视事业大繁荣、大发展作出一点应有的贡献。因编印时间仓促，加上编者水平所限，错漏之处，还望读者见谅并恳请批评指正。

图书在版编目（CIP）数据

广播影视事业坚持正确导向100问/广东省广播电影电视局本书编写组编．—广州：暨南大学出版社，2011.6

ISBN 978－7－81135－891－9

Ⅰ．①广…　Ⅱ．①广…　Ⅲ．①广播工作—方针政策—中国—问题解答②电影工作—方针政策—中国—问题解答③电视工作—方针政策—中国—问题解答　Ⅳ．①G229.20－44

中国版本图书馆CIP数据核字(2011)第111967号

出版发行：暨南大学出版社

地　址：中国广州暨南大学
电　话：总编室（8620）85221601
　　　　营销部（8620）85225284　85228291　85228292（邮购）
传　真：（8620）85221583（办公室）　85223774（营销部）
邮　编：510630
网　址：http：//www.jnupress.com　http：//press.jnu.edu.cn

排　版：广州市天河星辰文化发展部照排中心
印　刷：佛山市浩文彩色印刷有限公司

开　本：787mm×960mm　1/16
印　张：18.25
字　数：350千
版　次：2011年6月第1版
印　次：2011年6月第1次

定　价：38.00元
